미래의 학습자를 위한
디지털교육

백영균 저

Digital Education

학지사

머리말

    21세기는 디지털 혁명의 시대로, 디지털 기술은 우리의 생활과 교육 모두에 깊은 영향을 미치고 있습니다. 디지털 기술이 지속적으로 발전하면서 교육의 방식과 품질도 크게 변화하고 있으며, 이를 통해 학습자의 참여와 창의성을 높이는 새로운 기회가 열리고 있습니다. 하지만 이러한 변화의 중심에 서기 위해서는 디지털 교육의 본질과 그 중요성을 정확히 이해하고 이를 교육 현장에 효과적으로 적용할 수 있는 능력이 필요합니다.

    이 책은 디지털 교육의 광범위한 영역을 체계적으로 탐구하기 위해 구성되었습니다. 첫 번째 모듈에서는 디지털 및 디지털 교육의 기본적인 개념을 소개하며, 현대 교육에 있어서 디지털의 역할과 중요성을 다룹니다. 디지털 혁명의 탄생과 그로 인한 교육의 변화, 디지털 교육의 목적과 다양한 방법론에 대해 깊이 있게 다룹니다. 두 번째 모듈에서는 디지털 중심의 교과 통합을 중점으로 다룹니다. 디지털 맥락에서의 탐구 기반 학습, 코딩 및 컴퓨팅 사고의 교육적 접근, 문제 해결에 있어 디자인 사고의 중요성을 제시하여 교육자들이 어떻게 효과적인 디지털 교육 환경을 구축할 수 있는지에 대한 지침을 제공합니다. 세 번째 모듈에서는 실제 교실에서의 디지털 활용을 다룹니다. 차별화된 교수법, 맞춤형 학습 그리고 협력 학습에서 디지털 기술의 역할과 그 활용 방안에 대해 상세하게 설명합니다. 또한 인공지능의 교육적 활용에 대해서도 깊이 있는 토론을 제공하여 교육자들이 현대적인 교육 방법론에 적응할 수 있게 도와줍니다. 네 번째 모듈에서는 디지털 윤리와 정보 보호에 집중하여, 디지털 시대에 교육자와 학습자 모두가 지켜야 할 윤리적 원칙과 디지털 정보의 보호 방안에 대해 깊이 있게 다룹니다.

요약하자면, 이 책은 교육의 모든 영역에서 디지털 활용의 중요성을 명확히 이해하고 그를 실제 교육 현장에 효과적으로 적용하는 방법을 체계적으로 제시합니다.

예비교사로서의 여러분은 미래의 학습자들에게 더 나은 교육 환경을 제공하기 위한 중추적인 역할을 할 것입니다. 따라서 디지털 교육의 변화와 동향을 미리 파악하고, 이를 교육 현장에 효과적으로 적용하는 능력을 기르는 것이 중요합니다. 이 책을 통해 여러분은 디지털 교육의 본질과 그 중요성을 깊이 있게 이해할 것이며, 미래의 교육 현장에서 선구적인 역할을 할 기반을 다질 것입니다. 디지털 교육의 미래를 함께 만들어 가기 위한 여러분의 노력과 열정을 응원합니다!

마지막으로, 이 자리를 빌려 학지사 김진환 대표님과 수고해 주신 직원들께 깊은 감사의 말씀을 전하고자 합니다. 이 책은 많은 연구와 헌신적인 노력의 결실이며, 출판사의 관리자, 기획자, 편집자 그리고 디자이너의 헌신적인 노력과 지원 없이는 출간되지 못했을 것입니다. 감사합니다.

저자 씀

효과적인 활용을 위한 일러두기

　이 책은 결코 일방적인 강의를 진행하기 위한 것이 아님을 밝히면서 책의 구성과 강의 섹션 내의 구성요소, 그 의도에 대한 설명을 하려고 한다. 우선 매 강의를 구성하는 포맷을 설명하는 것으로 시작한다. 이 책은 4개의 모듈과 11개의 장으로 구성되어 있다. 각 장은 강의 1과 2로 이루어져 있다. 이 책을 교재로 택하여 강의하는 강사는 다음의 내용을 잘 이해하고 선택적으로 내용을 선정하여 다양하면서도 재미있고 즐거운 수업을 진행하기 바란다.

강의 섹션의 구성과 수업 진행에의 제언

1. 읽어 보기: 읽어 보기는 강의에서 예비교사가 알고 있어야 할 내용으로 배우거나 이해해야 할 지식으로 구성하였다. 강사는 이 내용을 중심으로 강의를 하거나 학습자가 혼자서 읽어 볼 수도 있게 준비하였다. 한편, 강의를 위주로 진행하려는 강사는 읽어 보기의 내용과 학습과정안의 설명, 갖추어야 할 역량의 설명 등을 각주의 설명과 함께 설명식으로 진행하여도 충분하리라 본다.

2. 학습과정안: 읽어 보기에 담겨 있는 내용을 학습과정안으로 구성하였다. 이 책으로 강의를 담당하는 강사는 이 학습과정안을 참고하여 가르치거나 그

대로 따라서 강의할 수 있도록 정리하였다. 과정안에 기술된 목표와 준비물 그리고 시간이 할당된 절차를 미리 보고 계획하여, 특히 시간을 형편에 맞게 조절하면 된다. 한편, 이 책의 주요 독자인 예비교사는 '디지털 교육'을 수강할 때, 앞으로 교실 현장에서 초·중·고의 학습자들을 가르칠 때 이 과정안을 참고하여 그대로 따르거나 수정하여 활용할 수 있겠다.

3. **갖추어야 할 역량**: 해당 강의 섹션의 내용을 학습자에게 가르치고자 할 때 예비교사 또는 교사가 미리 갖추고 있어야 할 역량을 기술하였다. 이 역량들을 읽으면서 어떤 준비를 하고 어떤 능력을 갖추어야 하는지 생각해 보기를 권한다.

4. **권장하는 교수–학습 지원 전략**: 앞에서 학습과정안으로 해당 차시의 강의를 어떻게 전개할 것인지에 대한 예시를 제시한 셈이긴 하지만, 예비교사가 어떤 전략을 가지고 본 차시의 내용을 미래의 학습자에게 접근을 해야 할지 생각해 볼 수 있도록 이 전략을 마련하였다. 이 책으로 강의하는 강사는 이러한 전략 중 하나를 선택하여 가르칠 수 있을 것이다. 새로 소개되는 전략을 사용할 때는 미리 준비를 잘 하기를 권한다.

5. **실습 예제**: 실습 예제는 앞에서 학습한 내용을 실천해 보기 위하여 마련하였다. 앞에서의 '권장하는 교수–학습 지원 전략'보다는 더 구체적으로 따라 해 볼 수 있는 기회를 제공하고자 하였다. 강사는 매 시간마다 실습하기가 어려울 것이므로 가끔 미리 준비를 하여 반드시 학기 중에 몇 개의 실습을 진행하기를 권한다. 예비교사는 미래의 학습자를 위하여 미리 검토하여도 좋을 것이다.

6. **평가를 위한 과제**: 여기에 제시된 과제는 강의의 수강생들에게 주기 위한 것으로 구성하였다. 물론 과제를 내어 주지 않아도 될 것이며, 개별과제 또는 팀과제로 변형하여 제시하여도 좋을 것이다.

앞의 내용에 대한 이해를 바탕으로 본 책의 구성을 다음과 같이 제시한다.

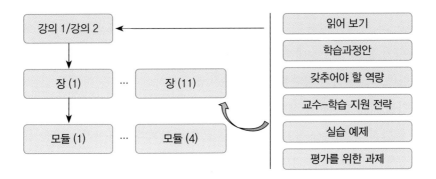

활용을 위한 제시

이 책으로 강의를 진행할 때는 다음을 참고하여 자신만의 경로를 만들기를 제안한다. 수강생이 읽어 보고 이해해야 할 섹션은 '읽어 보기'와 '갖추어야 할 역량'이다. 나머지는 주로 실습으로 구성되어 있다. 학습해야 할 내용이 많은 것보다는 실습에 시간이 소요될 가능성이 높다. 따라서 일주일에 적은 시간, 예를 들어 1시간 등으로 강의를 진행할 때는 수강생이 강의실에 오기 전에 미리 읽어 오면 좋을 것이다. 다음에 저자가 생각하는 경로를 제시하였지만, 주당 1시간 강의의 경우에는 강의식과 실습을 주차별로 섞어서 진행하여야 할 것이다.

	읽어 보기	학습과정안	갖추어야 할 역량	교수–학습 지원 전략	실습 예제	평가를 위한 과제
경로 1	✔	✔	✔			✔
경로 2	✔		✔		✔	
경로 3	✔	✔		✔	✔	✔
경로 4	✔		✔		✔	
경로 5	✔	✔				✔
경로 6	✔				✔	

학습 일기의 작성

저자는 이 책을 교재로 사용하는 모든 강사에게 티칭 일기를 작성하기를 권한다. 그 목적과 활용은 강사에게 달려 있다. 마찬가지로 모든 수강생에게는 한 학기 동안 강의에 대해서 적어도 매주 학습 일기를 작성하도록 요구하기를 권한다. 즉, 강의의 결과물로 모든 수강생에게 자신의 '학습 여정'을 담은 학습 일기를 작성하도록 권장한다. '학습 여정'은 각 수강생이 강의의 시작 단계부터 끝까지 전체 학습 목표, 즉 디지털 교육의 이해와 적용이라는 학습 목표를 달성하기까지의 모든 경험을 포함하며, 매 강의 시간에 무엇을 하였고 어떤 목표를 달성하였으며, 앞으로 어떻게 자신의 학습자에게 적용할지를 간단하게 적어 보는 것을 포함시키기를 바란다. 이를 통하여 단순히 정보를 받아들이는 것 이상으로, 학습자가 새로운 지식과 교수의 기법을 내면화하고 실제 상황에 적용해 보며 자신을 깊게 이해하는 기회를 갖기를 희망한다.

차례

모듈**1**

디지털 및 디지털 교육 이해

제1장
디지털 및 디지털 교육 소개

💻 강의 1: 디지털 혁명

읽어 보기

"디지털 혁명"이라는 용어는 디지털 기술이 광범위하게 사용되고 있음으로 인하여 우리 사회에서 깊고 빠른 변화가 발생하는 현상을 지칭하는 용도로 사용되고 있다. 디지털 기술은 하드웨어 측면에서 컴퓨터와 스마트폰부터 소프트웨어 측면의 인터넷과 인공지능까지 모든 것을 포함하며, 그로 인한 혁명은 우리의 의사소통 방식은 물론, 학습, 일상적인 업무를 포함하는 모든 업무 그리고 오락, 즉 엔터테인먼트 방식을 과거와는 완전히 다르게 바꾸어 놓고 있다.

과거에는 사람들이 주로 편지나 전화와 같은 의사소통 방식을 사용하였지만 현재에 이르러서는 스마트폰, 소셜 미디어 플랫폼, 인스턴트 메시징 앱, 즉 메신저 등 다양한 디지털 도구를 사용하여 언제 어디서든 누구와도 손쉽게 연결할 수 있게 되었다. 예를 들면, 멀리 떨어져 있는 가족들과도 음성만의 대화가 아닌 화상 통화를 통해 대화를 나눌 수 있다. 더불어 정보에 접근하는 방식도 크게 변화했다. 예전에는 도서관에서, 그리고 인쇄된 책에서 정보를 찾았지만, 지금은 인터넷을 통해 간단하게 정보를 검색하고 원하는 정보를 찾아낼 수 있다. 즉, 웹사이트, 온라인 백과사전, 교육 플랫폼을 통해 다양한 지식을 얻을 수 있게 되었다.

디지털 혁명은 산업 구조에도 큰 영향을 미쳤다. 예를 들어, 온라인 쇼핑은 거의 모든 종류의 상품을 집에서 구매하고 배송받을 수 있는 편리함을 제공하고 있다. 이런 변화로 인하여 소매업도 크게 바뀌고 있다. 교육 분야에서도 디지털 혁명의 영향이 두드러지게 나타나고 있다. 온라인 수업, 상호작용 가능한 학습 앱, 디지털 교과서 등을 통해 학습을 경험하는 방식이 혁신되고 있으며, 교사들은 교육 웹사이트와 비디오를 통해 학습자들에게 더욱 효과적인 학습 방법을 제공할 수 있게 되었다.

학습과정안: 디지털 친화 원정대

1. 목표
- 디지털 혁명의 개념과 의미를 설명할 수 있다.
- 사회의 다양한 측면에 디지털 혁명이 미치는 영향을 말로 설명할 수 있다.
- 디지털 혁명을 효과적으로 탐색하기 위해서 필요한 역량이 무엇인지를 제시하고 설명할 수 있다.

2. 필요한 자료
- 시각 자료(이미지, 인포그래픽[1], 비디오)
- 화이트보드와 마커

---

1) 인포그래픽(infographic)은 복잡한 정보, 데이터 또는 지식을 시각적으로 표현한 그래픽을 말한다. 이는 통계적 데이터, 설명 텍스트, 그리고 그림이나 도표와 같은 시각적 요소들을 조합하여, 복잡한 정보를 한눈에 이해하기 쉽게 만들어 준다.

- 디지털 도구와 디지털 기술에 관한 인쇄자료(스마트폰, 태블릿, 노트북, 소셜 미디어 플랫폼, 온라인 백과사전)
- 연구용 컴퓨터나 인터넷 검색 장비

3. 학습 절차

1) 호기심 유발
학습자들에게 그들의 일상생활에서 어떤 디지털 도구와 앱을 가장 좋아하는지, 그리고 그것을 어떻게 사용하는지 친구에게 설명하도록 한다. 이를 통하여 디지털 기술의 보편적인 영향을 다시 한번 생각하도록 유도한다.

2) 디지털 혁명의 정의
"디지털 혁명"이라는 용어를 설명하고 현대 사회에서 어떤 의미를 가지고 있는지를 설명한다. 스마트폰, 소셜 미디어, 및 온라인 쇼핑과 같이 실생활 속에서의 디지털 기기가 어떻게 사용되고 있는지를 언급한다. 그리고 이러한 기술이 의사소통, 정보에의 접근 방법을 어떻게 변형시켰는지 생각해 보도록 유도하고 설명한다.

3) 디지털 진화의 타임라인
디지털 혁명의 주요 이정표를 시각적으로 잘 나타내는 타임라인으로 표시하여 초기의 디지털 기기부터 인공지능과 사물 인터넷(IoT)[2]과 같은 현대 기술까지 제시한다. 다음의 이정표에 나타난 기기들을 간략히 논의하고 학습자들이 질문을 하도록 격려한다.

---

2) 사물 인터넷(Internet of Things: IoT)은 일상적인 기기들이 인터넷에 연결되어 서로 정보를 주고받을 수 있게 하는 기술을 말한다. 예를 들면, "스마트 홈"을 들 수 있다. 스마트 홈 시스템은 집 안의 다양한 기기들이 인터넷을 통해 서로 연결되어 사용자의 생활을 편리하게 만들어 준다.

[그림 1-1] **디지털 진화**

4) 그룹 토론: 의사 소통 및 정보 접근에 미치는 영향

학습자들을 작은 그룹으로 나누고 각 그룹에게 디지털 혁명 중에서 하나의 특정 측면, 예를 들면, 의사 소통, 정보 접근, 또는 엔터테인먼트 등 중에서 하나씩 고르도록 한다. 각 그룹에게 디지털 기술이 그들이 맡은 주제에 어떤 영향을 어떻게 미쳤는지 논의하고 정리하도록 한다. 그리고 각 그룹이 논의한 바를 전체 학습자들에게 발표하도록 한다.

5) 실습 활동: 디지털 도구 탐색

학습자들에게 디지털 도구와 기술에 관하여 인쇄자료를 통하여 읽어 볼 수 있도록 하며 각 각의 도구가 갖는 이점을 파악하도록 요구한다. 실제로 인터넷을 통하여 검색하도록 하여 이러한 도구가 어떻게 일상생활을 바꾸어 놓았는지 간단하게 조사하여 반 전체에서 발표하고 논의하도록 한다. 앞에서 4)의 그룹 토론에 실습 활동을 같이 포함시켜도 좋을 것이다.

6) 연구 및 성찰 활동: 디지털 혁명 이야기

학습자들에게 디지털 혁명의 실제 이야기나 사례를 조사하고 찾도록 과제를 부여한다. 교육, 비즈니스, 또는 건강 관련 분야, 또는 개인이 관심이 있는 이야기를 찾도록 한다. 찾은 내용을 읽고 그에 대하여 깊이 있게 생각하고 고민해 본다.

7) 역량 연결: 그룹 발표와 토론

학습자들에게 그룹을 만들도록 요청하고 교사들이 갖추어야 할 역량[3]으로 언급된 것 중에서 하나에 집중하도록 한다. 각 그룹은 주어진 해당 역량이 디지털 혁명의 맥락에서 어떻게 관련되는지를 짧게 소개하는 발표문을 작성한다. 현재의 디지털 환경에서 그 역량의 중요성을 논의하도록 한다.

8) 전체 토론

디지털 혁명이 가져온 윤리적인 문제와 관련하여 토론에 참여하도록 한다. 즉, 온라인 개인 정보 보호, 디지털 시민권[4] 및 기술의 책임 있는 사용과 같은 주제를 다루게 하여 개인 및 사회가 이러한 도전에 대처하는 방법을 논의하도록 하며 발표된 방법에 대한 비판적 사고를 장려하여 활발한 토론이 되도록 한다. 즉, 디지털 혁명에 따라 비윤리적인 행동을 생각하게 하고 어떻게 하는 것이 윤리적인 행동이며 책임 있는 시민이 되기 위해서는 어떤 행동을 해야 하는지를 생각해 보게 한다.

9) 창의적인 마무리: 디지털 혁명에 대한 인포그래픽

전체 반을 짝이나 작은 그룹으로 나누고 각 그룹에게 디지털 혁명의 한 측면(의사소통, 교육, 엔터테인먼트 등)에 초점을 맞추도록 한다. 학습자들에게 디지

---

3) 다음 쪽에 제시된 '갖추어야 할 역량'을 참조한다. 디지털 기기에의 숙련, 기술에의 적응성/유연성, 창의적인 교수법, 협업 능력, 사이버 보안 인식, 디지털 윤리 의식, 및 정보 보호 능력 등을 역량으로 추천할 수 있다.

4) 디지털 시민권은 인터넷, 소셜 미디어, 기타 온라인 플랫폼에서 책임감 있고 윤리적으로 행동하는 능력을 의미한다. 이는 온라인에서의 개인 정보 보호, 저작권 존중, 온라인 상호작용에서의 예의와 존중, 디지털 발자국 관리, 사이버 안전 등을 포함하며 디지털 세계의 구성원으로서 올바른 행동 규범과 기술을 이해하고 실천하는 것을 강조한다.

털 도구나 손으로 그림을 그리게 하여 디지털 혁명이 가져온 영향을 시각적으로 나타내는 인포그래픽을 만들어 보도록 한다.

10) 공유와 성찰

각 그룹에게 자신들의 인포그래픽을 전체의 반에 발표할 수 있는 기회를 갖도록 한다. 모든 발표 그룹에서 나타나는 공통적인 주제와 문제점에 대한 통찰을 하도록 한다.

수업을 마무리하면서 학습자들에게 디지털 혁명의 시대에서 역량을 활용하여 어떻게 우리가 발전할 수 있는지에 대해 반성적(反省的)으로 성찰(省察)을 하도록 한다.

이 학습 방법의 이점은 학습자들이 상호적인 토론, 실습 활동, 연구 및 창의적인 프로젝트에 참여할 수 있도록 한다는 것이다. 실제 사례를 탐구하고 역량에 대한 토론을 통해 학습자들은 디지털 혁명이 사회에 미치는 영향과 이를 책임 있고 효과적으로 탐색하기 위해 필요한 기술에 대한 깊은 이해를 얻게 되며, 윤리적이고 책임 있는 행동을 하는 것에 대하여 생각할 수 있는 시간을 제공한다.

갖추어야 할 역량

1. 디지털 리터러시

디지털 시대에 적응하기 위해서는 교사가 컴퓨터, 스마트폰 및 온라인 플랫폼과 같은 다양한 디지털 기술을 숙달하고 효과적인 교수법뿐만 아니라 원활한 의사소통과 정보 검색을 위해 그러한 기술을 사용할 수 있어야 한다. 디지털 도구를 교수–학습에 무리 없이 통합함으로써 교사는 학습자들의 다양한 학습 스타일에 맞는 동적이고 상호적인 학습 경험을 제공할 수 있다. 또한 디지털 자료를 능숙하게 활용하고 가치를 판단할 수 있는 능력은 교육 자료를 선별하고 교실 수업에 적합한 교육 자료를 만드는 데 중요하다.

2. 적응적 학습 설계

디지털 자원을 활용하여 다양한 학습자의 요구와 학습 선호도에 부응하는 교육 자료를 설계하는 능력은 교사에게 요구되는 기본적인 능력의 하나이다. 이러한 기술을 스스로 육성함으로써 교사는 개별 학습자의 진도와 이해 수준에 맞게 다양한 학습 경험을 제공하는 다목적인 학습 경험을 구성할 수 있을 것이다. 이러한 기술을 유연하게 교수−학습에 통합하고 확장하게 되면 교사가 학습자들에게 개별적으로 차별화된 내용과 방법, 그리고 학습 속도를 제공할 수 있게 되어 개개 학습자의 관심과 호기심에 부합하는 주제에 학습자 스스로 더 깊이 파고들 수 있도록 해 줄 것이다.

3. 비판적/윤리적 사고 및 그에 부합하는 행동

디지털 혁명의 사회적 영향을 평가하기 위한 비판적 사고 능력은 매우 중요하다. 이 능력은 교육뿐만 아니라 보다 광범위한 일상생활에 있어서도 중요하다. 분별력 있는 의사결정을 통해 교사는 교육을 실천하는 데 있어서 디지털 기술을 접목하는 데서 파생되는 혜택과 그에 따른 도전을 효과적으로 평가할 수 있다. 게다가 교사들은 온라인 개인 정보 보호, 디지털 시민권 및 기술의 책임 있는 사용과 같은 윤리적 사고와, 책임 있는 디지털 행동을 학습자들에게 보여주는 모델의 역할을 수행해야 한다. 온라인에서의 개인 정보 보호, 디지털 시민권 및 기술의 책임 있는 사용과 같은 문제를 다룰 줄 알며, 학습자들이 어떻게 신중한 디지털 시민이 되는지에 대해 상기시키고, 학습자들이 상식적이고 분별력을 지닌 디지털 시민으로 자라날 수 있도록 도와주는 역량이 요구된다.

이러한 역량들은 교사들이 교육을 실천함에 있어서 디지털 기술을 효과적으로 활용하고, 유연하고 매력적인 학습 경험을 디자인하며, 학습자들에게 비판적 사고와 윤리적 의식을 심어 주는 데 결정적으로 도와주는 역할을 한다.

권장하는 교수-학습 지원 전략

1. 디지털 도구 탐구 스테이션 설치 및 활용

예비교사인 학습자가 강의실에서 사용할 수 있는 학습에 특화된 다양한 교육 앱, 디지털 도구 및 플랫폼을 탐색할 수 있는 상호적인 스테이션을 설치하여 활용한다. 각 스테이션은 여러 교과 영역에 걸친 다양한 학습 목표에 중점을 두어 활용하도록 한다. 강의실에서 학습자들은 스테이션을 순환하면서 디지털 도구를 실험하고 실전의 경험을 쌓을 수 있을 것이다. 스테이션마다 조교나 안내자가 도움을 제공하도록 한다. 반에서 능력 있는 학습자를 선발하여 안내나 보조의 역할을 할 수도 있다. 이러한 스테이션은 대학에서 예비교사들에게도 유용할 것이며 중고교생들의 디지털 리터러시를 위해서도 유용하게 사용될 수 있을 것이다. 이 전략은 또한 사용 가능한 디지털 자원에 교사들을 익숙하게 하고 참가자들을 위하여 협력과 통찰을 하게하고 경험을 공유하도록

[그림 1-2] **디지털 도구 탐구 스테이션**

출처: https://www.woodsmithplans.com/plan/revolving-tool-station/

장려한다.

2. 디지털 스토리텔링[5] 워크숍

학습자에게 맞추어진 대화형 디지털 이야기책을 만들 목적으로 깊이 있는 워크숍을 개최하도록 한다. 예비교사는 작은 그룹으로 협력하여 사용자 친화적인 플랫폼이나 앱을 활용하여 자신의 디지털 이야기를 개발한다. 워크숍은 연령에 맞는 콘텐츠 선택, 대화식 요소의 통합 및 다양한 미디어를 활용한 이야기 기법을 강화하기 위한 안내를 제공할 수 있을 것이다. 이 워크숍은 디지털 도구를 다루는 기술을 다듬어 주는 기회를 제공해 줄 뿐만 아니라 창의력을 촉진하며 교사들이 학습자들을 위해 매력적인 교육 자료를 제작하는 능력을 강화시켜 줄 것이다.

3. 가상교실 시뮬레이션

디지털 기술이 향상된 강의실이나 교실 환경을 더 훌륭하게 꾸며 주는 가상교실 시뮬레이션을 구상하여 본다. 이미 존재하는 시뮬레이션을 활용할 수도 있을 것이다. 예비교사들이 교사의 역할을 수행할 수 있고, 청소년 학습자를 나타내는 아바타와 상호 작용할 수 있는 시뮬레이션이면 최선의 도구가 될 것이다. 이 시뮬레이션을 통해 다양한 교수 시나리오에서 디지털 도구와 기술을 통합하는 연습을 할 수 있을 것이다. 참가자들은 상호적 수업을 진행하고 교육 앱을 활용하며 가상교실 내에서 다양한 학습 요구를 어떻게 다룰 것인가를 실험할 수 있을 것이다. 시뮬레이션 중 탐색된 효과적인 전략과 가능한 도전 사항에 대한 토론을 진행하는 것도 고려해 본다.

---

5) 디지털 스토리텔링은 디지털 미디어를 활용하여 이야기를 전달하는 현대적인 스토리텔링 방식이다. 이는 텍스트, 이미지, 오디오, 비디오 등 다양한 멀티미디어 요소를 결합하여, 감동적이고 설득력 있는 방식으로 이야기를 구성한다.

이러한 전략들을 도입함으로써 예비교사들은 실전 경험을 쌓고 디지털 도구를 사용하는 데 대한 자신감을 키우며 학습자를 위한 매력적이고 효과적인 디지털 학습 경험을 만드는 데 필요한 역량을 개발할 수 있을 것이다.

실습 예제

실습 1: 디지털 자원 통합 워크숍

이 실습에서 예비교사들로 하여금 학습자의 학습 성과를 향상시키기 위해 교수-학습의 실천에 디지털 자원을 효과적으로 통합하는 방법에 대한 워크숍에 참여하도록 한다.

1) 자원 탐색

예비교사에게 학습의 주제와 목표에 일치하는 다양한 디지털 자원(교육 앱, 대화식 웹사이트, 디지털 학습 플랫폼)을 제공한다.

2) 자원 평가

예비교사인 참가자들에게 각 디지털 자원의 적절성, 교육적 가치 및 효과적인 활용 가능성을 평가하는 안내를 한다. 학습자의 연령에 따른 자료의 적절성, 상호작용성 및 교육과정과의 일치와 같은 요소를 논의하도록 한다.

3) 수업 적용

참가자들이 교육과정에서 특정 주제 또는 학습 목표를 선택하도록 요구한다. 소그룹에서 각자 디지털 자원을 하나 이상 통합하여 학습 경험을 향상시키는 수업 계획을 공동으로 설계하도록 한다.

4) 수업 발표

각 그룹은 자신들이 구상한 수업 계획을 발표한다. 발표에 있어서 선택한 디지털 자원이 학습에의 참여도를 높이고 다양한 학습 스타일에 부응하며 교육과정과 일치하고 있음을 강조하도록 요구한다.

5) 성찰과 토론

디지털 자원을 통합하는 데에 따른 도전과 그 이점에 대한 성찰적인 토론을 하도록 한다. 이러한 도구를 실제의 학습에 효과적으로 통합하는 전략 및 방법에 대한 참가자의 의견을 공유하도록 장려한다.

실습 2: 디지털 시민권과 온라인 안전 활동

이 실습은 예비교사들 사이에서 윤리적인 디지털 행동을 육성하고 학습자들을 책임 있는 디지털 시민으로 이끌 준비를 하는 것을 목표로 한다.

1) 디지털 시민권 토론

강의에서 디지털 시민권의 개념과 그 중요성에 대한 토론을 시작한다. 온라인 예절, 디지털 발자취, 기술 및 도구를 책임성 있게 사용하는 것과 같은 주제를 탐구하도록 한다.

2) 실생활 시나리오

예비교사들에게 온라인 딜레마와 관련된 실생활 시나리오를 제시한다. 개인 정보를 온라인으로 공유하거나 사이버 괴롭힘[6](cyberbullying)과 같은 사이

---

6) 인터넷, 소셜 미디어, 텍스트 메시징, 기타 디지털 플랫폼을 통해 다른 사람을 괴롭히거나 위협하는 행위를 말한다. 소셜 미디어에서의 남을 괴롭히는 행위, 개인 정보의 무단 공개, 다른 사람의 이름으로 가짜 계정 생성, 온라인에서의 위협, 끊임없는 메시지 보내기, 루머나 거짓 정보 퍼뜨리기 등을 예로 들 수 있다.

버상의 문제를 어떻게 다룰 것인가 하는 방법을 소그룹에서 토론하도록 한다.

3) 상호적 워크숍

참가자들이 디지털 경험을 모방하는 활동에 참여하도록 하는 상호적 (interactive) 워크숍을 구성한다. 예를 들어, 온라인 상호작용을 역할극을 통하여 해 보도록 하거나 통제된 환경에서 디지털 프로젝트에 협력하는 방안을 구상하도록 요구한다.

4) 윤리적 의사 결정

기술 사용과 관련된 복잡한 윤리적 고려 사항을 포함하는 사례[7]를 제공한다. 참가자들에게 사례를 분석하고 책임 있는 행동을 촉진하는 가능한 해결책을 토론하도록 한다.

5) 교육과정 통합

참가자들에게 자신의 학습자들에게 디지털 시민권의 기본 개념을 소개하는 소규모 수업이나 활동을 개발해 보도록 도전하게 한다. 이 활동은 온라인 안전과 온라인에서 다른 사람을 존중하는 것과 같은 주제에 초점을 두어 매력적이면서도 학습자들의 연령에 적절한 것이어야 한다.

6) 활동 공유

각 참가자에게 그들이 디자인한 활동을 강의실에서 공유하도록 허용한다. 자신의 학습자들에게 디지털 시민권 개념을 가르치기 위한 효과적인 전략에 대한 토론을 해 보도록 한다.

---

7) 예를 들면, 얼굴 인식 기술과 감시의 사례로 공공 장소에서 범죄 예방을 위해 얼굴 인식 기술을 사용하는 것을 들 수 있다. 윤리적 고려 사항을 보면, 개인의 프라이버시 침해와 감시 사회로의 이행, 그리고 잘못된 식별로 인한 무고한 사람들의 권리 침해 가능성이 존재한다.

7) 성찰과 행동 계획

이 실습을 마무리하면 윤리적 디지털 행동을 양육하고 책임 있는 디지털 시민으로 자신의 학습자들을 이끄는 활동이 얼마나 중요한지를 생각하게 하는 개인적인 반성적 성찰을 유도할 것이다. 참가자들에게 미래의 교실에서 디지털 시민권 교육을 통합하기 위한 교사로서의 활동 계획을 작성하도록 과제를 준다.

이러한 실습들은 예비교사들이 효과적으로 디지털 기술을 활용하고 토론된 역량과 일치하는 실제적인 기술과 통찰력을 얻을 수 있도록 도와줄 것이다.

평가를 위한 과제: 디지털 혁명의 영향에 대한 학습자 연구

각자 디지털 혁명의 영향을 받아 변화한 사회의 한 분야를 선택하고, 그 영역에서 일어난 변화와 그로 인한 혜택 및 도전을 연구하여 보고서를 작성하시오.

1. 선택 가능한 주제 예시
   - 의료 분야에서의 디지털 혁명의 영향
   - 미디어 및 광고 분야에서의 디지털 혁명의 영향
   - 교통 및 교통 수단에서의 디지털 혁명의 영향
   - 금융 및 은행에서의 디지털 혁명의 영향

2. 과제 제출물
   - 보고서(3~5페이지): 선택한 분야의 변화, 그로 인한 혜택 및 도전에 관한 내용 포함
   - 발표 자료(PPT): 연구한 내용을 기반으로 한 10분 분량의 발표를 위한 자료

3. 평가 기준
   - 주제의 선택 이유(10%): 주제를 선택한 이유 및 그 중요성에 대한 명확한 설명
   - 연구의 깊이(30%): 연구 분야에 대한 자세한 설명, 혁명 이전과 이후의 비교, 혜택 및 도전에 대한 깊이 있는 분석

- 자료 활용(20%): 다양한 출처와 자료를 활용한 연구, 출처의 명시 및 올바른 인용
- 발표 기술(20%): PPT의 구성, 내용의 전달력, 시청자와의 상호작용 능력
- 창의성(10%): 주제나 연구 내용에 대한 독창적인 접근, 새로운 관점 제시
- 결론 및 제언(10%): 연구의 핵심 내용 요약, 앞으로의 방향성 및 제언

이 과제는 학습자의 연구 능력, 디지털 혁명에 대한 이해도, 그리고 발표 능력을 평가하는 데 중점을 둔다.

💻 강의 2: 디지털 교육의 정의와 그 중요성

읽어 보기

디지털 교육은 교수와 학습과정에서 디지털 기술을 통합하고 활용하는 것을 의미한다. 이것은 디지털 도구, 기기 및 플랫폼을 전략적으로 접목하여 교육 경험과 결과를 향상시키는 것을 포괄한다. 디지털 교육의 목표는 디지털 기술을 활용하여 동적이고 상호작용적이며 맞춤화된 학습 환경을 만들어 학습자로 하여금 디지털 시대에 필요한 중요한 기술을 스스로 발전시킬 수 있도록 하는 것이다. 교육 영역에 있어서 디지털 교육의 역할은 다음과 같이 정리할 수 있다.

1) 맞춤형 학습

디지털 도구를 활용하면 교사 또는 교수자가 학습자의 필요에 맞게 교육을 맞춤화하고 그의 학습 스타일 및 진도에 따라 가르칠 수 있도록 해 준다. 학습자에게 적응적인 학습 플랫폼은 차별화된 자료와 평가를 제공하여 이해도와 참여를 높여 주고 촉진한다.

2) 자원에의 접근

디지털 교육은 전통적인 교과서를 넘어 다양한 교육 자원을 이용한다. 즉, 멀티미디어 콘텐츠, 온라인 데이터베이스 및 교육 웹사이트를 활용하여 학습 주제에 대한 이해를 깊게 할 수 있다.

3) 협력 학습

디지털 플랫폼은 프로젝트, 과제 및 연구를 협력하여 수행할 수 있도록 도와준다. 예를 들면, 온라인 토론 게시판과 협업 도구를 활용하면 의사 소통과 팀워크 기술을 향상시킬 수 있다.

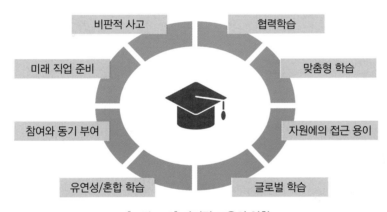

[그림 1-3] **디지털 교육의 역할**

4) 글로벌(세계적) 학습

디지털 환경은 학습자들을 세계적인 시각과 문화에 연결시킨다. 가상세계를 통한 교류, 온라인 세미나 및 국경을 넘나드는 협력은 국제적 이해와 공감을 육성한다.

5) 비판적 사고

디지털 도구를 사용하면 정보의 출처를 꼼꼼히 따져 보고, 정확한 정보와 잘못된 정보를 구분하는 능력을 키울 수 있다. 이를 통해 미디어 이해력을 높일 수 있다.

6) 미래 직업에 대한 준비

디지털 교육은 학습자에게 현대의 직업에서 성공하기 위해 필수적인 기술 역량, 문제 해결 능력 및 디지털 리터러시를 제공한다.

7) 참여와 동기 부여

상호 작용적인 디지털 콘텐츠, 게임화된 학습 플랫폼 및 멀티미디어 자료는 참여를 촉진하며 학습을 더 즐겁고 동기 부여되도록 만든다.

8) 유연성과 혼합 학습

디지털 교육은 학습자가 교실 수업에서 그리고 온라인에서 모두 콘텐츠에 접근할 수 있는 하이브리드[8] 또는 혼합 학습 모델을 가능하게 한다. 이로써 학습과정 및 일정을 더 유연하게 조정할 수 있다.

학습과정안: 디지털 역량 강화

1. 목표

예비교사들이 디지털 교육의 개념을 이해하고 그 중요성을 인식하며 디지털 기술을 교육 실천에 효과적으로 통합하는 전략을 개발할 수 있도록 한다.

---

8) 하이브리드(hybrid)는 두 가지 이상의 다른 요소, 종류, 형태 또는 개체가 결합되어 새로운 것을 만들어 내는 것을 의미한다.

2. 필요한 자료

- 시각 자료(이미지, 인포그래픽, 비디오)
- 화이트보드와 마커
- 디지털 도구와 플랫폼의 인쇄된 자료 및 예시자료
- 연구와 탐색을 위한 컴퓨터 및 인터넷에의 접근

3. 학습절차

1) 도입: 디지털 랜드스케이프 탐색

학습 세션을 시작할 때, 참가자들이 교육과 디지털 기술에 대한 자신의 경험을 나누는 활발한 토론에 참여하게 한다. 디지털 기술의 통합이 학습 또는 교육 경험을 현저하게 풍부화시킨 경우를 공유하도록 장려한다. 이러한 개인적인 경험을 수집함으로써 참가자들은 디지털 도구가 교육에 가져온 현실적인 이점을 공동으로 탐구할 수 있다. 디지털 도구와 플랫폼이 어떻게 현대 교육을 새롭게 바꾸는지 그 중요한 예들을 들어 보여 주면서, 기술이 교육 환경을 만드는 데 얼마나 중요한지 알아본다.

2) 디지털 교육 정의: 개념과 구성요소

예비교사들에게 디지털 교육의 포괄적인 정의를 소개하고 그 구성 요소를 명확하게 설명한다. 디지털 도구, 기기, 플랫폼을 잘 결합하는 것이 중요하다고 강조하며, 이를 통해 교육과 학습 경험을 더욱 풍부하게 만드는 데 집중한다. 다시 말하면, 디지털 교육에서는 여러 요소가 복잡하게 서로 영향을 주고받으며, 이를 통해 각 학습자에 맞춘, 더 활동적인 학습 환경을 만드는 것이 중요하다는 것을 강조한다. 디지털 교육의 여러 부분이 어떻게 서로 연결되어 있는지를 보여 주는 매력적인 그림이나 인포그래픽을 사용함으로써, 이들 간의 복잡한 관계를 쉽게 이해할 수 있게 하고, 교육을 어떻게 혁신할 수 있는지 명확히 보여 준다.

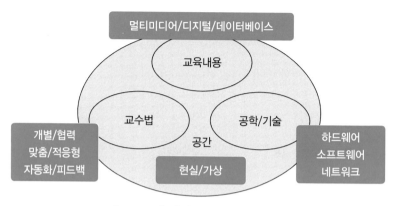

[그림 1-4] **디지털 교육의 구성 요소**

3) 디지털 교육의 중요성 탐구: 그룹 브레인스토밍

참가자들을 소그룹으로 나누어 각 그룹이 디지털 교육에서 강조되는 특징적인 중요성(개인화/맞춤형 학습, 자원에의 접근, 협력 학습 등)에 초점을 맞추고 그를 중심으로 상호 작용하도록 한다. 이 그룹 내에서 개인이 선택한 한 가지의 중요성과 그와 관련된 다양한 이점과 결과를 협력적으로 탐구하는 브레인스토밍 세션을 진행하도록 한다. 참가자들에게 자신의 교육 경험과 실제 사례를 사용해 자신의 생각을 명확하게 표현하도록 권장(勸奬)한다. 이 협력적 노력은 비판적 사고를 자극하며 다양한 관점의 교환을 촉진하여 전반적인 학습 환경을 풍부하게 할 것이다.

4) 그룹 발표 및 토론: 통찰력 공유

각 그룹에게 그들의 협의(토론) 결과를 반 전체에 발표하도록 한다. 각 발표 후에는 토론을 동해 맞춤형 학습, 자원에의 접근, 협력적 학습 등의 중요한 교육 경험과 참여에 미치는 영향을 살펴본다. 이러한 토론을 통해 참가자들에게 디지털 교육의 다양한 측면과 교육 환경을 재구성하는 역할을 더 깊이 탐구하도록 장려한다. 디지털 기술을 교육에 어떻게 효과적으로 통합할 수 있는지에 대해 참가자들이 자신의 의견을 나누고, 이를 통해 학습 환경을 더욱 발전시키고 열정적으로 탐색할 수 있게 도와준다.

5) 사례 연구[9]와 상호작용 학습 도구

학습 경험을 풍부하게 만들기 위해 디지털 교육을 성공적으로 구현한 사례를 제공한다. 이 사례를 연구하면, 혼합적으로 학습 방식을 통합하는 것은 물론, 세계적으로 교류를 촉진하는 데에 이르기까지 다양한 모델을 포괄할 수 있을 것이다. 이러한 실제 성공 사례를 제시함으로써 참가자들은 교육에서 디지털 전략의 효능에 대한 실질적인 증거를 얻게 된다. 또한 참가자들이 상호작용 학습 도구와 플랫폼을 직접 탐구하도록 하여 학습 게임, 가상 시뮬레이션 및 협력 플랫폼을 다루며 참여와 학습 성과를 높일 수 있도록 신중하게 설계된 사례의 특징들을 간파할 수 있을 정도로 깊이 몰입하도록 한다. 이 실제 참여를 통해 참가자들은 학습자들의 열정을 높이고 교육 목표를 강화하는 디지털 기술의 잠재력을 이해할 수 있게 된다.

6) 실전 활동: 혼합 학습 경험 설계

예비교사인 참가자들이 특정 과목이나 주제에 맞는 혁신적인 학습 경험을 만들도록 짝이나 소규모 그룹으로 협력적인 활동에 적극적으로 참가하도록 촉진한다. 이 작업 내에서 다양한 디지털 도구와 플랫폼을 통합하도록 하여 참가자들이 다양하고 동적인 학습 여정(旅程)을 그릴 수 있도록 한다. 참가자들은 디지털 요소들을 어떻게 결합하는지뿐만 아니라, 이 기술들이 어떻게 참여

---

9) 사례연구(Case Study)는 특정 개인, 그룹, 사건, 정책, 기관, 프로세스 등을 깊이 있게 조사하고 분석하는 연구 방법이다. 이 방법은 해당 사례의 복잡한 요인들을 이해하고, 왜 그런 현상이 발생했는지, 그리고 그것이 어떤 의미를 가지는지를 탐구한다. 사례연구는 실제 상황에서 데이터를 수집하여 이론적 주장이나 가설을 검증하거나 새로운 이론을 개발하는 데 사용된다.

와 협력을 도와주고, 학습을 더 유연하게 만드는지도 분명하게 설명할 수 있어야 한다. 이러한 실전 활동에 참여함으로써 참가자들은 전통적 교육법과 혁신적인 디지털 향상을 조화롭게 조화시키는 복잡한 과정을 실제로 이해할 수 있으며 이를 통해 학습 경험을 포괄적으로 설계하는 역량을 키운다.

7) 공유 및 피드백: 혼합 학습 디자인

본 학습 절차가 마무리되는 시점에서 각 그룹에게 그들이 만든 혼합적 학습 디자인을 반 전체에게 공개적으로 선보이도록 한다. 동료들이 제시한 디자인에 대한 피드백, 통찰력 및 제안을 하도록 하여 건설적인 대화의 분위기를 조성한다. 이러한 상호적인 토론을 통해 참가자들은 각 디자인의 강점, 혁신적인 측면 및 개선 가능한 영역을 확인할 수 있다. 또한 실제 혼합 학습 방식의 구현과 관련된 실제적인 도전과 고려 사항에 대한 개방적인 대화를 조성한다. 이러한 도전에 공동으로 대응하고 잠재적인 해결책을 고민함으로써 참가자들은 교육적 환경에 디지털 기술을 효과적으로 통합하는 데 관련된 세밀한 복잡성을 보다 포괄적으로 이해할 수 있다.

8) 디지털 통합 전략: 패널 토론[10]

본 학습 절차를 마무리하기 위해 디지털 기술을 교육 실천에 능숙하게 통합한 경험 있는 교사들을 포함시키는 패널 토론을 준비한다. 이는 참가자들이 실제 현장 경험자들의 통찰력을 얻을 수 있는 귀중한 기회가 된다. 패널 토론 동안 다양한 관련 주제를 포함하여 다루도록 유도한다. 예를 들면, 적합한 디지털 도구를 선택하는 사고 과정, 디지털 자원을 효과적으로 관리하는 방법, 기술적인 장애물을 해결하기 위한 기법 및 디지털 학습 환경에서 지속적인 참여

---

10) 패널 토론(Panel Discussion)은 특정 주제에 대해 다양한 관점을 제공하기 위해 선정된 전문가 그룹이 참여하는 구조화된 대화 형식이다. 이 토론에서는 진행자가 질문을 하고 패널리스트들이 자신의 의견과 전문 지식을 공유한다. 청중도 질문을 하여 참여할 수 있다.

를 촉진하기 위한 방법 등이 포함될 수 있다. 패널리스트들이 자신의 경험, 일화 및 실용적인 조언을 공유하도록 장려하여 참가자들이 디지털 교육 구현을 직접 경험한 사람들로부터 지혜와 풍부한 지식을 얻을 수 있도록 한다. 이 상호적인 토론은 교육 환경 내에서 디지털 기술을 받아들이는 효과적인 전략을 깊이 있게 이해하도록 하며 이를 통해 참가자들은 자신의 교육적 맥락 내에서 디지털 기술을 효과적으로 통합하는 데 필요한 전략에 대한 보다 깊은 이해를 얻게 된다.

9) 윤리적이고 책임 있는 기술 사용

이 학습과정을 마치는 방법 중 하나로, 윤리적인 문제와 교육에서 기술을 책임감 있게 사용하는 것에 대해 흥미롭고 생각할 거리를 주는 대화를 하도록 한다. 참가자들과의 토론을 시작하여 디지털 시민권, 온라인 안전성 및 디지털 화면에 소비하는 시간을 균형 있게 조절하는 것과 같은 중요한 주제들을 깊이 탐구한다. 참가자들이 디지털 시대의 중요한 부분에 대한 자신의 통찰력, 경험, 관심사를 나누도록 격려한다. 그 후에 예비교사나 현직교사들이 디지털 리터러시를 어떻게 키우고, 학습자들이 책임감 있는 디지털 사용법을 배울 수 있도록 돕는 실제적인 방법을 보여 주는 사례들을 소개한다. 이러한 예제는 온라인에서 개인 정보를 공유하는 것의 함의를 논의하는 대화부터 온라인 소스를 비판적으로 평가하는 방법까지 다양한 범위를 아우르는 것으로 한다. 이러한 논의를 통해 참가자들은 윤리적인 디지털 행동의 중요성을 높게 인식하게 되며 이러한 중요 가치를 학습자들에게 효과적으로 전달할 수 있는 역량을 확보하게 된다. 이렇게 하여 디지털 기술과 책임 있는 디지털 시민권 간의 교차점을 포괄적으로 이해할 수 있도록 촉진한다.

10) 행동 계획 및 성찰

학습을 정리하며 참가자들에게 디지털 교육 탐구를 통해 얻은 귀중한 교훈과 심오한 통찰력을 생각하며 성찰 활동을 하도록 한다. 참가자들에게 개념과 전략을 그들이 생각하는 자신의 교육 환경에 맞게 어떻게 통합할 수 있는지 성찰하도록 유도한다. 다양한 주제 및 프로파일에서 디지털 통합이 가져올 수 있는 변혁 가능성을 생각하도록 장려한다. 예비교사 개인의 활동 또는 행동 계획을 개발하여 이러한 디지털 도구와 방법론을 통합하기 위한 명확한 목표를 제시하고, 구현에 필요한 순차적 학습 절차를 개요화하며, 이러한 이정표를 달성하는 현실적인 일정을 설정한다. 이 전략적 프로세스를 통해 참가자들은 디지털 교육의 동적 환경을 받아들이는 데뿐만 아니라 디지털 향상의 무수한 가능성을 교육 실천에 조화롭게 통합하는 능력을 갖추게 된다.

이 학습법은 교사들이 디지털 교육의 중요성을 이해하고, 창의적이며 효과적인 혼합 학습 경험을 만드는 데 도움을 준다. 학습 게임, 토론, 사례 연구를 통해 참가자들은 디지털 기술을 어떻게 활용하는지에 대한 실질적인 아이디어를 얻는다. 이 방식은 책임 있는 기술 사용, 윤리적 고려, 그리고 디지털 시대에 맞는 독특하고 개인화된 학습 환경을 만드는 전략에 초점을 맞추며, 디지털을 교육에 효과적으로 통합하는 방법을 가르쳐 준다.

갖추어야 할 역량

1. 디지털 리터러시 인식

예비교사들이 디지털 교육에 대하여 숙고하고, 디지털 교육 혁명의 탐구로부터 얻은 깊은 통찰력을 내면화하여야 한다. 디지털 혁명의 개념과 디지털 혁명의 사회, 의사 소통의 혁신등이 교육에 미치는 다면적인 영향을 어떻게 교육적 내러티브에 독창적으로 편입할 수 있는지 고민하여야 한다. 다양한 일상생활 영역—의사 소통, 정보에의 접근 또는 엔터테인먼트 등—에서 디지털 기술의 변형력과 영향력을 새롭게 깨닫고, 이러한 영역이 교육적 맥락 내에서 조화롭게 통합될 수 있는 방법에 대한 상상력을 발휘할 수 있어야 한다. 예비교사들은 전통적인 의사소통 방식에서 현대 디지털 환경으로 어떻게 발전해 왔는지를 이해해야 한다. 이를 통해 교육 혁신이 어떻게 변화하고 발전하는지 더 깊이 이해할 수 있다. 이러한 성찰을 통해 참가자들은 지식의 전달자뿐만 아니라 혁신적 변화의 촉매가 되어 디지털 혁명이 그들의 교실에서 피어나고 다음 세대의 마음에 공감대를 형성할 수 있도록 만드는 능력을 갖출 수 있어야 한다.

2. 교수-학습에서 기술적 통합능력

예비교사들은 디지털 기술을 교육에 통합함으로써 전통적인 교실 환경의 범위를 넘어 학습의 지평을 확장할 수 있어야 한다. 온라인 학습 플랫폼, 가상 교실, 그리고 다양한 디지털 자료들이 어떻게 학생들에게 새로운 교육 경험을 제공하고, 교육 방식을 바꾸는 데 중요한 역할을 하는지를 이해해야 한다. 다양한 학습 스타일을 매끄럽게 수용하고 대화의 열기를 마음속에 불붙일 수 있는 디지털 도구의 잠재력에 대해서 내면적으로 일깨움을 얻어야 한다. 결론적으로 본 학습의 참가자들이 이러한 교육적 진화를 관전하는 구경꾼이 아니라 이 디지털 여행의 항해사로서 적극적인 역할을 펼쳐 보려는 생각과 능력을 갖추어야 한다. 디지털 여정의 항해사로서, 참가자(예비교사)들은 자신들이 학습자들을 무한한 지식과 혁신이 가능한 미래로 이끌어 가는 역할을 적극적으로 수행할 수 있도록 준비와 태도를 갖춰야 한다.

3. 디지털 시대를 위한 교육과정에의 적응력

디지털 시대의 학습은 교육적 경관의 진화된 모습을 관망하는 것으로 마무리되어 교육 방법과 전략을 재구성하는 필수성, 즉 교육의 범위 내에서 동적인 디지털 도구와 자원의 필수성을 인정하는 데만 그치면 안 된다. 이를 실제로 채택하고 구현하는 능력이 요구된다. 그 능력은 학습자의 연령대를 고려하여 디지털 자료를 분별력 있게 통합하는 것으로부터 시작된다. 이런 생각으로 이야기 전달 방법과 양식의 향상, 토론의 활성화 및 교실의 활기찬 변화, 학습 활동에서의 협력 활동을 강조해야 한다. 디지털 기기가 단순한 기기가 아닌 교수-학습의 동반자로서, 학습자의 마음들을 디지털 혁명의 마당에서 재미있고 효율적이고 효과적으로 즐길 수 있도록 안내하는 능력을 갖추어야 한다. 이런 여정은 여기서 끝나지 않는다. 이것은 시작이며, 디지털 미래가 약속한 교육 영역의 가능성이 계속해서 확장되는 방향을 가리키는 나침반을 가지게 된 것이라 생각하면 된다.

앞에서 언급된 역량은 예비교사들이 우리사회의 디지털 풍경을 효과적으로 탐색하고 디지털 도구를 교육 실천에 통합하며 학습자들을 디지털 시대의 도전과 기회에 대비할 수 있도록 지원적인 학습 환경을 조성하는 능력을 부여한다.

권장하는 교수-학습 지원 전략

1. 디지털 도구 쇼케이스
예비교사들이 디지털 도구를 수업에 어떻게 효과적으로 통합했는지에 대한 혁신적인 방식을 공유할 수 있는 세션을 조직한다. 이 전략은 동료 학습을 촉진하고 디지털 교육에 대한 창의적인 접근 방식에 영감을 준다.

2. 디지털 리터러시 워크숍
예비교사들에게 온라인 자원을 평가하는 중요한 디지털 리터러시 기술을 중점적으로 논의하는 워크숍을 개최한다. 이 전략은 예비교사들이 디지털 풍경을 효과적으로 탐색할 수 있도록 도와줄 것이다.

3. 멀티미디어 프로젝트

다양한 주제에 대해 예비교사들이 멀티미디어 프레젠테이션, 비디오 또는 팟캐스트를 만드는 과제를 수행하도록 한다. 이 전략은 미래에 자신들의 학습자들의 디지털 리터러시, 콘텐츠 작성 및 프레젠테이션 기술을 향상시키는 데 기초가 될 것이다.

실습 예제

실습 1: 디지털 도구 통합 쇼케이스

이 실습의 목표는 예비교사들이 다양한 과목과 가르침 상황에 효과적으로 디지털 도구를 통합하는 능력을 향상시키는 것이다. 이 실습에서 예비교사들은 "디지털 도구 통합 쇼케이스" 행사를 협력하여 조직한다. 각 참가자는 자신의 과목에 관련된 디지털 도구, 소프트웨어 또는 플랫폼을 선정한다. 그들은 이러한 도구를 어떻게 통합하여 가르치는 방법을 향상시키고, 학습자들을 참여시키고, 학습 성과를 향상시키기 위해 어떻게 활용했는지를 보여 주는 프레젠테이션이나 시연을 준비한다. 쇼케이스는 대화식 프레젠테이션, 실습 시연 및 각 도구의 실용적인 이점에 대한 토론을 포함할 수 있다.

① 예비교사들은 과목과 관련된 디지털 도구를 선택한다.
② 각 참가자는 도구의 통합, 이점 및 결과를 보여 주는 프레젠테이션을 준비한다.
③ 쇼케이스 이벤트가 예약되고 진행되며, 참가자들은 그들의 프레젠테이션을 공유한다.
④ 각 프레젠테이션 뒤에는 질의 응답 세션과 토론이 이어지며, 동료 학습과 아이디어 교환을 장려한다.
⑤ 성찰 및 피드백 세션이 진행되며, 잘한 점과 잘못된 점, 직면한 도전과제,

잠재적인 개선 사항에 중점을 둔다.

이 실습을 통하여 예비교사들은 디지털 도구 통합 능력을 향상시킬 수 있고, 다양한 도구의 적용 분야에 대한 통찰력을 얻게 되며 과목 전반에 걸친 학습자의 참여 방법을 탐구하게 된다.

실습 2: 비판적 디지털 리터러시 워크숍

이 실습의 목표는 예비교사들에게 자신들의 학습자들이 비판적으로 온라인 정보를 평가하도록 안내하고 디지털 리터러시를 육성하는 능력을 제공하는 것이다. 이 실습은 "비판적 디지털 리터러시 워크숍"을 개최하는 것을 포함한다. 예비교사들은 학습자들을 위한 워크숍을 개발하고 진행한다. 이 워크숍은 학습자들에게 온라인 소스를 비판적으로 평가하고, 신뢰할 만한 정보를 식별하고, 잠재적인 편견을 인식하는 방법을 가르치는 데 중점을 둔다. 예비 교사들은 학습자들이 디지털 리터러시 기술을 구축할 수 있도록 다양한 활동, 토론 및 대화형 작업을 디자인한다.

① 예비교사들은 디지털 리터러시, 온라인 소스 평가 및 편견 이해와 관련된 자료를 연구하고 편집한다.
② 학습자와 함께 참여하는 활동, 토론 및 작업을 디자인한다.
③ 학습자들과 함께 워크숍을 개최하며, 실전 활동과 토론을 포함한다.
④ 예비교사들은 상호작용 작업을 지원하면서 학습자들이 온라인 콘텐츠를 비판적으로 평가하는 방법을 안내한다.
⑤ 학습자들은 워크숍의 효과에 대한 피드백을 제공하며 어떤 것을 배웠는지 의견을 나누도록 한다.

이 실습을 통하여 예비교사들이 효과적인 디지털 리터러시 워크숍을 디자인하는 능력을 개발하게 되고, 학습자들에게 비판적 사고 기술을 심어 주며, 온라인 세계를 책임 있게 탐색할 수 있는 능력을 가진 학습자를 양성하는 데 기여한다.

평가를 위한 과제: "세계적인 시각 연결하기: 글로벌 학습 활동"

과제 설명: 세계는 디지털 교육을 통해 더욱 가까워지고 있습니다. 학습자들은 디지털 환경을 통해 다양한 국가와 문화, 사람들과 교류할 수 있습니다. 이 과제에서는 학습자들에게 다양한 나라와 문화를 경험하게 하여 글로벌 학습의 중요성을 깨닫게 하려고 합니다.

대상: 중(7~9학년)
수행 시간: 1주

제출물
글로벌 연결 지도: 세계 지도 위에 자신이 연구하고자 하는 3개 국가를 표시하고, 각 나라의 국기와 함께 간략한 문화적 특징을 기록하세요.
간단한 국가 프로필: 선택한 세 나라에 대한 기본 정보(수도, 인구, 주요 언어 등)와 국가별 특별한 문화적 특징 혹은 흥미로운 사실을 간단하게 정리하세요. (각 국가당 50~100단어 내외)
영상 혹은 음악 링크 공유: 각 나라의 전통적인 음악이나 댄스, 축제 등을 대표하는 영상 혹은 음악 링크를 공유하세요. (유튜브, 스포티파이 등)

평가 기준
완성도(20%): 지도와 국가 프로필이 완성되었는가?
정확성(30%): 제공된 정보가 정확한가?
창의성(30%): 다양한 출처와 자료를 활용하여 흥미로운 사실이나 문화적 특징을 발견하였는가?
영상/음악 선택의 타당성(20%): 선택된 영상이나 음악이 해당 국가의 문화를 잘 대표하는가?

제2장
디지털 교육의 목적과 방법

> ⌨ 강의 1 : 디지털 교육의 목표

읽어 보기

디지털 교육은 디지털 기술과 자원을 활용하여 교육 경험을 촉진하고 향상시키는 교수–학습 활동을 말한다. 따라서 디지털 교육의 목표는 디지털 기술을 전략적으로 통합함으로써 교수–학습 및 교육 효과를 개선하는 것이며 그 다양한 결과를 모두 포괄하는 것이다. 이렇듯 디지털 교육은 기술을 활용하여 동적이고 맞춤화된 학습자 중심의 교육 환경을 조성하는 데 중점을 두고 있다. 다음은 디지털 교육의 주요 목표를 정리한 것이다.

1) 접근성과 평등 강화

디지털 교육은 품질 높은 교육에 대한 지리적 및 사회경제적 격차를 줄이는 것을 목표로 한다. 디지털 기술을 활용하여 효과적인 학습 경험을 누구나에게 제공하고 이에 덧붙여 온라인 학습 기회를 제공함으로써 전통적인 교실에 제한된 접근성을 가진 학습자들에게 교육 자원을 평등하게 제공하려고 한다.

2) 맞춤형 학습의 촉진

디지털 교육의 주요 목표 중 하나는 개별 학습자의 필요, 학습 스타일 및 학습 속도에 맞게 학습 경험을 맞추는 것이다. 디지털 기술은 학습자의 학습 진행에 따라 콘텐츠와 학습자 및 학습에 대한 평가를 조절할 수 있는 적응형 학습 플랫폼을 가능하게 한다.

[그림 2-1] **맞춤형 학습과 자기주도형 학습**

3) 능동적 참여 촉진

디지털 교육은 참여도 높은 대화식 학습 경험을 조성하려 한다. 멀티미디어 요소, 시뮬레이션, 비디오, 게임화된 활동 및 기타 디지털 자원을 활용하여 학습자의 흥미를 끌고 적극적인 참여를 장려한다.

4) 자기주도 학습의 구현

또 하나의 디지털 교육의 중요한 목표는 학습자들이 자신의 학습 여정(旅程)을 주도할 수 있도록 하는 것이다. 디지털 자원과 온라인 플랫폼을 통해 학습자들은 스스로에게 관심 있는 주제를 탐색하고 자신에게 특별한 학습 목표를 설정하며 진행 상황을 관리할 수 있다.

5) 협력적 학습 지원

디지털 교육은 학습자들 간의 협력을 장려한다. 온라인 토론 포럼, 그룹 프로젝트 및 가상 팀 활동을 통해 동료 간 상호작용을 촉진하여 의사 소통 및 팀 워크 기술을 육성한다.

6) 비판적 사고와 문제 해결 육성

디지털 교육은 단순 암기를 넘어서 비판적 사고, 분석 및 문제 해결 능력을 강조한다. 디지털 교육이 장려하는 학습에서의 상호작용하는 활동과 시뮬레이션은 학습자들로 하여금 지식을 실제 상황에 적용해 보도록 환경을 제공한다.

7) 디지털 기술의 함양

기술이 여러 산업을 변화시키고 있는 현재의 상황 속에서, 디지털 교육은 학습자들이 기술 중심의 사회에서 필요한 기술적 능력과 디지털 이해력을 미리 갖출 수 있도록 돕는다.

8) 학습의 유연성과 편의 제공

디지털 교육의 목표 중 하나는 학습자의 일정을 스스로 수용할 수 있는 유연한 학습의 옵션을 제공하는 것이다. 온라인 강좌와 자원은 개별 학습의 속도와 장소에 제한을 받지 않는 학습을 가능하게 한다.

9) 학습 데이터 평가 및 분석

디지털 교육은 학습 데이터 수집과 분석을 용이하게 활용하는 것을 하나의 목표로 한다. 교사들은 데이터 분석을 통해 학습자의 진행 상황을 모니터링하고 학습에서의 모자란 부분, 격차를 식별하며 데이터에 기반하여 학습자의 학습에 관한 결정을 할 수 있다.

10) 지속적 전문성의 개발

교사들을 위해 디지털 교육은 지속적인 전문성의 개발을 지원한다. 웨비나

(Webinar)[1], 온라인 강좌 및 자원을 제공하여 교사들이 최신 교육 접근 방법과 기술 통합 전략을 연수받을 수 있도록 돕는다.

요약하면, 디지털 교육의 목표는 기술 및 공학을 활용하여 학습 결과를 향상시키고 학습에의 참여를 촉진하며 디지털 시대에 요구되는 지식과 기술을 보유한 학습자들을 기르는 것을 핵심으로 한다. 이러한 목표를 받아들임으로써 교사들은 21세기 학습자들의 다양한 요구를 충족시키는 의미 있는 학습 경험을 만들어 낼 수 있다.

학습과정안: 디지털 및 디지털 교육의 이해

1. 목표
이 학습과정안의 목표는 학습자들이 디지털 교육의 개념, 목표 및 목적을 이해하고 현대 학습 환경에 미치는 영향을 인식하도록 하는 것이다.

2. 필요한 자료
- 시각 자료(이미지, 인포그래픽)
- 디지털 기기(컴퓨터, 태블릿 PC)
- 디지털 학습 플랫폼을 소개하는 인쇄된 자료

3. 학습 절차

1) 디지털 경험의 공유
학습자들이 매일 접하는 공통된 디지털 경험에 대해 이야기하며, 온라인 비

---

1) 'web'과 'seminar'가 결합된 말로 인터넷을 통해 진행되는 세미나나 워크숍을 의미한다.

디오 시청, 학습용 앱 사용 또는 디지털 플랫폼을 통한 커뮤니케이션과 같은 경험에 대한 생각과 느낌을 공유한다.

2) 디지털 교육의 목표 소개

디지털 기술을 학습 향상을 위한 통합적 방안의 하나로 소개함으로써 디지털 교육의 개념을 설명한다. 디지털 교육의 목표는 학습을 더 매혹적으로, 접근성 있게, 맞춤화되며 상호작용적으로 만드는 것을 포함하고 있음을 설명한다. 디지털 기술이 교육에 미치는 영향을 시각 자료를 통해 설명하도록 한다.

3) 디지털 자원의 대화식 탐색

학습자들을 대화식 활동에 참여시켜 디지털 학습 자원을 탐색하도록 한다. 관심 있는 교육용 앱이나 웹사이트를 미리 준비하여 접근할 수 있게 하고, 상호작용하는 강의, 비디오 시청 및 게임을 해 보도록 안내한다.

4) 토론 및 성찰

디지털 교육의 이점에 대한 짧은 강의를 진행한다. 이어서 자신의 속도로 학습할 수 있는 능력, 다양한 학습 자료에 접근할 수 있는 능력 및 온라인에서 동료들과 협력할 수 있는 능력과 같은 디지털 교육의 이점에 대해 학습자들과 토론을 진행한다. 학습자들에게 기술 및 공학이 어떻게 학습 여정을 지원할 수 있는지에 대해 생각해 보도록 권장한다.

5) 대화식 시뮬레이션 또는 시나리오 제시

학습자들에게 디지털 기술이 어떻게 학습에 도움이 되는지 보여 주기 위해, 상호작용이 가능한 시뮬레이션과 실제 상황을 예로 들어 준다. 예를 들어, 종이 교과서와 전자책을 비교하면서, 전자책이 어떻게 더 상호작용적이고 멀티미디어 자료를 통해 어떤 이점을 제공하는지에 대해 이야기한다.

[그림 2-2] **디지털 교과서와 전통 교과서**

6) 그룹 활동(주제: 디지털 학습 목표)

소규모 그룹으로 나누어 각 그룹에 특정한 디지털 학습의 목표(예: 맞춤화 학습, 협력 프로젝트, 다양한 자원 접근)를 할당한다. 각 그룹에게 해당 목표를 달성하는 데 디지털 기술이 어떻게 도움이 될 수 있는지 논의하도록 하고 그들의 아이디어를 강의실의 모두에게 발표하도록 계획한다.

7) 현실적인 예시

온라인 강좌, 가상세계에서의 현장 여행 또는 교육용 게임과 같은 디지털 교육에서의 실제 예시를 공유한다. 이러한 예시가 디지털 교육의 목표와 어떻게 부합되며 어떻게 학습 경험을 향상시키는지를 강조한다.

8) 자기 성찰 및 일기 작성

학습자들에게 개별적으로 디지털 교육을 경험한 바에 대하여 그것이 자신의 학습 여정에 미치는 영향에 대해 생각해 보는 시간을 할애한다. 그들에게 자신들의 학습 일기에 생각, 통찰 및 질문을 기록하도록 권장한다.

9) 창의적인 발표

학습자들에게 디지털 교육의 목표를 나타내는 프레젠테이션, 포스터 또는 디지털 아트워크를 생성하도록 과제를 부여한다. 이 프로젝트는 학습자들이 자신의 이해를 종합하고 창의적으로 발표하도록 기회를 제공한다.

10) 토론 및 공유

학습자들의 창의적인 프로젝트 및 강의에서 얻은 통찰력을 공유하며 그에 대한 생각을 각자 개별적으로 적도록 한다. 디지털 기술과 그 영향에 대한 이해의 중요성을 강조하여 빠르게 변화하는 교육 환경에서 디지털 교육을 이해하는 것이 매우 중요함을 인식하고 학습을 마치도록 한다.

이 학습과정안의 이점은 대화식 탐색, 토론, 현실적인 예시 및 창의적 활동을 활용하여 학습자가 디지털 교육의 목표와 중요성을 이해할 수 있도록 한다는 것이다. 기술과 그 영향에 관여하며 학습자들은 디지털 기술이 학습 경험을 향상시키고 디지털 미래를 위해 준비하는 방법을 이해하게 될 것이다.

갖추어야 할 역량

1. 디지털 기술의 전문적 통합 능력

이 역량은 교사들이 디지털 도구와 자원을 효과적으로 교육 실천에 통합할 수 있도록 하는 기본적인 역량이다. 이러한 기술을 갖춘 교사들은 디지털 기술을 교수 전략에 원활하게 통합하여 학습자들 간의 참여, 이해 및 상호작용을 향상시킬 수 있다. 적절한 기술을 선택하고 학습 목표와 조화롭게 조정하는 능력은 효과적인 디지털 학습 경험을 촉진하는 데 중요한 역할을 한다.

2. 데이터 문해력

데이터 문해 역량은 교사들이 디지털 교육의 능력을 충분히 활용하기 위해서 중요하다. 이 역량은 디지털 도구가 생성하는 데이터를 수집, 분석 및 해석하는 능력을 포함한다. 데이터 문해력이 있는 교사들은 학습의 동향을 파악하고 학습자의 진행 상황을 평가하며 교수 전략을 조정할 수 있다. 이 역량은 교사들이 교수-학습에의 접근 방법과 학습자 지원에 관한 정보를 바탕으로 결정을 내릴 수 있도록 한다.

3. 맞춤화 기술

맞춤화는 효과적인 디지털 교육의 핵심이 되는 역량이다. 맞춤화 기술을 갖춘 교사들은 학습 경험을 개별 학습자의 필요, 선호 및 학습 스타일에 맞출 수 있다. 이 역량은 학습자의 능동적인 참여를 촉진하며 하나의 교실 내에서 다양한 학습 요구를 해결하는 데 도움이 된다. 맞춤화는 학습 경험을 향상시켜 각 학습자에게 더 관련성 있고 의미 있는 학습 경험을 제공한다.

이 세 가지 역량은 교사들이 디지털 기술을 최대한 활용하여 동적이고 매력적이며 효과적인 디지털 학습 환경을 조성할 수 있도록 한다.

권장하는 교수–학습 지원 전략

1. 디지털 기술 통합 워크숍

디지털 기술을 다양한 교육 시나리오에 통합하는 데 중점을 둔 워크숍을 조직하도록 한다. 디지털 기술 전문가와 협력하여 디지털 도구가 특정 학습 목표를 달성하는 데 어떻게 사용될 수 있는지 실제 예시를 보여 준다. 예비교사들에게 다양한 도구를 실험하도록 장려하고 그들의 경험을 공유하도록 한다. 이러한 실전 접근법은 기술을 효과적으로 선택하고 사용하는 능력을 키워 줄 것이다.

2. 데이터 분석 협업

예비교사들 사이의 협력을 통해 디지털 도구에서 생성된 데이터를 분석할 수 있도록 유도한다. 학습자의 진행 상황과 참여를 추적하는 플랫폼을 제공하여 그에 접근할 수 있게 한다. 예비교사들에게 데이터 분석에서 파악된 추세를 논의하고 개선할 수 있는 부분을 식별하며 긍정적 결과를 가져온 전략을 공유하도록 권장한다. 이러한 협력적 노력은 데이터 문해력을 향상시키고 데이터에 기반하여 의사 결정을 하는 문화를 촉진시킬 것이다.

3. 맞춤화 쇼케이스 세션

예비교사들이 디지털 도구를 사용하여 어떻게 학습 경험을 맞춤화할 수 있는지, 그 예시를 제시하고 생각하게 하는 세션을 마련한다. 예비교사들이 어떻게 콘텐츠, 평가 및 활동을 다양한 학습 선호도에 맞게 수정할 수 있는지를 생각하여 시연하도록 장려한다. 성공적인 맞춤화 전략을 공유함으로써 예비교사들이 서로 간에 유사한 접근법을 채택하고 맞춤화 기술을 향상시키도록 영감을 줄 수 있을 것이다.

이 전략들은 예비교사들이 디지털 교육의 영역에서 효과적인 목표를 설정하고 달성하기 위해 필요한 역량을 개발하고 향상시킬 수 있는 실전 기회를 제공한다.

실습 예제

실습 1: 디지털 학습 디자인 챌린지

팀으로 협력하여 특정 교육 목표와 일치하는 디지털 학습 경험을 만드는 학습 설계를 해 본다.

① 다양한 주제에 전문성을 가진 예비교사들의 팀을 구성한다.
② 각 팀에 특정 주제 또는 과목과 관련된 학습 목표를 개발하고 그중의 하나를 선택하도록 한다.
③ 각 팀에게 선택된 하나의 특정 목표를 달성하기 위해 다양한 디지털 도

구를 통합한 디지털 강의 계획 또는 활동을 설계하도록 요구한다.

④ 기술을 사용하여 학습 경험을 향상시키기 위한 창의적 아이디어와 혁신을 권장한다.

⑤ 각 팀은 자신의 설계안을 다른 그룹에게 발표하고 선택한 도구와 전략이 목표와 목적과 어떻게 일치하는지 설명한다.

⑥ 참가자들이 각 설계안의 효과와 실행 가능성을 논의하는 피드백 세션을 진행한다.

이 연습은 예비교사들이 함께 아이디어를 내고 전략을 세우며 학습 목표를 효과적으로 달성하기 위해 디지털 도구를 적용하는 능력을 키우도록 장려한다. 기술을 교육 목표와 잘 맞도록 통합하여 사용하는 능력을 키우도록 한다.

실습 2: 디지털 학습 반성 일지

정기적으로 디지털 교육 목표와 목적을 설정하고 달성하는 경험을 문서화하는 성찰 일지를 작성하는 연습을 한다.

① 각 교사에게 개별적인 디지털 일지를 제공한다(온라인 문서 형태 또는 전용 앱 형태일 수 있음).

② 교사들이 디지털 학습 활동을 계획, 실행 및 평가하는 과정을 정기적으로 기록하도록 권장한다.

③ 교사들에게 선택한 디지털 도구, 설정된 목표 및 실제 결과 사이의 일치에 대해 반성하도록 유도한다.

④ 교사들이 겪은 어려움, 적용한 방법, 그리고 목표를 이루기 위해 어떤 조정을 했는지에 대해 이야기하고 논의하도록 한다.

⑤ 일지 작성 일정을 정하고 주간 또는 각 디지털 강의 후에 작성할 수 있도록 한다.

⑥ 교사들에게 전문성 개발 세션에서 동료들과 인사이트, 전략 및 성과를 공유할 것을 장려한다.

이 실습의 이점은 예비교사들이 디지털 교육 목표를 설정하고 달성하는 과정에서 자기인식, 비판적 사고 및 지속적 개선을 촉진한다는 것이다. 예비교사들은 경험을 통해 배우고 다른 사람들과 협력하여 자신의 학습과정을 개선할 수 있다. 이 두 가지 실습 모두 예비교사들에게 디지털 교육의 맥락에서 목표 설정과 달성에 필요한 역량을 실제로 적용할 수 있는 실전 기회를 제공한다.

> 평가를 위한 과제: 디지털 교육의 목표와 교사의 요구 역량에 관한 연구
>
> 과제 설명: 디지털 교육의 목표와 교사가 갖추어야 할 역량에 대해 깊게 연구하고, 그 중요성과 어떻게 이들을 실제 교육 현장에 적용할 수 있는지에 대한 방안을 제시하는 보고서를 작성하시오.
>
> 1) 선택 가능한 주제 예시
> - 디지털 교육에서의 접근성과 평등의 중요성
> - 데이터 문해력이 교사에게 가져다주는 혜택과 도전
> - 맞춤화 기술을 활용한 학습 경험의 향상 전략
> - 디지털 기술의 전문적 통합과 그에 따른 교육 효과의 변화
>
> 2) 과제 제출물
> - 보고서(3~5페이지): 선택한 주제에 대한 깊은 연구와 현장 적용 방안 포함
> - 발표 자료(PPT): 연구한 내용을 기반으로 하는 10분 분량의 발표 준비
>
> 3) 평가 기준
> - 주제의 선택 이유(10%): 선택한 주제의 중요성과 연구 목적의 명확성
> - 연구의 깊이(30%): 디지털 교육의 목표와 교사의 요구 역량에 대한 깊고 폭넓은 연구

- 자료 활용(20%): 다양한 출처의 활용, 올바른 인용 및 출처 표기
- 발표 기술(20%): PPT의 명료성, 내용 전달력, 그리고 관객과의 상호작용 능력
- 실제 교육 현장 적용 방안(10%): 연구한 내용을 실제 교육 현장에 어떻게 적용할 것인지에 대한 구체적이고 실용적인 제안
- 결론 및 제언(10%): 연구의 핵심 내용 요약 및 향후 연구 방향 제시

이 과제는 예비교사의 디지털 교육에 대한 이해도, 예비교사의 요구 역량에 대한 깊은 연구 능력 및 발표 능력을 평가하는 것을 목표로 한다.

강의 2: 디지털 교육의 방법과 접근법

읽어 보기

디지털 교육의 분야에서는 다양한 방법과 접근법을 활용하여 디지털 기술의 잠재력을 극대화시킨다. 그리고 그 과정에서 의미 있는 학습 경험을 도출하고 학습 결과를 향상시키려 노력한다. 이렇게 하기 위한 방법은 학습자를 능동적으로 참여하게 하고, 그들의 이해를 도우며 의미 있는 상호작용을 촉진하기 위한 다양한 전략, 기술 및 교수법에 대한 다양한 접근 방식을 포함한다. 이러한 방법을 효과적으로 통합하기 위해 교사들은 학습자의 독특하거나 특별한 요구, 개인 학습자에게 맞는 학습 내용 및 개인이 원하는 학습 결과를 고려해야 한다. 디지털 교육에서 활용될 수 있는 전략들은 본 교재에서 활용의 예, 학습과정안, 그리고 실습 예제들을 통하여 구체적으로 제시되고 있다. 여기서는 디지털 교육에 활용되는 방법들을 다음과 같이 제시한다.

1) 거꾸로 학습(Flipped learning)

거꾸로 학습은 전통적인 학습 모델을 뒤집은 것이다. 이 방법에서 교사는

학습자들이 강의를 수강하기에 앞서 온라인으로 접근할 수 있는 동영상이나 읽을 자료 등 교육 콘텐츠로 스스로 학습을 하도록 한다. 이후 강의 시간에는 상호작용 활동, 토론 및 공동 프로젝트에 몰두한다. 이 접근법은 콘텐츠를 강의실 밖에서 전달하기 위해 디지털 기술을 활용하며, 대면 세션에서는 학습 내용의 깊은 탐구, 명확화 및 적용에 집중할 수 있도록 한다. 다음 그림을 잘 살펴보고 거꾸로 학습의 개념을 이해하여 보자.

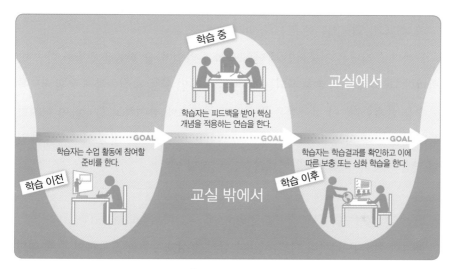

[그림 2-3] **거꾸로 학습(Flipped Learning]**

2) 문제 중심 학습(Problem Based Learning)

문제 중심 학습은 학습자들에게 조사, 연구 및 해결책 작성이 필요한 복잡한 실제 세계의 문제를 할당하여 해결하게 하는 학습의 방법이다. 디지털 맥락에서 보면 학습자들은 다양한 온라인 자원을 활용하여 가상 세계를 통하여 협력하고, 한편으로는 멀티미디어 도구를 사용하여 결과물을 발표하게 된다. 이 접근법은 비판적 사고, 문제 해결, 협력 및 디지털 문해력 기술을 촉진하며 학습자들을 실제 학습 경험에 참여시키는 특징이 있다.

3) 게임 기반 학습(Game Based Learning)

게임 기반 학습은 교육 콘텐츠를 대화식 게임이나 시뮬레이션에 통합한 학습 방법이다. 이 접근법은 게임에 내재된 적극적 참여와 동기 부여를 활용하여 학습을 촉진한다. 디지털 게임은 학습자들을 도전을 해결하고 결정을 내리며 실험을 통해 배우는 가상 환경에 몰입시킬 수 있다. 이 방법은 학습된 내용의 유지, 의사 결정 기술 및 복잡한 문제 해결 능력을 향상시키는 데 특히 효과적이다.

4) 블렌디드 러닝(Blended Learning)

블렌디드 러닝은 전통적인 대면 교육과 온라인 학습 경험을 결합한 학습 방법이다. 교사들은 서로 보완되는 대면 및 온라인 활동이 신중하게 통합되도록 학습을 설계한다. 이 접근법은 학습자가 콘텐츠에 참여하고 협력하며 디지털 플랫폼을 통해 의사 소통할 수 있는 유연성을 제공하면서 대면 세션에서 개인별 맞춤 지도와 상호작용을 극대화하는 이점이 있다.

5) 동기화 및 비동기화 학습(Synchronized and Asynchronized learning)

동기화 학습은 교사와 학습자 간의 실시간 상호작용을 포함하며 주로 웨비나, 가상 교실 또는 실시간 채팅을 통해 이루어진다. 반면, 비동기화 학습은 학

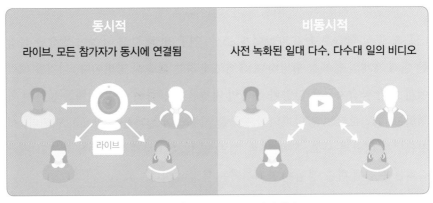

[그림 2-4] **동기화 및 비동기화 학습**

습자들이 실시간 제약 없이 학습 자료에 접근하고 활동에 참여할 수 있는 것을 의미한다. 이러한 두 가지 접근법의 조합은 상호작용과 유연성을 가능하게 하며 다른 학습 선호도와 일정에 맞춰 제공한다.

6) 적응형 학습(Adaptive learning)

적응형 학습은 개별 학습자를 위해 학습 경험을 맞춤화 하는 데 디지털 기술을 활용한다. 디지털 플랫폼은 데이터 분석 및 알고리즘을 사용하여 학습자의 성과를 평가하고 콘텐츠와 활동을 그들의 강점, 약점 및 학습 스타일에 맞게 조정한다. 이 방법은 각 학습자가 최적의 속도로 학습을 진행하고 개인별 목표에 도달 할 수 있는 지원을 받을 수 있도록 보장한다.

7) 협력적 온라인 학습(Collaborative online learning)

이 접근법은 학습자들이 온라인 플랫폼에서 동료들과 협력하고 아이디어를 공유하며 프로젝트를 공동으로 만들고 피드백을 제공할 것을 권장한다. 토론 포럼, 위키 및 공동 문서와 같은 도구는 의사 소통 및 팀워크를 용이하게 하며 학습자들이 서로 배우고 사회 및 디지털 협업 기술을 발전시킬 수 있도록 지원한다.

디지털 교육에서는 다양한 방식을 사용하여 디지털 기술로 학습을 개선한다. 교사들은 교육 목표, 내용의 특징, 학생들의 필요에 맞춰 이러한 방식들을 선택하고 조절한다. 이런 방식을 잘 활용하면 교사들이 학습자들이 참여하고, 몰입하며, 의미 있는 학습 환경을 만들 수 있다.

학습과정안: 디지털 교육의 방법과 접근법

1. 목표

이 학습과성안의 목표는 예비교사들에게 디지털 교육의 다양한 방법과 접근법에 대한 깊은 이해를 제공하는 것이다. 이러한 방법을 탐색하고 필요한 능력을 개발함으로써 예비교사들은 학습 결과를 향상시키는 동적이고 상호작용적이며 학습 중심의 디지털 학습 환경을 조성할 수 있다.

2. 필요한 자료

- 프레젠테이션 자료(슬라이드, 멀티미디어 콘텐츠)
- 디지털 도구 및 플랫폼 예시
- 실시간 데모를 위한 인터넷 접속
- 다양한 방법에 대한 핸드아웃(유인물) 또는 인쇄자료

3. 학습 절차

1) 디지털 교육의 전망 이해

디지털 교육의 개념과 현대 학습 환경에서의 중요성을 소개한다. 기술 통합이 교수–학습 경험을 어떻게 변화시킬 수 있는지 논의한다. 프레젠테이션 자료를 사용하여 주요 포인트와 디지털 교육의 동향을 설명한다.

2) 방법과 접근법 탐색

디지털 교육에서 사용되는 다양한 방법과 접근법에 대해 자세히 알아본다. 각 방법, 학습 방법의 이점 및 디지털 기술 통합의 방식을 설명하고 참여와 학습 결과를 향상시키기 위해 그 기술을 활용하는 방법을 보여 준다. 성공적인 구현의 실제 예시를 제공하고 각 접근법이 다양한 학습 스타일을 수용하는 방

식을 강조한다.

3) 역량 개발

효과적인 디지털 교육을 위한 세 가지 중요한 역량을 소개한다.

① **디지털 교수법 능력**: 학습 목표와 학습자들의 요구에 맞게 다양한 디지털 교수 방법과 접근법을 디자인하고 구현하고 적응시키는 능력을 개발한다. 거꾸로 학습 및 게임 기반 학습 시나리오와 관련된 활동과 같은 예시 활동을 제공한다.

② **디지털 기술을 통합하는 능력**: 디지털 기술 도구와 플랫폼을 교수적 실천에 원활하게 통합하는 능력을 습득한다. 적합한 도구를 식별하고 기술적 측면을 관리하며 문제 해결을 수행하고 원활한 학습 경험을 보장하도록 한다. 동기화 및 비동기화 학습을 위한 온라인 플랫폼을 탐색하고 적응형 학습 도구를 실험하며 효과적인 온라인 의사 소통과 협력을 지원하는 활동을 강조한다.

③ **학습 경험 디자인**: 교육 과정의 목표에 맞춰서 흥미롭고, 상호작용이 많으며, 학습에 중점을 둔 디지털 학습 경험을 만드는 능력을 확인하고 정의하며 그를 갖추도록 한다. 여기에는 교수법 원칙을 이해하고 멀티미디어 콘텐츠를 작성하며 의미 있는 상호작용을 촉진하는 것이 포함된다. 혼합적 학습 모듈을 디자인하고 디지털 자료를 활용하여 프로젝트 기반 학습 시나리오를 만드는 활동을 수행한다.

4) 대화식 워크숍 및 활동

교사들이 학습을 적용해 볼 수 있는 기회를 갖도록 대화식 워크숍을 진행한다. 이를 통하여 교사들이 디지털 활동을 디자인하고 디지털 기술 도구를 실험하며 프로젝트 기반 학습 시나리오에 협력하는 기회를 제공한다. 특정 도구나 플랫폼의 사용 예를 통해 실시간 데모를 시연한다.

5) 응용 및 적용

예비교사들에게 학습한 방법과 역량을 자신의 교수−학습의 맥락에 적용하도록 장려한다. 즉, 다양한 방법을 활용한 디지털 강의나 활동을 디자인하고 구현하는 작업을 할당하고 원하는 결과를 달성하기 위해 경험, 도전 및 성공을 공유할 수 있는 시간을 갖도록 지원한다.

이 학습과정안은 다양한 방법과 접근법을 활용할 수 있는 능력을 예비교사들에게 부여한다. 디지털 교육, 기술 통합 및 학습 경험 디자인의 능력을 발전시킴으로써 그들이 디지털 기술을 효과적으로 활용하여 매력적이고 유의미한 학습 환경을 조성할 수 있도록 도와준다. 이 접근법을 통해 예비교사들은 21세기 학습자의 다양한 요구를 충족시키기 위해 교수 실천을 조정하면서 발전하는 교육 기술에 대응할 수 있다.

갖추어야 할 역량

1. 디지털 교수법

이 역량은 학습 목표와 학습자의 요구에 부합하는 다양한 디지털 교수법 방법과 접근법을 디자인, 구현 및 조정하는 능력을 개발하는 것을 포함한다. 서로 다른 학습 시나리오에 적합한 방법을 선택하고 학습자들을 참여시키기 위해 디지털 도구를 효과적으로 활용한다. 거꾸로 학습, 프로젝트 기반 학습 시나리오와 관련된 활동과 같은 예시 활동을 포함한다.

2. 디지털 기술의 통합 기술

이 역량을 획득하는 것은 교육 실천에 기술 도구와 플랫폼을 원활하게 통합할 수 있음을 의미한다. 이 역량은 적절한 기술적 도구를 찾아내고, 기술적인 문제들을 다루며, 문제를 해결하고, 학습이 잘 진행될 수 있도록 돕는다. 그리고 이 역량은 동기화 및 비동기화 학습을 위한 온라인 플랫폼을 탐색하고 적응형 학습 도구를 실험하며 효과적인 온라인 의사 소통과 협력을 지원하는 능력을 포함한다.

3. 학습 경험 디자인 역량

이 역량은 교육 과정 목표와 일치하는 매력적이고 상호적이며 학습 중심의 디지털 학습 경험을 디자인하는 능력을 의미한다. 학습 경험을 디자인하는 능력은 교수-학습 설계의 원칙을 이해하고 멀티미디어 콘텐츠를 작성하며 의미 있는 상호작용을 촉진하는 것을 포함한다. 또한 혼합적 학습 모듈을 디자인하고 디지털 자료를 활용하여 프로젝트 기반 학습 시나리오를 만드는 활동을 포함한다.

이와 같은 역량은 교사들이 다양한 디지털 교육 방법과 접근법을 효과적으로 구현할 수 있도록 돕는다. 디지털 교수법, 디지털 기술 통합 및 학습 경험 디자인 분야에서 능력을 개발하고 발전시킴으로써 미래의 교사인 예비교사들은 학습자들을 위한 매력적이고 의미 있는 디지털 학습 환경을 조성할 수 있다.

권장하는 교수-학습 지원 전략

1. 디지털 스캐빈저 헌트 챌린지(Scavenger Hunt Challenge)[2]
학습자들의 학습 여정을 활기차게 만들기 위해 상호작용하는 디지털 스캐빈

---

2) 디지털 스캐빈저 헌트 챌린지는 참가자들이 특정 목표나 단서를 바탕으로 디지털 리소스나 정보를 찾는 활동이다.

저 헌트 챌린지를 조직한다. 이 챌린지는 "찾기 게임 도전" 등으로 번역되는데, 참가자들이 주어진 힌트나 지시에 따라 여러 항목을 찾거나 특정 임무를 완료하는 게임 또는 활동이다. 즉, 스캐빈저 헌트는 주로 팀을 구성하여 특정 시간 내에 여러 항목을 찾거나 특정 임무들을 완료하는 것을 목표로 한다. 각 항목이나 임무는 특정 점수를 가지며, 게임이 끝날 때까지 가장 많은 점수를 획득한 팀이나 개인이 승리하게 되는 게임이다. 디지털 스캐빈저 헌트 챌린지를 지원하거나 구성할 수 있는 플랫폼 또는 사이트는 다음과 같은 것들이 있다.

① 구스체이스(GooseChase)[3]: 이 앱은 팀 또는 개인이 참여할 수 있는 디지털 스캐빈저 헌트를 만들고 관리할 수 있게 해 준다. 각각의 미션은 사진, 비디오, 텍스트 답변 등으로 완료될 수 있다.

② 퍼즐 제작 사이트(puzzle.org)[4]: 이 웹사이트는 다양한 종류의 퍼즐과 챌린지를 만들 수 있게 해 준다.

③ 스캐비파이(Scavify)[5]: 스캐빈저 헌트, 팀 빌딩 활동, 교육 챌린지 등을 만들 수 있는 플랫폼이다.

④ 액션바운드(Actionbound)[6]: 이 플랫폼을 사용하면 스마트폰이나 태블릿 PC에서 진행할 수 있는 디지털 스캐빈저 헌트나 경쟁 활동을 만들 수 있다.

⑤ 에드모도(Edmodo)[7]: 교육적 목적으로 디지털 스캐빈저 헌트 활동을 구성하기를 원하면 에드모도와 같은 교육 플랫폼을 활용하는 것도 좋다.

3) https://www.goosechase.com
4) https://puzzle.org
5) https://www.scavify.com
6) https://en.actionbound.com
7) https://www.edmodo.com

헌트를 준비하는 기본적인 단계는 이 강의 2의 마지막에 있는 '참고 자료'를 살펴본다.

이 전략을 사용하여 학습자들에게 특정 주제와 관련된 구체적인 답변을 찾기 위해 다양한 온라인 자료, 웹사이트 및 플랫폼을 조사하도록 유도한다. 학습자들을 찾기 내지는 탐색에 몰입시킴으로써 적극적인 참여를 유도하며 비판적 사고 능력을 기르며 디지털 도구를 효과적으로 활용하는 능력을 기른다.

2. 상호작용 가상 현장 학습

물리적 경계를 초월한 매력적인 가상 현장 학습을 하여 학습자들에게 풍부한 교육 경험을 제공한다. 몰입형 온라인 플랫폼을 활용하여 학습자들을 다양한 목적지, 문화, 역사적 유적 및 과학적 현상으로 이끈다. 이를 통해 호기심을 자극하고 시야를 넓히는 데 도움이 된다.

3. 교육적 엔터테인먼트: 게이미피케이션[8]

교육적인 엔터테인먼트인 게이미피케이션을 통해 즐거움과 경쟁 요소를 교실 수업에 도입한다. 이 전략은 게임 기반 퀴즈, 상호작용적인 도전 과제 및 보상을 도입하여 매력적인 학습 환경을 조성하며 학습자들의 참여도를 높이고 필수 개념을 강화하며 성취감을 유발한다.

---

8) 게이미피케이션(Gamification)은 게임의 요소와 원칙을 게임 외의 활동이나 맥락, 예를 들어 교육, 마케팅, 직장 환경 등에 적용하는 것을 말한다. 이는 사람들의 참여를 유도하고, 학습과 작업의 동기를 부여하며, 사용자 경험을 향상시키기 위해 사용된다. 포인트, 배지, 리더보드, 진행 상황 바와 같은 게임적 요소들을 통해 사용자의 참여를 장려하고, 목표 달성을 위한 동기를 부여한다.

실습 예제

실습 1: 거꾸로 학습 경험

학습자들의 학습 여정을 혁신적으로 바꾸기 위해 거꾸로 된 교실 모델을 채택한다. 이 실습은 상호작용하는 디지털 스캐빈저 헌트 챌린지(강의 뒤에 제시된 자료를 참고한다)를 조직하여 교육 과정을 활기차게 만드는 것을 포함한다. 이 전략을 통해 학습자들은 강의 내용과 관련된 구체적인 답변을 찾기 위해 다양한 온라인 자료, 웹사이트 및 플랫폼을 거치는 흥미로운 여정을 떠나게 된다. 이 몰입형 탐사는 적극적인 참여를 유도하며 비판적 사고 능력을 기르고 디지털 도구를 효과적으로 사용하는 학습자들의 능력을 키우는 데 도움을 준다.

① 관련 질문 개발: 강의 내용과 밀접한 연관이 있는, 생각을 자극하는 질문이나 과제 목록을 작성한다.

② 단서 만들기: 여러가지 단서를 준비하여 학습자들이 기사, 비디오, 상호작용하는 시뮬레이션 등 다양한 온라인 자료를 찾아보도록 안내한다.

③ 그룹 편성: 학습자들을 소그룹으로 나누어 각 그룹에 질문 세트와 해당하는 단서를 할당한다.

④ 시간 제한 설정: 스캐빈저 헌트에 정의된 시간 제한을 설정하여 집중하여 효율적인 탐색을 하도록 권장한다.

⑤ 협력적인 탐사: 그룹 협업, 토론 및 디지털 자료 탐색을 통해 정확한 답변을 발견하도록 유도한다.

⑥ 창의적 문제 해결: 학습자들에게 창의적 문제 해결 기술을 적용하여 단서를 해독하고 정보를 수집하도록 한다.

⑦ 평가 및 완료: 각 그룹의 결과와 답변을 검토하여 정확성과 창의성을 평가한다.

⑧ 인정 및 성찰: 도전을 성공적으로 완료한 팀을 인정하며 문제 해결 능력

을 축하한다. 그리고 여태까지의 경험에 대한 성찰을 한다.

⑨ **토론**: 스캐빈저 헌트 경험에 대한 토론에 참여하여 학습자들이 통찰력과 전략을 공유하도록 장려한다.

실습 2: 협력적인 온라인 프로젝트 기반 학습

학습자들에게 동적이고 매력적인 교육 환경을 조성하여 제공하기 위해 협력적인 온라인 프로젝트 기반 학습[9]을 진행한다. 이 실습은 학습자들이 실제 세계 문제를 탐구하고 철저한 연구를 진행하도록 유도하여 주제에 대한 포괄적인 이해를 할 수 있는 디지털 프로젝트를 협력하여 만들도록 도와준다. 프로젝트에서 학습자 개개인이 연구자, 콘텐츠 제작자, 그래픽 디자이너 및 발표자와 같은 다양한 역할을 채택하도록 한다. 이 학습 방식은 연구 능력, 콘텐츠 생성 기술 및 효과적인 발표 기술을 기를 수 있도록 도와주며, 또한 동료 평가와 상호작용적인 발표를 통해 의미 있는 토론을 유도하고 학습 경험을 풍부하게 한다.

① **주제 선택**: 교육과정과 관련이 있는 의미 있는 주제를 실생활과 관련지어 선택하고 탐구와 연구를 장려한다.

② **그룹 편성 및 역할**: 학습자들을 소그룹으로 나누고 연구자, 콘텐츠 제작자, 디자이너 및 발표자와 같은 역할을 할당한다.

③ **연구 및 탐색**: 각 그룹에 대하여 깊이 있는 연구 과제를 부여하여 온라인 자료를 찾고, 자료에 대한 비판적인 평가를 권장한다.

④ **협력적인 프로젝트 생성**: 각 그룹에게 멀티미디어 도구를 사용하여 결과를 전달하는 디지털 프로젝트를 협력하여 만들도록 요구한다.

---

9) 프로젝트 기반 학습(Project Based Learning: PBL)은 학습자들이 실제 문제를 해결하거나 복잡한 질문에 답하면서 지식과 기술을 습득하는 교육 방식이다. 학습자들은 실생활과 관련된 프로젝트를 진행하며, 이 과정에서 연구, 협업, 문제 해결, 그리고 비판적 사고와 같은 중요한 기술들을 개발한다.

⑤ **동료 평가 및 피드백**: 그룹이 서로의 프로젝트에 대한 건설적인 피드백을 제공할 수 있도록 하며 동료 평가 세션을 진행한다.

⑥ **발표 준비**: 그룹이 참여하는 멤버들에게 매력적인 전시를 위해 디지털 도구를 사용하여 발표를 준비하도록 권장한다.

⑦ **상호교류적인 발표**: 각 그룹이 프로젝트를 공유하고 그에 따른 상호교류식 질의응답 세션을 진행할 시간을 할당한다.

⑧ **성찰**: 학습자들이 통찰력, 도전, 그리고 배운 교훈을 공유하는 성찰 세션을 마련한다.

⑨ **평가 및 인정**: 프로젝트의 전반적인 성공을 평가하고 학습자들의 성과와 성장을 인정하고 축하한다.

이러한 실습을 통해 예비교사들은 디지털 교육의 다양한 방법과 접근법을 효과적으로 활용하여 자신의 학습자들을 위한 매력적이고 협력적이며 의미 있는 학습 경험을 조성할 수 있다.

평가를 위한 과제: 디지털 교육 방법과 접근법에 대한 연구

디지털 교육의 다양한 방법과 접근법 중 하나를 선택하고, 그 방법의 특징, 장점, 도전 사항에 대해 연구하여 보고서를 작성하시오.

1. 선택 가능한 주제 예시
 • 거꾸로 학습(Flipped learning)의 특징 및 적용
 • 프로젝트 중심 학습(Problem Based Learning)과 디지털 교육
 • 게임 기반 학습(Game Based Learning)의 효과
 • 블렌디드 러닝(Blended Learning)의 전략 및 이점
 • 동기화 및 비동기화 학습의 효과와 도전
 • 적응형 학습(Adaptive learning)의 디지털 전략
 • 협력적 온라인 학습과 디지털 협업 도구

2. 과제 제출물

- 보고서(3~5페이지): 선택한 교육 방법의 특징, 장점, 도전 사항에 관한 내용 포함
- 발표 자료(PPT): 연구한 내용을 기반으로 한 10분 분량의 발표를 위한 자료

3. 평가 기준

- 주제의 선택 이유(10%): 주제를 선택한 이유 및 그 중요성에 대한 명확한 설명
- 연구의 깊이(30%): 교육 방법에 대한 자세한 설명, 장점 및 도전 사항에 대한 깊이 있는 분석
- 자료 활용(20%): 다양한 출처와 자료를 활용한 연구, 출처의 명시 및 올바른 인용
- 발표 기술(20%): PPT의 구성, 내용의 전달력, 시청자와의 상호작용 능력
- 창의성(10%): 주제나 연구 내용에 대한 독창적인 접근, 새로운 관점 제시
- 결론 및 제언(10%): 연구의 핵심 내용 요약, 앞으로의 방향성 및 제언

이 과제는 학습자들의 디지털 교육 방법에 대한 연구 능력, 교육 전략에 대한 이해도 및 발표 능력을 평가하는 데 중점을 둔다.

참고 자료

디지털 스캐빈저 헌트를 준비하기 위해서는 몇 가지 기본적인 단계를 따라야 한다. 다음은 디지털 스캐빈저 헌트를 준비하고 실행하는 데 필요한 기본 절차이다.

1. 목표 설정: 디지털 스캐빈저 헌트의 주요 목표와 목적을 명확하게 정의한다. 예를 들어, 교육적인 목표, 팀워크 강화, 재미와 엔터테인먼트 등의 목적을 가질 수 있다.

2. 플랫폼 선택: 위에서 언급한 것처럼 구스체이스(GooseChase), 스캐비파이(Scavify), 또는 액션바운드(Actionbound)와 같은 플랫폼 중 하나를 선택한다. 반드시 이런 사이트가 아니어도 된다. 예를 들면, 구글시트(sheet)나 독스(docs) 등을 활용해도 된다.

3. 미션 및 태스크(task) 생성: 참가자들에게 주어질 다양한 미션과 태스크를 만든다. 미션은 사진 찍기, 질문에 답하기, 비디오 녹화하기 등 다양한 형태를 가질 수 있다.

4. 안내 및 규칙 설정: 참가자들이 어떻게 미션을 수행할지, 어떤 점수를 얻을 수 있는지, 기타 주의사항이나 규칙 등을 명확히 한다.

5. 파일럿 테스트 실행: 실제 참가자들에게 제공하기 전에 스캐빈저 헌트를 테스트해 보는 것이 좋다. 이를 통해 문제점이나 개선할 부분을 찾아낼 수 있다.

6. 참가자들에게 안내: 참가자들에게 필요한 앱이나 도구를 다운로드받게 하고, 스캐빈저 헌트의 시작 시간, 규칙, 미션 정보 등을 공유한다.

7. 진행 및 모니터링: 스캐빈저 헌트가 진행되는 동안 참가자들의 활동을 모니터링하고, 필요한 경우 도움을 제공한다.

8. 평가 및 피드백: 활동이 끝난 후, 참가자들의 성과를 평가하고, 스캐빈저 헌트의 성공 여부, 장점, 단점 등에 대한 피드백을 수집한다.

9. 보상 제공(선택 사항): 미션을 완료한 참가자나 팀에게 상품이나 인센티브를 제공하는 것도 고려할 수 있다.

이렇게 준비하고 실행하는 과정을 통해 참가자들은 디지털 리소스와 정보를 찾고 공유하는 활동을 즐길 수 있으며, 특정 목표나 학습 내용에 대한 이해도를 높일 수 있다.

모듈2

디지털 중심의 교과 통합

제3장
디지털 교육의 중심:
탐구 기반 학습

💻 ⋯ 강의 1: 디지털 맥락에서의 탐구 기반 학습

읽어 보기

탐구 기반 학습(Inquiry-Based Learning)은 학습자의 적극적 참여, 비판적 사고, 그리고 발견의 중요성을 강조하는 전략이다. 이 방법은 학습자들에게 질문을 제기하게 하고, 그에 대한 조사를 수행하게 함으로써 직접적인 연구와 조사를 통해 지식을 구축하도록 도와준다. 디지털 교육에서 탐구 기반 학습이 갖는 의미를 간단하게 정리해 본다.

1) 탐구 기반 학습의 특성

탐구 기반 학습은 학습자로 하여금 제기된 질문에 대한 답을 찾기 위해 조사를 통해 학습에 깊이 참여하도록 만드는 교육 방식이다. 이 방법은 교사를 단순 정보 제공자에서 학습 경험의 가이드로 전환시켜 학습자가 주제를 깊이 탐구하고 스스로 학습할 수 있도록 한다.

2) 디지털 맥락에서 탐구 기반 학습의 역할

여기서 디지털 맥락이란 교육에 디지털 도구와 자료들을 함께 사용하는 것을 말한다. 탐구 기반 학습에서는 이러한 디지털 기술이 조사 과정을 강화하는데 있어서 중요한 역할을 한다. 온라인 데이터베이스와 시뮬레이션, 멀티미디어, 그리고 협업 플랫폼은 학습자들에게 경계 없는 학습 환경을 제공한다.

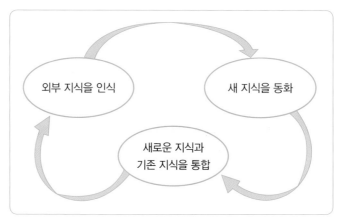

[그림 3-1] **탐구 기반 학습에서 지식의 생성**

3) 탐구 기반 학습의 장점

탐구 기반 학습은 특히 중등교육에서 유익한데 탐구 활동은 청소년의 인지 발달과 일치하며 고차원적 사고를 장려하기 때문이다. 탐구 활동은 학습자의 비판적 분석, 정보 평가, 커뮤니케이션 및 독자적인 연구와 같은 능력을 촉진하며 결국에는 학업 및 개인적인 성장에 필수적인 역할을 한다.

4) 탐구 기반 학습에서의 디지털 도구

디지털 도구를 사용하는 것은 중등교육에서 학생들이 스스로 탐구하고 배우는 방식의 학습 효과를 크게 향상시키는 중요한 요인이 된다. 온라인 연구 자료, 가상 실험실, 데이터 시각화 소프트웨어 등을 활용하여 학습자들은 주제를 깊이 있게 탐구하고 효과적으로 결과를 공유할 수 있다. 이러한 도구를 사용하여 학습자들은 복잡한 주제를 탐구하고 데이터를 분석하며 프로젝트에 협력하며 결과를 효과적으로 발표할 수 있게 된다.

5) 디지털 탐구 기반 학습 환경에 적응하기

교사는 유망한 디지털 탐구 기반 학습의 환경을 조성하기 위해 교수 전략을 조정해야 한다. 이를 위하여 개방형 질문 설계, 효과적인 온라인 연구 안내, 가상 토론을 주도하며 학습자들에게 디지털 자료를 비판적으로 평가하도록 독려할 것을 권장한다.

6) 디지털 및 아날로그 접근법 균형 맞추기

디지털 도구는 탐구를 촉진하지만 디지털과 아날로그 접근법 사이의 균형을 유지하는 것이 중요하다. 학습자들에게 손으로 실험을 해 보고, 그룹 토론 및 현장 조사에 참여하도록 유도하여 디지털 조사를 보완할 수 있도록 독려하는 것이 바람직하다. 이 균형은 다양한 학습 스타일과 선호도를 고려한 종합적인 학습 경험을 보장할 것이다.

7) 협력과 커뮤니케이션 촉진

디지털 플랫폼은 학습자로 하여금 협력하고 통찰력을 공유하며 함께 프로젝트에 참여할 수 있도록 도와주어서 팀워크 및 커뮤니케이션 기술을 발전시킨다. 온라인 토론, 공동 문서 편집 및 가상 그룹 프로젝트는 아이디어와 시각을 동적으로 교환하기 위한 환경을 조성한다.

8) 디지털 탐구 기반 학습에서의 평가

여기에서의 평가는 학습자들의 문제 해결 능력, 연구 능력, 정보 능력, 협력 및 개인 스스로의 조사에서 의미 있는 결론을 도출하는 능력을 평가하는 데 중점을 두어야 한다. 평가의 대상은 프로젝트 발표, 연구 논문, 멀티미디어 작업 및 반성 에세이 등을 포함한다.

요약하면, 디지털 맥락에서 탐구 기반 학습에 대하여 연구하고 탐색함으로써 예비교사들은 매력적이고 몰입적인 학습 경험을 조성하는 것이 좀 더 쉬워진다. 디지털 도구를 활용함으로써 교사들은 학습자들에게 비판적 사고, 독립적 탐구 및 협력을 위한 영감을 줄 수 있으며 이를 통해 그들을 디지털 기술 중심 세계에서의 성공에 다가갈 수 있도록 준비시킬 수 있다.

학습과정안: 디지털 맥락에서의 탐구 기반 학습

1. 목표
예비교사들에게 필요한 지식과 전략을 제공하여, 미래에 그들의 학습자들이 호기심, 비판적 사고력, 그리고 디지털 문해력을 키울 수 있도록 돕는다. 이를 위해 탐구 기반 학습을 디지털 환경에 맞게 적용하는 방법을 배운다.

2. 필요한 자료
- 인터넷 접속이 가능한 디지털 기기(컴퓨터, 태블릿, 스마트폰)
- 학습 활동에 적합한 교육 웹사이트, 앱 및 온라인 자료
- 상호작용 활동용 디지털 도구(디지털 스캐빈저 헌트, 가상 자연 탐험)
- 관찰 기록용 창작 자료(종이, 마커, 크레용 등)

3. 학습 절차

1) 탐구 기반 학습 소개
탐구 기반 학습의 개념을 소개하여 활발한 참여, 호기심 및 비판적 사고가

학습자들에게 왜 요구되는지를 설명한다. 이러한 경험을 향상시키는 데 있어서 디지털 기술의 역할을 강조한다.

2) 디지털 맥락 이해

학습 과정에서 디지털 맥락[1]과 그 중요성에 대해 논의한다. 디지털 도구, 자원 및 기술이 탐구 기반 학습을 지원하는 데 어떻게 기여할 수 있는지 강조한다. 기술 통합에 관한 참가자들의 우려나 질문에 대응한다.

3) 탐구 기반 학습 전략 탐색

학습자들에게 적합한 다양한 탐구 기반 학습 전략을 소개한다. 안내된 조사, 개방형 질문 및 공동 프로젝트와 같은 전략이 어떻게 자신들의 발달 단계나 수준에 일치하는지를 설명하며 적극적인 탐구에 대해서 논의한다.

4) 디지털 도구 통합

탐구 기반 학습을 지원하는 연령에 적합한 디지털 자원 및 도구를 참가자들에게 소개한다. 상호작용 웹사이트, 교육용 앱 및 온라인 시뮬레이션의 사용 방법을 시연한다. 디지털 도구를 통합하는 장점을 강조한다.

5) 디지털 스캐빈저 헌트 활동

디지털 스캐빈저 헌트 활동에 참여한다. 선정한 주제(예: 동물, 색상, 모양)와 관련된 탐구 기반 질문 목록을 제공한다. 참가자들은 그들에게 친화적인 웹사이트와 앱을 활용하여 질문에 대한 답을 찾는다. 참가자들 간의 협력과 토론을 장려한다.

---

1) 학습 활동이나 과정이 디지털 기술, 도구, 자원을 사용하여 이루어지는 환경을 말한다.

6) 성찰 토론

디지털 스캐빈저 헌트 활동에 대한 참가자들의 경험을 토론한다. 다음과 같은 질문을 하면서 의견을 나누어 본다.

- 디지털 도구를 활용한 탐구 기반 학습을 하면서 어떤 느낌이 들었나요?
- 활동 중에 겪은 어려움이나 성공은 무엇이었나요?
- 디지털 도구가 우리들의 탐색적 학습 경험을 어떻게 향상시킬 수 있을까요?

7) 디지털 자연 탐험 통합

디지털 기기를 사용하여 야외 자연 탐사 중 관찰 기록을 작성하는 의미와 목적을 설명한다. 학습자들에게 카메라, 태블릿PC 또는 스마트폰을 사용하여 식물, 동물 및 자연 요소의 이미지를 촬영하는 방법에 대한 예시를 공유한다.

8) 가상 자연 탐험 활동[2]

디지털 기기를 사용하여 가상 자연 탐험을 안내한다. 참가자들에게 주변 환경을 관찰하고 흥미로운 요소의 사진을 찍으며 간단한 설명이나 음성 노트를 기록하도록 유도한다. 참가자들이 발견한 내용을 그룹과 공유할 수 있도록 시

---

2) Google Earth VR: Google Earth의 가상 현실 버전으로, 사용자가 전 세계의 다양한 자연 환경을 탐험할 수 있다. 실제 지리적 위치를 기반으로 하여 식물, 동물, 지형 등을 관찰할 수 있다. https://arvr.google.com/.
　iNaturalist: 이 앱은 실제 자연 탐사와 디지털 기록을 결합한다. 사용자는 스마트폰이나 태블릿으로 자연 속에서 식물이나 동물을 사진으로 찍고, 이를 앱에 업로드하여 공유하고 정보를 얻을 수 있다. https://www.inaturalist.org/.
　Minecraft Education Edition: Minecraft의 교육용 버전은 학습자들이 가상 환경에서 자연을 탐험하고 다양한 생태계를 경험할 수 있게 해 준다. 이 게임은 창의적인 방법으로 자연 탐사를 재현할 수 있는 도구를 제공한다. https://education.minecraft.net/.
　이러한 플랫폼들은 디지털 기기를 활용하여 자연 탐사 경험을 제공하며, 학습자들이 실제와 유사한 환경에서 관찰하고 학습할 수 있는 기회를 제공한다.

간을 제공한다.

9) 교실수업에의 응용 계획 작성

참가자들을 작은 그룹으로 나누고 다양한 탐구 기반 학습 주제를 할당한다. 각 그룹에게 앞으로 교실수업에서 탐구 학습과 디지털 도구를 어떻게 통합할 수 있는지 아이디어를 논의하도록 요청한다. 각 그룹은 아이디어를 전체 그룹에게 발표하고 피드백 및 토론을 진행한다.

10) 성찰 및 행동 단계

참가자들에게 학습 경험에 대해 성찰하고 교실수업에서의 탐구 학습과 디지털 도구를 통합할 수 있는 행동 단계[3]를 구분하여 정리하도록 요청한다. 학습자들에게 호기심, 비판적 사고 및 디지털 리터러시 기술을 어떻게 육성할 수 있는지 고려하도록 독려한다.

이 학습과정안은 예비교사들이 디지털 도구와 탐구 기반 학습을 원활하게 통합할 수 있도록 돕는다. 실제 활동 및 토론을 통해 예비교사들은 학습자들 사이에서 호기심, 비판적 사고 및 디지털 리터러시 기술을 육성할 수 있는 실용적인 경험과 전략을 얻게 된다.

갖추어야 할 역량

1. 디지털 리터러시와 자료 선택 능력

디지털 시대의 교사들에게는 디지털 리터러시와 적절한 학습 자료 선택 능

---

3) 계획, 실행, 관찰, 평가, 성찰의 다섯 단계로 구분하여 이 과정에서 학습 활동을 체계적으로 설계하고, 적용하며, 관찰하고, 평가한 뒤, 그 결과를 바탕으로 성찰하고 개선하는 순환적인 과정을 정리하도록 한다.

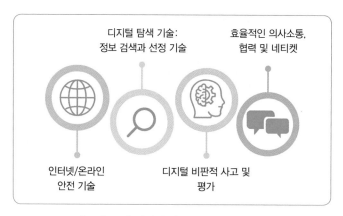

[그림 3-2] **디지털 리터러시의 구성요소**

력이 절대적으로 중요하다. 디지털 리터러시는 단순히 디지털 도구를 조작하는 능력을 넘어서, 학습자에게 가장 적합한 자료를 비판적으로 평가하고 선택하는 능력까지 포괄한다. 이러한 역량은 교사가 학습자들에게 풍부하고 유의미한 학습 경험을 제공하는 데 중심적인 역할을 한다.

또한 학습자들이 디지털 환경에서 상호작용하며 학습할 때, 그들의 안전성을 보장하는 것도 교사의 중요한 책임 중 하나이다. 교사로서 디지털 리터러시와 자료 선택 능력을 지속적으로 발전시키고 그 역량을 갖추게 되면, 학습자들은 보다 효과적이고 안전한 디지털 학습 환경에서 깊은 학습을 경험할 수 있을 것이다. 따라서 이러한 역량의 향상은 교사의 전문성을 높이는 데 있어 핵심적인 요소로 간주되어야 한다.

2. 탐구를 위한 적응형 학습 설계 능력

적응형 학습 설계는 학습자의 개별적인 요구와 선호도에 부응하여 교육 내용과 방법 및 전략을 최적화하는 중요한 작업이다. 교사로서 디지털 기술을 활용해 학습자의 탐구력과 호기심을 극대화하는 활동을 계획하는 능력은 필수적이다. 이 과정에서 교사는 적응형 학습 설계에 관한 깊은 이해를 얻고, 학습자의 다양한 스타일과 발달 단계를 고려하여 활동을 효과적으로 구성하는 방법을 습득할 것이다. 실제 사례 연습과 토론을 통해 디지털 도구와의 시너지를 이용하여 탐구 중심의 학습 경험을 설계하는 방법에 대해 학습할 수 있다. 적응형 학습 설계의 능력에 기반하여 학습자들에게 호기심을 유발하는 깊고 개별화된 학습 경험을 제공할 수 있을 것이다.

3. 지적 호기심과 비판적 사고

탐구 기반 학습은 단순히 답을 찾기 위한 것이 아니라 질문을 던지고 가능성을 탐구하며 호기심을 기르는 마음가짐을 길러 주기 위한 것이다. 교사로서 학습자들 사이에서 호기심과 비판적 사고를 육성하는 역할은 중요하다. 질문, 탐구 및 성찰을 장려하는 교실 환경을 조성하는 전략을 익히는 것은 중요하다. 호기심을 자극하고 학습자에게 디지털 조사를 잘 할 수 있도록 하는 개방형 질문을 작성하는 기술을 자세히 살펴보아야 한다. 한편, 시나리오와 토론을 통해 비판적 사고와 분석을 장려하는 의미 있는 대화를 주도하는 기술에 숙달되어야 한다. 이러한 실천을 통해 학습자들이 학습 여정에서 적극적인 참여자로 성장하며 디지털 시대에 더 나은 학습 결과를 얻을 수 있게 도와주는 능력을 갖추게 될 것이다.

권장하는 교수-학습 지원 전략

1. 가상 현실 탐험 여행

교사들에게 가상 현실(VR) 기기를 활용하여 세계 곳곳의 교육적인 장소나 사건들을 체험하게 한다. 예를 들면, 가상 현실을 통해 박물관, 역사적인 장소, 자연의 웅장한 풍경 등을 방문할 수 있다. 교사들은 이를 통해 학습자들에게 제공할 수 있는 다양한 교육적 경험과 자료들을 직접 체험하게 되며, 가상 현실의 장점과 활용 방법에 대한 이해를 높일 수 있다. 또한 이 활동을 통해 교사들은 디지털 기술의 최신 트렌드와 교육적 활용법에 대해 논의하고 공유할 기회를 가질 수 있다. 가상 현실을 활용한 이 전략은 교사들에게 새로운 교육적 시각과 경험을 제공하며, 디지털 리터러시 향상에 크게 기여한다.

2. 퀴즈가 포함된 대화형 웨비나

탐구 기반 학습에의 디지털 통합과 관련된 퀴즈와 설문 조사를 포함하는 대화형 웨비나를 개최한다. 교사들은 주요 개념에 대한 이해를 도전하는 실시간 퀴즈에 참여하며 즉각적인 피드백과 설명을 받게 된다. 이렇게 게임화된 접근 방식은 흥미를 더하고 적극적인 참여를 촉진시킬 것이다.

3. 디지털 스토리텔링 모험

교사들을 디지털 스토리텔링 모험에 참여시켜 질문 기반 학습을 중심으로 한 디지털 스토리를 협업적으로 작성하게 한다. 실시간 공동 작업이 가능한 플랫폼을 사용하고 각 교사가 스토리의 일부분을 기여하도록 한다.[4] 이 전략은 교사들의 디지털 리터러시를 향상시킬 뿐만 아니라 창의적이고 협업적인 방식으로 조사를 탐구하도록 격려한다.

---

4) 디지털 스토리텔링 모험에 참여하고 실시간으로 협업적인 스토리 작성을 할 수 있는 몇 가지 웹사이트와 플랫폼을 추천한다. 이러한 플랫폼들은 교사들이 디지털 리터러시를 향상시키고 창의적이며 협업적인 방식으로 조사와 탐구를 진행할 수 있게 도와준다.
 -Storybird: Storybird는 사용자가 예술 작품을 영감으로 삼아 스토리를 작성할 수 있는 플랫폼이다. 교육적 목적으로도 널리 사용되며, 협업적인 스토리텔링을 지원한다. https://storybird.com/.
 -Book Creator: 이 플랫폼은 사용자가 디지털 책을 만들 수 있게 해주며, 텍스트, 이미지, 오디오 및 비디오를 포함한 다양한 미디어를 통합할 수 있다. 협업 기능을 통해 여러 사용자가 함께 책을 만들 수 있다. https://bookcreator.com/.
 -Google Docs: Google Docs는 실시간으로 문서를 공동 작업할 수 있는 강력한 도구이다. 여러 교사가 동시에 하나의 문서에 작업하며 스토리를 만들 수 있다. docs.google.com/.
 -Scratch: MIT에서 개발한 Scratch는 프로그래밍을 통해 인터랙티브 스토리, 게임 및 애니메이션을 만들 수 있는 플랫폼이다. 특히 어린 학생들과 함께 디지털 스토리텔링을 하기에 적합하다. https://scratch.mit.edu/.
 이러한 플랫폼들은 교사들이 디지털 스토리텔링을 통해 창의적이고 협업적인 학습 경험을 제공하는 데 도움이 될 것이다. 각 플랫폼의 특성과 기능을 고려하여 교육 목적에 가장 적합한 도구를 선택하기 바란다.

이 세 가지 전략은 재미와 학습을 조화롭게 결합하여 교사들이 디지털 맥락에서 탐구 기반 학습을 효과적으로 통합할 수 있는 능력을 발전시키도록 도와준다.

실습 예제

실습 1: 디지털 탐구/탐색

이 실습은 예비교사들에게 디지털 맥락에서의 탐구 기반 학습을 소개할 수 있다. 교사들은 온라인 자료와 도구를 안내받아 학습자의 탐구와 비판적 사고를 촉진하는 환경을 만들어 본다.

① 소개: 탐구 기반 학습의 개념과 학습자들의 호기심과 문제 해결 능력을 촉진하는 중요성에 대해 간략하게 설명한다.

② 자료 편집: 해당 커리큘럼 주제와 일치하는 대화형 웹사이트, 교육용 앱 및 가상 현장 여행과 관련된 목록을 만든다.

③ 안내된 탐색: 예비교사들을 작은 그룹으로 나누고 각 그룹에게 특정 디지털 자료를 탐색하도록 할당한다. 자료의 내용과 관련된 일련의 탐구 질문을 제공한다.

④ 탐구 경험: 예비교사들은 할당된 디지털 자료를 사용하여 제시된 탐구 질문에 대한 답을 찾는다. 그들은 그룹 내에서 학습한 내용과 통찰력을 토론한다.

⑤ 그룹 공유: 각 그룹은 선택한 디지털 자료, 탐구 질문 및 주요 포인트를 전체 반에게 발표한다. 이러한 자료가 학습자들의 탐구 기반 학습 경험을 어떻게 향상시킬 수 있는지 논의한다.

⑥ 성찰: 예비교사들이 탐구 방법 및 과정, 자료가 얼마나 적절했는지, 그리고 교실에서 어떻게 변형시킬 수 있었는지에 대해 생각을 나누는 성찰 시

간을 갖는다.

디지털 탐구/탐색 실습은 예비교사들에게 인터넷 자원과 도구를 사용하여 학생들의 호기심, 문제 해결 능력, 그리고 비판적 사고를 촉진하는 방법을 배울 수 있는 기회를 제공한다. 이를 통해 예비교사들은 디지털 환경에서 학습을 지도하는 데 필요한 실질적인 경험을 쌓게 된다. 이 접근 방식을 통해 탐구 기반 학습 경험을 향상시키는 데 도움이 되는, 연령에 맞는 디지털 자료를 조직할 수 있으며, 학습자들이 적극적으로 탐구하고 발견하는 데 도움이 되는 몰입적이고 매력적인 환경을 조성할 수 있다.

실습 2: 디지털 자연 조사

이 실습은 탐구 기반 학습과 디지털 도구를 결합한 자연 탐구를 중심으로 한다. 예비교사들은 디지털 기기를 활용하여 관찰 기술과 과학적 탐구를 강화하는 실전 조사에 참여한다.

① 소개: 학습 과정에서 직접적인 탐구와 조사의 중요성을 강조한다. 조사 및 탐구 과정을 기록하고 강화하기 위한 디지털 도구의 역할을 강조한다.
② 자연 조사: 학교 근처의 자연 야외 공간을 선택한다. 각 참여자, 즉 예비교사에게 태블릿이나 스마트폰과 같은 카메라 기능을 갖춘 디지털 기기를 제공한다. 학습자 개인의 휴대폰을 사용해도 좋을 것이다.
③ 안내된 탐색: 참여자들에게 자연 산책하도록 안내하며 식물, 곤충 및 자연 요소를 주의 깊게 관찰하도록 격려한다. 관찰한 내용을 사진과 짧은 설명으로 기록하도록 유도한다.
④ 탐구 질문: 관찰한 요소와 관련된 구체적인 탐구 질문을 할당한다. 예를 들어, "나뭇잎이 어떻게 색이 변하나요?" 또는 "이 환경에 어떤 생물들이 서식하나요?"와 같은 질문이다.

⑤ **디지털 문서화**: 참여자들은 디지털 기기를 사용하여 관찰한 내용의 사진, 오디오 노트 또는 짧은 비디오를 촬영한다. 조사 과정을 창의적으로 문서화하도록 격려한다.

⑥ **그룹 토론**: 참여자들을 모아 관찰한 내용, 생각 및 녹음한 미디어를 공유하도록 한다. 기술을 사용하여 학습자들의 참여와 자연 이해를 어떻게 향상시킬 수 있는지 논의한다.

⑦ **교실에의 적용**: 미래에 예비교사들이 자신의 수업에서 이와 유사한 자연 조사를 어떻게 통합할 수 있는지에 대해 아이디어를 떠올리도록 유도한다.

디지털 자연 조사 실습은 디지털 도구를 손쉽게 활용하여 손으로 직접적인 자연 탐구를 조화롭게 결합한다. 기기를 사용하여 관찰을 문서화하고 탐구 기반 학습을 안내함으로써 예비교사들은 자신의 학습자들에게 과학적 탐구를 흥미롭게 만드는 능력을 향상시킨다. 이 접근 방식을 통해 교사들은 학습자들에게 호기심, 관찰 및 디지털 리터러시를 육성하는 기술을 습득하며 상호작용적이고 효과적인 학습 기회로 유치원 경험을 풍부하게 만들 수 있다.

이와 같은 이러한 실습들은 디지털 도구와 조사 기반 학습을 통합하는 실용적인 경험을 제공하여 기술이 학습자들의 탐구와 조사 기술을 어떻게 강화시키는지에 대한 예비교사들의 이해를 풍부하게 하기 위한 것이다.

평가를 위한 과제: 디지털 탐구 기반 학습 환경 설계

1. 과제 설명

본 과제에서는 디지털 자원들을 활용하여 학습자들의 호기심을 자극하고 깊은 탐구를 유도하는 학습 환경을 설계하게 된다. 학습자의 다양한 학습 스타일과 선호도를 고려하여 질의응답, 실험, 토론 등의 방법으로 주제에 대한 깊은 이해와 탐구 능력을 키울 수 있도록 한다.

2. 과제 제출물

- 탐구 주제 선정: 학습자들의 호기심을 불러일으킬 주제를 선정하고 그에 대한 3개의 질문 제시
- 디지털 리소스 목록: 탐구 주제에 필요한 디지털 자료 및 도구 목록 작성
- 적응형 학습 활동 계획: 주제와 자료를 사용하여 학습자들의 학습 스타일 및 선호도에 맞는 활동 계획 설계
- 학습 평가 전략: 학습자의 여러 능력을 평가하는 방법 명시

3. 평가 기준

- 내용의 타당성(30%): 주제와 질문이 학습자들의 호기심과 관심을 얼마나 잘 불러일으키는지, 그리고 깊은 탐구가 가능한지 평가
- 디지털 리소스의 효용성(25%): 제공된 디지털 자료 및 도구가 탐구 활동을 얼마나 잘 지원하는지 평가
- 적응형 학습 활동의 다양성(25%): 활동 계획이 학습자들의 다양한 학습 스타일과 선호도를 얼마나 잘 반영하는지 평가
- 평가 전략의 타당성(20%): 제시된 학습 평가 방법이 학습자들의 능력을 얼마나 종합적으로 평가할 수 있는지 검토

이 과제를 통해 예비교사들은 디지털 맥락에서 탐구 기반 학습을 설계하고 구현하는 능력을 실습하게 된다.

⌨ 강의 2: 데이터 분석 도구를 활용한 탐구 강화

읽어 보기

탐구 기반 학습에서는 앞에서 말한 바와 같이 개방형 질문을 제시하고 조사를 장려하며 학습자들이 스스로 지식을 탐구하고 발견하도록 안내하는 데 중점을 둔다. 디지털 맥락에 적용될 때 탐구 기반 학습은 디지털 기술을 활용하여 조사 과정을 강화하고 학습자들에게 보다 폭넓은 정보와 자원에 접근할 수 있는 기회를 제공한다. 탐구 기반 학습은 다음과 같은 주요 구성 요소를 포함한다.

1) 질문 제시

탐구 기반 학습은 호기심을 자극하고 탐구를 장려하는 사고를 자극하는 질문으로 시작한다. 이러한 질문은 학습 과정을 주도하며 학습자들이 주제에 대한 깊은 이해를 발전시키는 데 도움을 준다. 예를 들면, "만약 당신이 슈퍼히어로의 힘을 가질 수 있다면, 지구의 환경 문제를 해결하기 위해 어떤 힘을 선택하겠습니까, 그리고 그 힘을 어떻게 사용하겠습니까?"와 같은 질문을 제시한다. 이 질문은 학습자들이 창의적으로 생각하고, 환경 문제에 대한 다양한 해결책을 상상하며, 실제로 적용 가능한 아이디어로 발전시킬 수 있는 기회를 제공한다.

2) 연구 및 조사

학습자들은 질문과 관련된 정보와 데이터를 수집하기 위해 독립적으로 또는 공동으로 연구에 참여한다. 디지털 도구를 통해 온라인 기사, 데이터베이스, 비디오 및 대화식 시뮬레이션과 같은 다양한 정보원(情報源)에 접근할 수 있다.

3) 비판적 사고

탐구 기반 학습은 학습자들이 정보의 신뢰성과 탐구과제와의 관련성을 평가하고 데이터를 분석하며 정보를 평가하는 과정을 강조한다. 디지털 플랫폼은 학습자들이 멀티미디어 콘텐츠와 다양한 관점에서 정보를 평가하도록 도와준다.

4) 문제 해결

탐구 기반 학습을 통해 학습자들은 질문과 관련된 실제 세계의 문제와 과제를 만나게 된다. 학습자들은 문제와 과제에 대한 혁신적인 해결책을 찾고 지식을 실제 시나리오에 적용하여 문제 해결 능력을 발전시킨다.

5) 창의성과 혁신

탐구 기반 학습은 학습자들이 창의적으로 생각하고 질문에 답하는 과정에서 혁신적인 방법을 탐색하도록 장려한다. 디지털 도구는 학습자들이 멀티미디어 프레젠테이션, 비디오 또는 대화식 프로젝트를 만들어 자기들이 이해한 바, 그리고 해결된 문제를 시연할 수 있는 기회를 제공한다.

6) 의사 소통 및 협력

탐구 기반 학습은 협력적인 학습 경험을 포함한다. 디지털 플랫폼은 학습자들 간의 의사 소통을 용이하게 하여 물리적 거리와 상관없이 발견한 내용과 통찰력을 공유하고 프로젝트에 협력할 수 있게 한다.

7) 성찰

탐구 과정의 일부로 학습자들은 학습 여정, 직면하였던 어려움 및 새로운 통찰력에 대해 성찰한다. 디지털 플랫폼을 활용하여 학습자들이 디지털 저널이나 블로그에 자신의 생각을 쓰고 기록하도록 한다.

디지털 맥락에서 탐구 기반 학습은 온라인 데이터베이스, 가상 시뮬레이션, 대화식 퀴즈, 웹 기반 연구 및 협력 플랫폼을 활용하여 강화될 수 있다. 디지털 도구를 통합하여 사용하면 학습자들이 더 많고 다양한 정보를 찾아보고, 다양한 멀티미디어와 상호작용하면서 오늘날 그리고 미래에 필요한 기술을 배우고 키울 수 있다.

학습과정안: 데이터 분석 도구를 활용한 탐구 강화

1. 목표
교사들이 데이터 분석 도구를 탐구 기반 학습에 통합하여 학습자들의 호기심, 비판적 사고, 문제 해결 및 디지털 리터러시 기술을 촉진하는 데 필요한 지식과 전략을 습득할 수 있도록 한다.

2. 필요한 자료
- 인터넷 액세스가 가능한 디지털 기기(컴퓨터, 태블릿PC 또는 스마트폰)
- 상호적인 도전과제와 디지털 저널을 만들 수 있는 온라인 플랫폼
- 교육용 웹사이트, 데이터베이스, 시뮬레이션 및 멀티미디어 자원에 대한 접근
- 대화식 실습 1과 2를 위한 자료

3. 학습 절차

1) 데이터 기반의 탐구 기반 학습 소개

데이터를 활용한 탐구 학습은 학생들이 여러 정보원에서 정보를 찾아보고, 분석하고, 결론을 내리는 과정을 강화하는 학습 방식이다. 이 방식은 데이터를 사용하여 학습자들이 주제에 대해 더 깊이 탐구하고, 자신의 발견을 뒷받침

할 수 있도록 해 준다.

2) 데이터 분석의 역할 이해

탐구 기반 학습 내에서 데이터 분석의 중요성을 논의한다. 조사를 지원하고 통찰력을 도출하며 정보에 기반한 결정을 내릴 수 있는 데 어떻게 데이터가 활용되는지 강조한다. 데이터 해석을 통한 비판적 사고와 문제 해결의 중요성을 설명한다.

3) 디지털 어드벤처 디자인과 그 지원

디지털 어드벤처 디자인 능력에 대해 예비교사들에게 설명한다. 디지털 어드벤처는 학습자들이 온라인 퀘스트, 가상 보물 찾기, 또는 디지털 방 탈출 게임과 같은 재미있는 활동을 통해 주제를 깊이 탐구하고 문제를 해결하며 새로운 지식을 발견하도록 도와주는 대화형 학습 방법이라는 것을 설명하고 어드벤처를 설계해 보도록 유도한다.

4) 대화식 실습 1: 미스터리 디지털 어드벤처

예비교사들을 시뮬레이션된 미스터리 테마의 디지털 어드벤처에 참여하도록 한다. 디지털 환경을 탐색하며 도전문제를 해결하고 단서를 수집하며 숨겨진 지식을 발견하는 가상 퀘스트를 제공한다. 디지털 랜드스케이프[5]를 탐색하면서 탐구 과정을 경험하도록 허용한다.

5) 멀티미디어 탐정 기술 지원

예비교사들에게 다양한 미디어를 사용하여 정보를 찾고 분석하는 멀티미디

---

5) "디지털 랜드스케이프(Digital Landscape)"는 디지털 기술과 인터넷이 만들어 내는 가상의 환경이나 공간을 의미한다. 이 용어는 웹사이트, 소셜 미디어 플랫폼, 온라인 게임, 가상 현실(VR) 및 증강 현실(AR) 환경 등 디지털 세계의 다양한 요소들을 포함한다.

어 탐정의 기술과 방법을 가르친다. 학습자들이 비디오, 이미지, 팟캐스트 및 대화식 웹사이트와 같은 멀티미디어 요소를 분석하는 능력을 개발할 수 있도록 안내한다. 이렇게 디지털 도구의 역할을 강조하여 데이터 해석 능력을 향상시키는 데 도움을 주도록 한다.

6) 대화식 실습 2: 데이터 탐정 대화식 도전과제

　예비교사들에게 데이터 중심의 탐구 도전 과제를 제시한다. 선택한 주제와 관련된 실제 세계 시나리오 및 데이터 세트를 제공한다. 도전 과제의 예를 들어 본다. 예를 들면, 예비교사들에게 지역 사회의 에너지 소비 패턴을 분석하고, 에너지 절약을 위한 캠페인을 설계하는 과제를 줄 수 있다. 이 과제에서는 에너지 사용량, 소비자 행동, 그리고 에너지 효율에 대한 데이터를 분석하며, 이를 바탕으로 실제로 실행 가능한 교육 캠페인을 만드는 것이 목표이다. 이를 위한 시나리오의 예를 들어 보면, "여러분은 가상의 도시 '그린타운'의 시장으로부터 에너지 절약을 위한 교육 캠페인을 만들라는 요청을 받습니다. '그린타운'은 에너지 소비가 급증하고 있으며, 이를 줄이기 위한 지역 사회의 노력이 필요한 상황입니다. 여러분은 도시의 에너지 사용 데이터를 분석하고, 주민들을 교육하며, 에너지 절약을 장려하는 창의적인 방안을 제시해야 합니다." 이를 위해 필요한 데이터 세트의 예를 들면, '그린타운'의 가정별, 상업별 에너지 사용량, 에너지 소비에 영향을 미치는 요인들(예: 계절, 경제 활동, 인구 통계) 등의 정보가 포함된다. 또한 에너지 효율 개선을 위한 기술적 솔루션과 그 효과에 대한 연구 결과도 포함될 수 있다. 이 데이터를 사용하여 예비교사들은 에너지 절약의 중요성을 알리고, 구체적인 행동 변화를 유도할 수 있는 교육 캠페인을 개발해야 한다. 예비교사들은 학습자의 역할을 하여 데이터를 탐색하고 패턴을 식별하며 통찰력을 도출하도록 한다. 디지털 도구를 사용하여 결과를 시각화한다.

7) 디지털 퀘스트 평가와 배지 습득 습득

디지털 퀘스트 평가와 배지 습득 능력을 논의한다[6]. 학습자들이 탐구 기반 도전을 완료함에 따라 디지털 배지를 획득하게 하는 배지 시스템을 시행한다[7]. 다양한 기술과 성취를 나타내는 디지털 배지의 예시를 소개한다.

[그림 3-3]

출처: https://shakeuplearning.com/blog/5-awesome-resources-for-badges-in-the-classroom/.

8) 성찰적 토론

예비교사들을 모아 상호적 실습 경험에 대해 성찰하는 토론을 진행한다. 다음과 같은 질문을 한다.

---

6) 3장의 침고 자료를 참고한다.

7) 디지털 배지는 사용자가 특정 기술이나 업적을 달성했음을 인증하는 디지털 인증서와 같은 역할을 한다. 이러한 시스템은 학습 동기를 부여하고, 학습 과정에서의 진행 상황을 시각적으로 보여 주는 데 유용하다. 디지털 배지를 구경하거나 체험해 보고 싶으면 웹에서 쉽게 접근할 수 있는 Khan Academy, Duolingo 등을 방문한다.

- 디지털 어드벤처 또는 데이터 탐정 도전이 탐구 기반 학습에 대한 이해를 어떻게 향상시켰나요?
- 학습자들을 데이터 분석 활동으로 안내하는 데 효과적으로 사용할 수 있는 전략은 무엇인가요?
- 데이터 분석 도구의 통합이 학습자들의 비판적 사고 및 문제 해결 능력을 어떻게 확대시킬 수 있을까요?

9) 응용 및 교실 통합

예비교사들에게 데이터 분석 도구를 자신의 교육 실천에 통합하는 방법에 대해 아이디어를 내도록 격려한다. 멀티미디어 요소, 가상 시뮬레이션 및 실제 세계 데이터 세트를 통합하는 탐구 기반 활동을 디자인하는 방법을 논의한다.

10) 실천 계획 및 성찰

예비교사들에게 실천 계획을 개발하도록 하여 디지털 데이터 분석 도구와 전략을 포함하는 구체적인 탐구 기반 학습 활동을 개요로 작성하도록 격려한다. 학습자들의 호기심, 비판적 사고 및 디지털 리터러시 기술을 촉진하는 것의 중요성을 강조한다.

이 학습과정안의 이점은 예비교사나 교사들에게 데이터 분석 도구를 통해 탐구 기반 학습을 강화하는 실질적인 전략을 제공한다는 것이다. 상호적인 실습을 통해 예비교사들은 디지털 어드벤처를 디자인하고 멀티미디어 탐정을 지원하며 데이터 중심 도전 과제를 실행하는 실제 경험을 얻게 된다. 학습자들이 다양한 정보 출처에서 의미 있는 결론을 도출하고 분석하며 발견하는 데 자신감을 가질 수 있는 참여적이고 몰입적인 탐구 기반 학습 경험을 만들 수 있도록 하여 본 학습을 마친다.

갖추어야 할 역량

1. 디지털 어드벤처 디자인과 그 지원 역량

학습자들의 호기심을 불러일으키고 디지털 기반 학습을 위한 능력을 유발하는 매력적인 디지털 어드벤처를 디자인하고 거기로 이끄는 능력을 함양하도록 한다. 대화식 온라인 퀘스트, 가상 스캐빈저 헌트 또는 디지털 탈출 방[8]등을 통해 학습자들이 주제를 탐구하고 퍼즐을 해결하며 지식을 발견하는 몰입적이고 흥미로운 방식을 만들 수 있다.

2. 멀티미디어 탐정 기술

학습자가 자신의 조사에 멀티미디어 요소를 통합할 수 있도록 안내하는 능력을 개발하여 갖추도록 한다. 예비교사들은 비디오, 이미지, 팟캐스트 및 대화식 웹사이트 등을 분석하여 다양한 정보 소스를 수집하고 창의적인 방식으로 결과를 제시하는 능력을 향상시킨다.

---

8) 디지털 탈출 방, 즉 '디지털 에스케이프 룸'은 전통적인 탈출 방 게임의 디지털 버전이다. 이 게임은 참가자들이 퍼즐을 풀고, 숨겨진 단서를 찾아내며, 다양한 도전 과제를 해결하여 가상의 방에서 '탈출'하는 것을 목표로 한다. 이 게임은 웹사이트, 앱, 또는 다른 디지털 플랫폼을 통해 진행되며, 교육적 목적으로도 많이 활용된다. 학습자들은 협력, 문제 해결, 비판적 사고와 같은 기술을 사용하여 게임을 완료한다. 디지털 탈출 방은 재미있고 참여적인 학습 경험을 제공하며, 온라인상에서도 팀워크와 창의력을 발휘할 수 있는 기회를 제공한다.
   1) Breakout EDU: 교육적 목적으로 디자인된 다양한 디지털 탈출 방 게임을 제공한다. 이 사이트는 학교 교육과정에 맞춰진 게임을 포함하여, 학습자들이 학습하면서 동시에 문제 해결 능력을 키울 수 있도록 설계되었다. https://www.breakoutedu.com/.
   2) Escape Room Maker: 이 사이트를 통해 사용자는 자신만의 디지털 탈출 방 게임을 만들 수 있다. 교사들은 특정 교육 주제나 학습 목표에 맞춰 게임을 설계할 수 있어 맞춤형 학습 경험을 제공하는 데 유용하다. https://escaperoommaker.com/.
   3) Lock Paper Scissors: 이 사이트는 다양한 테마의 디지털 탈출 방 게임 키트를 제공한다. 사용자는 이 키트를 다운로드하여 자신만의 탈출 방을 만들 수 있으며, 교육적 목적으로 활용할 수 있다. https://lockpaperscissors.co/.

3. 디지털 퀘스트 평가와 배지 습득

혁신적인 평가 방법을 디자인하는 디지털 퀘스트 마스터의 역할을 수용한다. 학습자들이 탐구 기반 도전을 완료함에 따라 다양한 기술과 성취를 나타내는 디지털 배지(Digital Badges)를 획득하도록 하는 배지 시스템을 시행한다. 학습자들의 학습 여정을 보상하는 대화식 및 참여적인 방법을 만들어 낸다.

앞의 역량은 탐구 기반 학습 과정에 재미와 창의성을 불어넣어 교사와 학습자 모두에게 즐거운 기억이 되도록 도와줄 수 있도록 해 준다.

권장하는 교수–학습 지원 전략

1. 미스터리 디지털 어드벤처

학습자들이 숨겨진 지식을 발견하기 위해 가상 퀘스트에 참여하는 미스터리 테마를 지닌 디지털 어드벤처를 디자인한다. 온라인 플랫폼을 사용하여 상호작용하는 시나리오를 만들어 내용에 따라 단서, 퍼즐 및 도전 과제를 포함시키며 학습자들이 탐구, 분석 및 종합 정보를 사용하여 어드벤처를 진행할 수 있도록 한다. 디지털 랜드스케이프를 탐험하는 동안 학습자들은 미스터리를 해결하면서 비판적 사고 기술을 개발하는 동시에 탐구 기반 학습에 참여한다.

[그림 3-4]
출처: https://tinyurl.com/4y3r3795.

2. 가상 과학 실험 축제

과학 실험을 시뮬레이션과 상호 작용 도구를 활용하여 가상 어드벤처로 변환할 수도 있다. 이미 만들어진 실험을 활용하는 것이 좋으나[9] 그렇지 못하면 학습자들이 디지털 환경에서 실험을 진행할 수 있는 가상 실험실을 만들어 다양한 과학적 현상을 안전하게 탐구하고 결과를 관찰할 수 있도록 한다. 학습자들이 관찰을 기록하고 결론을 도출하며 흥미로운 멀티미디어 프레젠테이션으로 결과를 공유하도록 격려하여 호기심과 탐구 기술을 유발한다.

3. 데이터 탐정 대화식 도전

학습자들을 데이터 분석을 요구하는 실제 세계 시나리오에 참여시켜 데이터 기반 탐구를 유도한다.[10] 학습자들이 데이터 탐정 역할을 하여 디지털 도구를 사용하여 트렌드, 패턴 및 상관 관계를 조사하는 상호 작용적 도전과제를 디자인한다. 관심 주제와 관련된 데이터 세트를 제공하고 학습자들이 데이터로부터 의미 있는 통찰력을 도출하도록 안내한다. 그들이 결과를 인포그래픽, 그래프 또는 상호 작용적 차트를 통해 시각화하도록 하여 데이터 분석 및 비판적 사고 능력을 향상시키도록 격려한다.

이러한 전략들은 탐구 기반 학습 과정에 흥미와 상호 작용성을 불어넣어 학습자들이 가치 있는 기술을 개발하며 탐구하고 조사하며 협력하는 데 격려한다.

---

9) 다음 시뮬레이션 사이트를 활용해 본다.
　–https://phet.colorado.edu/; https://www.labster.com/
　–https://www.explorelearning.com/
　–https://concord.org/
10) 학습자들이 데이터 탐정 역할을 할 수 있는 사이트들은 데이터 분석, 정보 해석 그리고 비판적 사고 기술을 개발하는 데 도움을 준다. 학습자들은 이를 통해 실제 데이터를 분석하고, 문제를 해결하는 방법을 배울 수 있다. 예를 들면, Gapminder, Google Public Data Explorer, Kaggle 등은 데이터 탐정 역할을 할 수 있는 사이트를 소개해 준다. 이러한 사이트들은 데이터 분석, 해석 및 시각화를 통해 학습자들이 정보를 탐구하고 문제를 해결하는 능력을 키울 수 있도록 도와준다. 인터넷에서 쉽게 찾아볼 수 있다.

실습 예제

실습 1: 역사적 비밀을 찾는 디지털 퀘스트

이 실습에서 학습자들은 특정 시대나 사건과 관련된 역사적 비밀을 찾기 위한 대화식 디지털 퀘스트에 참여한다. 이 실습은 역사, 연구 및 문제 해결 기술을 결합하면서 디지털 자원을 활용한다.

① 주제 선택: 교육과정과 일치하는 역사적 시대, 사건 또는 인물을 선택한다. 고대 문명에서 최근 역사적 사건까지 다양한 주제를 선택할 수 있다.

② 퀘스트 디자인: 학습자들이 선택한 역사적 주제와 관련된 단서를 포함하는 다양한 온라인 자원(기사, 동영상, 대화식 웹사이트 등)으로 이루어진 디지털 도전 또는 퍼즐 시리즈를 만든다.

③ 팀 구성: 학습자들을 작은 그룹으로 나눈다. 각 그룹에 퀘스트 내의 특정 도전을 할당한다. 각 도전은 학습자들이 선택한 역사적 주제와 관련된 정보를 수집하고 데이터를 분석하며 결론을 도출하기 위한 것이어야 한다.

④ 디지털 탐색: 학습자들에게 컴퓨터 또는 태블릿 사용 권한을 부여한다. 그룹 내에서 디지털 도전을 탐색하며 역사적 미스터리를 해결하기 위한 정보와 단서를 수집한다.

⑤ 협력적 조사: 학습자들이 도전을 따라 진행하면서 그룹 내에서 결과물을 공동으로 수집하고 토론한다. 발견한 정보를 비판적으로 평가하도록 격려한다.

⑥ 발표: 퀘스트를 완료한 후 각 그룹은 발견한 내용을 전달한다. 조사 중에 얻은 통찰력, 결론 및 흥미로운 발견 사항을 공유해야 한다.

실습 2: 대화식 과학 탐구 저널

이 실습은 과학 교육에 탐구 기반 학습을 통합하기 위해 대화식 디지털 탐구 저널을 만드는 것이다. 학습자들은 과학적 조사 중에 관찰, 질문, 가설 및 결과를 문서화하기 위해 디지털 도구를 사용한다.

① **과학적 주제 선택**: 교육과정과 일치하는 특정 과학 개념 또는 현상을 선택한다. 물리학, 생물학, 화학 또는 다른 과학 분야와 관련된 주제를 선택할 수 있다.

② **디지털 저널 생성**[11]: 학습자들에게 디지털 저널링 플랫폼이나 앱을 소개한다. 관찰, 질문, 가설, 실험 및 성찰 섹션을 포함한 대화식 디지털 저널을 설정하는 방법에 대한 안내를 제공한다.

③ **과학 조사**: 선택한 주제와 관련된 실습을 할당한다. 학습자들에게 교실이나 집에서 실험을 진행하고 데이터를 수집하며 관찰할 것을 권장한다.

④ **디지털 문서화**: 학습자들은 저널에 실험 진행 과정을 입력한다. 경험을 기록하기 위해 사진, 비디오, 오디오 녹음 및 서면 기록을 포함할 수 있다.

⑤ **질문과 성찰**: 학습자들이 진행하는 동안 질문을 제기하도록 하여 관찰과 데이터에 대해 비판적으로 생각하도록 격려한다. 예상치 못한 결과와 가능한 설명에 대해 고려하도록 한다.

⑥ **공유와 협력**: 학습자들이 동료들과 저널을 공유할 수 있는 기회를 제공한다. 온라인 토론 게시판이나 협력 플랫폼을 통해 이루어질 수 있다. 동료들에게 피드백과 통찰력을 제공하도록 격려한다.

이러한 실습은 디지털 도구를 활용하여 참여도, 비판적 사고 및 협력 기술을 향상시키면서 탐구 기반 학습 경험을 학습자들에게 제공한다.

---

11) 저널 작성은 편한 것을 사용하도록 한다. 예를 들면, 문서작성기도 좋으며, Evernote(https://evernote.com/), OneNote, Google Docs(https://docs.google.com), Penzu(https://penzu.com) 등 이런 것들도 사용 가능하다.

평가를 위한 과제: 디지털 탐구 기반 학습 모험 설계

1. 과제 설명

이 과제는 디지털 탐구 기반 학습 모험을 설계하는 것으로 학습자가 디지털 기술을 통해 탐구 기반 학습의 다양한 구성 요소를 체험하고, 디지털 맥락에서 갖추어야 할 주요 역량을 발전시키는 것에 초점을 맞춥니다.

2. 과제 제출물

- 디지털 어드벤처 디자인: 대화식 온라인 퀘스트나 디지털 탈출 방의 간략한 아이디어를 200~250단어 내로 제시하십시오.
- 멀티미디어 조사: 주어진 탐구 주제와 관련하여 선택된 멀티미디어 소스 2-3개의 간단한 설명을 150~200단어 내로 제시하십시오.
- 디지털 배지 제안: 디지털 배지 3개의 디자인 및 각 배지의 의미와 획득 조건을 100~150단어 내로 기술하십시오.

3. 평가 기준

- 디지털 어드벤처 디자인의 창의성과 실행 가능성(30%): 제안된 디지털 어드벤처가 얼마나 독창적이며 실제로 실행될 수 있는지에 따라 평가됩니다.
- 멀티미디어 조사의 깊이 및 정확성(30%): 다양한 멀티미디어 소스를 통한 조사 능력과 그 결과의 정확성에 따라 평가됩니다.
- 디지털 배지의 적절성과 설명(30%): 디자인된 배지가 탐구 기반 학습과 얼마나 연관되어 있는지, 그리고 배지의 의미와 획득 조건이 명확하게 기술되었는지에 따라 평가됩니다.
- 전반적인 제출물의 품질과 구성(10%): 과제의 전체적인 구성, 문법, 표현력 등의 품질에 따라 평가됩니다.

이러한 학습과제는 학습자들에게 디지털 도구와 리소스를 활용하여 탐구 기반 학습을 경험하게 하며, 동시에 학습자들이 디지털 맥락에서 요구되는 중요한 역량을 발전시키도록 도와줍니다.

참고 자료

디지털 배지(Digital Badges)는 온라인상의 기호나 아이콘으로서 개인의 학습, 기술, 업적, 경험 등을 인증하는 디지털 증거이다. 디지털 배지는 대부분의 경우, 클릭할 때 배지를 수여한 이유나 그 배지를 얻기 위한 조건 등에 대한 구체적인 정보가 포함된 웹 페이지나 데이터를 연결하고 있다.

디지털 배지는 다양한 영역에서 활용되며, 전통적인 자격증이나 수료증과는 달리 빠르고 구체적인 업적이나 능력을 보여 줄 수 있는 점에서 특히 온라인 교육에서 인기를 끌고 있다.

디지털 배지의 특징

1. 증명 가능성: 배지는 특정 학습 활동이나 업적을 완료한 사실을 증명한다.
2. 공유 용이성: 소셜 미디어, 이력서, 포트폴리오 사이트 등에 쉽게 공유할 수 있다.
3. 모듈화된 학습: 작은 학습 단위나 업적마다 배지를 획득함으로써 지속적인 학습 동기를 부여한다.
4. 투명성: 배지의 기준이나 획득 조건이 명확하게 제시되어 있어, 얻기 위한 경로가 분명하다.

예시

1. 코딩 초보 배지: 특정 프로그래밍 언어의 기초 강좌를 완료한 사람들에게 주어진다. 배지를 클릭하면, 그 사용자가 수강한 강의 내용과 학습 시간, 퀴즈 성적 등의 세부 정보를 볼 수 있다.
2. 멀티미디어 전문가 배지: 비디오 편집, 그래픽 디자인, 사운드 엔지니어링 등의 다양한 멀티미디어 관련 과정을 모두 수료한 사람에게 부여된다.
3. 팀 프로젝트 리더 배지: 온라인 팀 프로젝트에서 리더 역할을 성공적으로 수행한 사람에게 주어지며, 해당 프로젝트의 결과물이나 팀원들의 평가 등의 정보를 담고 있다.

이러한 디지털 배지는 교사, 학습자, 기업 등에게 모두 이점을 제공한다. 학습자는 자신의 업적과 능력을 구체적으로 보여 줄 수 있으며, 교사나 기업은 학습자의 업적을 빠르게 파악하고 그 가치를 인정받을 수 있다.

제4장
코딩 교육의 목표: 컴퓨팅 사고

💻 강의 1: 코딩 및 컴퓨팅 사고의 탐구

읽어 보기

코딩은 프로그래밍이라고도 불리며, 컴퓨터가 따라서 수행하도록 하는 명령 세트를 작성하는 것을 말한다. 반면에 컴퓨팅 사고(computational thinking)는 컴퓨터가 수행하는 것과 같이 생각하는 것으로, 복잡한 문제를 작은 관리 가능한 구성 요소로 분해하고 알고리즘적으로 실행 가능한 해결책을 설계하는 문제 해결 접근법식의 사고를 말한다. 코딩과 컴퓨팅 사고는 학습자들이 소프트웨어 응용 프로그램을 만드는 것뿐만 아니라 논리적으로 생각하고 문제를 체계적으로 해결하는 능력을 갖추도록 돕는다. 컴퓨팅 사고는 다음 그림에서와 같이 복잡한 문제를 해결하는 데 필요한 절차를 체계적, 순서적으로 나열하며, 추상화를 통해 간단하고 관리 가능한 형태로 단순화하고, 복잡한 문제를 더 작고 관리하기 쉬운 부분으로 분해하며, 데이터나 문제에서 반복되는 형태, 규칙성, 또는 경향을 식별하는 패턴인식을 사고 방식이다.

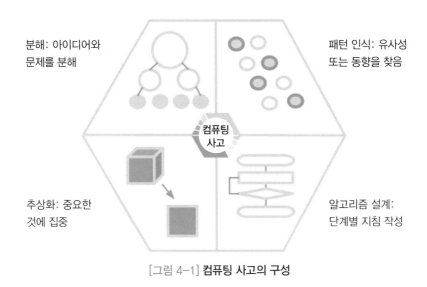

분해: 아이디어와
문제를 분해

패턴 인식: 유사성
또는 동향을 찾음

컴퓨팅
사고

추상화: 중요한
것에 집중

알고리즘 설계:
단계별 지침 작성

[그림 4-1] **컴퓨팅 사고의 구성**

교육에서 코딩과 컴퓨팅 사고가 갖는 중요성을 다음과 같이 기술할 수 있다.

1) 문제 해결

코딩을 통한 컴퓨팅 사고는 학습자들이 복잡한 문제를 분해하고 단계별 해결책을 개발하는 능력을 기를 수 있도록 돕는다. 이 논리적인 접근은 다양한 학문 분야와 현실적인 상황에서 가치 있는 역할을 한다.

2) 창의성

코딩은 학습자들이 아이디어를 구체적인 디지털 작품으로 변환시키도록 도와주어 웹사이트, 모바일 앱 또는 게임 등을 만드는 것을 통해 창의성을 표현할 수 있도록 한다.

3) 디지털 리터러시

현대의 디지털 기술 중심 세계에서 코딩을 하고 컴퓨팅 사고를 이해하고 연습하고 그 능력을 향상시키는 것은 디지털 리터러시의 중요한 부분이 된다. 이를 통해 학습자들은 디지털 환경을 탐색하고 형성하는 기술을 갖추게 된다.

4) 직업 기회

코딩 능력은 컴퓨터 과학, 소프트웨어 엔지니어링, 데이터 분석 등 다양한 분야에서 수많은 직업을 갖을 수 있는 기회를 열어 준다.

한편, 교수–학습에 대하여 코딩과 컴퓨팅 사고가 의미하는 바는 다음과 같을 것이다.

1) 디지털 능력 개발

코딩은 그 어떤 방법보다도 더 직접적으로 논리적 사고, 문제 해결, 알고리즘적 추론 및 비판적 사고 기술을 익히게 해 준다. 이를 통해 또는 학습자들은 주어지는 도전(과제)을 체계적으로 접근하고 혁신적인 해결책을 개발하는 데 도움을 받는다.

2) 학문 분야 간 응용

코딩은 오로지 컴퓨터 과학에만 관련이 있다고 흔히 생각하지만, 다양한 주제에 응용할 수 있으며 따라서 어느 교과에서도 필요한 기술이 되고 능력이 된다. 예를 들어, 코딩은 과학 실험을 시뮬레이션하거나 수학적 개념을 시각화하거나 상호작용적인 음악 또는 미술 프로젝트를 만드는 데 도움이 될 수 있다. 더 중요한 것은 코딩이 단순히 도움을 주는 것이 아니라 코딩활동을 통하여 각 교과에서의 학습내용을 습득한다. 이것이 코딩과 교과내용과의 통합인 것이다.

3) 협력과 커뮤니케이션

코딩 프로젝트는 팀워크와 커뮤니케이션을 거의 반드시 포함한다. 학습자들은 코드를 만들고, 문제를 해결하며 개선하는 데 서로 협력하게 되며 따라서 코딩은 협력과 효과적인 커뮤니케이션 기술을 촉진한다.

4) 반복적인 과정

코딩은 테스트, 디버깅(debugging)[1], 개선이 필요한 반복적인 과정이다. 이 과정은 학습자들에게 인내심, 회복력 및 실수에서 배우는(Learning by mistakes) 가치를 가르친다.

컴퓨팅 사고를 염두에 두고 코딩과 관련하여 교수-학습의 측면에서 학습자들을 위한 제언을 한다면 다음과 같을 것이다. 즉, 예비교사들이 이해를 하고 염두에 두고 준비를 해야 할 사항이라 생각된다.

1) 코딩 언어 입문

프로그래밍 언어인 스크래치(Scratch), 옥토스튜디오(OctoStudio), 파이썬 (Python), 자바스크립트(JavaScript)와 같은 프로그래밍 도구 및 언어를 학습자들이 익히도록 한다. 학년 수준에 따라 구문과 기본 개념을 설명하며 기초를 다지도록 돕는다. 이를 위해서 예비교사들도 기본적인 지식과 기능을 갖출 필요가 있다. 코딩 연습을 여러 가지 방법들이 있으나, 비전공자들에게는 앱스토어(App Store)나 구글 플레이(Google Play)에서 다운받아 설치하여 휴대폰에서 쉽게 할 수 있는 블록방식의 드래그 앤 드롭(Drag & Drop)으로 코딩을 배울 수 있는 옥토스튜디오(https://octostudio.org/)를 추천한다.

2) 코딩 프로젝트에 참여

학습자들이 관심 있는 코딩 프로젝트에 참여하도록 격려한다. 이러한 프로

---

1) 디버깅은 컴퓨터 프로그 램에서 오류를 찾아내서 수정하는 것을 말한다.

젝트는 게임, 상호작용 시뮬레이션, 웹 애플리케이션 등을 만드는 것을 포함할 수 있다. 프로젝트에 참여하게 되면 컴퓨팅 사고능력의 함양을 통해 창의성과 문제 해결 능력을 촉진시킬 수 있다.

3) 실전적 코딩

학습자들이 개별적으로 코드 작성 및 코딩에 도전하여 연습하도록 한다. 코딩에서 파생되는 문제를 해결하면서 학습자들에게 지도와 지원을 제공한다.

4) 실제 세계에의 응용 사례 이해

다양한 분야에서 코딩이 응용된 사례를 실제 세계 속에서 보여 준다. 이를 통해 학습자들은 교실 외에서도 코딩 기술이 얼마나 중요하게 응용되고 일상 생활, 산업 등을 편하게 하고 효율적으로 만드는 지를 이해할 수 있다. 코딩을 통한 컴퓨팅 사고를 연습하고 탐구함으로써 교사들은 컴퓨터 과학 영역을 넘어서 문제 해결 능력, 창의성 및 논리적 사고를 다양한 과목과 맥락에서 육성하는 데에 스스로에게는 물론 학습자들에게도 중요한 방법과 내용을 제공할 수 있다. 하나의 예로 인공지능을 이해하기 위한 코드와 코딩을 설명하고 인간의 지능과 비교하여 설명하는 것은 꼭 필요한 일이다.

학습과정안: 디지털 도구를 활용한 파이썬 코딩

1. 목표

이 학습과정안의 목표는 예비교사들이 교실 수업에서 파이썬 프로그래밍의 기초를 디지털 도구와 결합하여 효과적으로 가르칠 수 있도록 돕는 것이다. 학습자의 로직 구축 능력, 문제 해결 및 알고리즘 이해를 향상시키기 위해 실제 코딩 활동과 디지털 리소스를 결합한다.

2. 필요한 자료

파이썬이 설치된 컴퓨터 또는 노트북

인터넷 연결(온라인 코딩 플랫폼에 접속하기 위해)

파이썬 기초 자료 목록(웹사이트[2], 앱[3], 튜토리얼[4] 등)

3. 학습 절차

1) 파이썬 및 디지털 코딩 도구 소개

파이썬은 현재의 인기 있는 프로그래밍 언어 중 하나로, 그 유연성과 직관적인 문법 때문에 전 세계적으로 교육과 산업분야 모두에서 널리 사용되고 있다. 이 세션에서는 파이썬 프로그래밍의 기초와 그 중요성에 대해 다룬다. 또한 다양한 디지털 코딩 도구가 프로그래밍 학습과 코딩 실습에 어떻게 도움을 줄 수

```
# Python Program to find the area of triangle

a = 5
b = 6
c = 7

# Uncomment below to take inputs from the user
# a = float(input('Enter first side: '))
# b = float(input('Enter second side: '))
# c = float(input('Enter third side: '))

# calculate the semi-perimeter
s = (a + b + c) / 2

# calculate the area
area = (s*(s-a)*(s-b)*(s-c)) ** 0.5
print('The area of the triangle is %0.2f' %area)
```

[그림 4-2] 삼각형의 넓이를 계산하는 파이썬 코드

2) 예를 들면, 코드 작성(https://replit.com/languages/python3)
3) Pydroid 3 – IDE for Python 3
4) https://docs.python.org/ko/3/tutorial/index.html

있는지, 그리고 이 세션의 핵심 목표와 학습 방향을 개요화하여 소개한다. 아래의 샘플 코드를 분석하고 설명하여 보도록 한다.

2) 디지털 코딩 탐구

예비교사들을 담당하게 될 교과별로 또는 관심이나 희망에 입각하여 작은 그룹으로 나눈다. 각 그룹에 파이썬을 학습하기 위한 튜토리얼을 제공한다. 이 문서는 파이썬의 기본 구조와 문법에 관한 주제를 다룬다. 각 그룹은 주어진 자료를 바탕으로 교과에 관련된 여러 기본적인 코딩 문제를 해결하도록 한다. 이 과정을 통해, 예비교사들은 그룹 내에서 서로 협력하고 토론하며, 작성한 코드에 대한 리뷰와 피드백을 진행한다.

3) 그룹 공유 및 토론

모든 그룹은 그들이 작성한 코드와 그것이 해결하는 또는 실행하는 과정을 전체에게 발표할 기회를 갖게 된다. 이러한 발표를 통해 예비교사들은 그들의 문제에 대한 또는 작성한 코드가 처리하는 다양한 접근법과 해결 전략을 비교하고 평가할 수 있다. 이 시간은 또한 파이썬 코딩을 통해 문제 해결 능력을 어떻게 강화할 수 있는지에 대한 토론의 장이 되도록 한다.

4) 실제 코딩 실습

각 예비교사는 개별적으로, 또는 그룹별로 주어진 문제에 대해 디지털 도구를 활용하여 코드를 작성해 본다. 문제는 실제 교육 현장에서 발생할 수 있는 실제적인 시나리오를 기반으로 하는 것이 바람직하지만, 각 그룹의 코딩 이해력과 수준에 따라 다음과 같은 기본 적인 코드가 될 수도 있다. 작성된 코드를 실행하고, 그 결과를 실시간으로 확인한다.

예 1) 과학 또는 물리 에서 밀도 계산하기

물체의 밀도는 질량을 부피로 나눈 값으로 계산된다는 것을 학습자들에게 소개한다.

공식: 밀도 = 질량 / 부피

다음의 간단한 파이썬 코드를 예비교사들이 학습자와 함께 작성한다.

```python
def calculate_density(mass, volume):
    return mass / volume

# 예제 데이터로 밀도 계산
mass = float(input("물체의 질량을 입력하세요 (kg): "))
volume = float(input("물체의 부피를 입력하세요 (m^3): "))

density = calculate_density(mass, volume)
print(f"물체의 밀도는 {density:.2f} kg/m^3 입니다.")
```

학습자들에게 서로 다른 물체의 질량과 부피 값을 입력하여 밀도를 계산하게 한다. 결과를 기반으로 밀도가 높은 물체와 낮은 물체의 차이에 대해 토의한다.
이 과정을 통해 학습자들은 밀도 계산의 원리를 이해하고, 실제 값을 사용하여 파이썬 코드로 자동화하는 방법을 배울 수 있다.

예 2) 음악 교과와 관련하여 음악재생기 만들기

음악 교과와 관련하여 파이썬을 사용하여 간단한 음악 재생기를 만들어 본다. 이 예제에서는 pygame 라이브러리를 사용하여 음악 파일을 재생하게 된다. 먼저 필요한 라이브러리를 다음과 같이 설치한다.

```bash
pip install pygame
```

다음은 간단한 음악 재생기 파이썬 코드인데 이를 코딩 편집기에 입력한다.

```python
import pygame.mixer
import time

def play_music(file_name):
    pygame.mixer.init()
    pygame.mixer.music.load(file_name)
    pygame.mixer.music.play()

    while pygame.mixer.music.get_busy():
        time.sleep(1)

    pygame.mixer.quit()

if __name__ == "__main__":
    music_file = "sample_music.mp3"  # 여기에 원하는 음악 파일의 경로를 입력하세요
    play_music(music_file)
```

이 코드를 실행하면 sample_music.mp3 파일이 재생되는데, 원하는 다른 음악 파일을 재생하려면 music_file 변수의 값을 해당 파일 경로로 변경하는 것을 실습한다.

이 코드는 단순히 음악을 재생하는 기능만을 포함하고 있으나 실제 음악 교육용 프로그램에서는 음악의 특정 부분을 반복 재생하거나, 다양한 튜닝 옵션을 제공하거나, 사용자 인터페이스를 추가하는 등의 확장 기능을 구현할 수 있다.

5) 코드 리뷰 및 반성

예비교사들은 서로의 코드를 공유하며, 피드백을 다른 동료에게 제공하고 또 그들로부터 피드백을 받게 된다. 이 과정에서는 코드의 효율성, 가독성, 그리고 실제 교육 현장에서의 적용성에 대한 깊은 토론이 이루어진다.

6) 교실수업에의 응용 및 통합

이 세션의 마지막 부분에서는, 교사들이 어떻게 파이썬 프로그래밍 교육을 자신들의 교실에서 통합할 수 있는지에 대한 아이디어와 전략을 공유한다. 또한 디지털 코딩 도구의 장점, 한계점, 그리고 교육적 측면에서의 가장 효과적인 활용 방법에 대해 함께 토론하게 된다.

이 학습과정안은 예비교사들에게 파이썬 코딩의 기초와 디지털 도구의 효과적인 활용 방법을 가르치기 위해 설계되었다. 이러한 방식을 통해 예비교사들은 학습자들에게 창의적이고 혁신적인 방법으로 프로그래밍을 가르칠 수 있는 기술을 습득하게 된다. 이 과정안은 미래의 교사들은 코딩의 능력을 갖추어야 할 것으로 기대됨을 전제로 작성되었다. 기본적인 코딩능력은 예비교사들이 갖추어야 할 역량이다.

갖추어야 할 역량

1. 코딩 지도 및 지원

코딩 지도 및 지원의 역량은 학습자들에게 코딩 개념, 프로그래밍 언어 및 컴퓨팅 사고 원칙을 가르치는 것을 포함한다. 이것은 코딩 언어에 대한 기본적인 숙련도를 필요로 한다. 코딩 능력 외에도 이 역량은 변수(variable), 루프(loop), 조건문, 함수(function) 및 데이터 구조와 같은 주요 코딩 개념을 포괄적으로 이해하는 것을 필요로 한다. 또한 분해, 패턴 인식, 추상화 및 알고리즘 설계와 같은 컴퓨팅 사고 원칙을 명확하게 이해하는 것을 필요로 한다. 이 역량은 기본 코딩 개념을 차근차근 소개하고 넓혀 가는, 잘 짜인 코딩 수업을 만드는 데 쓰인다. 예비교사로서 학습자들에게 명확한 설명을 제공하고, 관련 예제를 제공하며 그들이 코딩 원칙을 이해하고 적용할 수 있도록 친밀하게 지도하며, 코딩 프로젝트에 참여하면서 도전에 대응하고 코딩 복잡성을 탐색할 수 있는 지원과 안내를 제공한다.

2. 과목 간 코딩 통합 능력과 기능

과목 간 코딩 통합 역량은 컴퓨터 과학 분야 이외의 다양한 과목에 코딩과 컴퓨팅 사고를 원활하게 통합하는 것을 의미한다. 이 능력은 교사들이 다양한 주제에서 학습 경험을 강화하는 데에 코딩을 어떻게 활용할 수 있는지에 대한 이해를 필요로 한다. 각각의 교과를 담당하게 될 예비교사들은 수학, 과학, 예술 및 사회과학을 포함한 다양한 과목에서, 적어도 담당하게 될 교과에서의 학습 경험을 강화하기 위해 코딩을 어떻게 통합할 수 있는지에 대한 창의력을 나타내야 한다. 또한 시뮬레이션, 시각화, 상호적인 프레젠테이션 등을 생성하기 위해 코딩을 어떻게 활용할 수 있는지에 대한 통찰력 있는 이해가 요구된다. 이 역량을 기르게 되면, 한 교과의 다양한 주제에서 개념을 강화하고 생생하게 설명하기 위해 코딩을 전략적으로 사용하며 나아가서 다른 교과와의 통합적인 수업 계획을 개발할 수 있게 될 것이다. 교사는 학습자들이 과학 실험을 시뮬레이션하거나 디지털 아트를 만들며 복잡한 수학적 패턴을 시각화하는 등 다양한 맥락에서 코딩을 적용하도록 격려한다. 코딩을 매개로 다른 과목의 교사들과 협력하는 것은, 자신이 맡은 과목뿐만 아니라 다른 과목과 협력하여 학습내용에 코딩을 통합하는 방법을 효과적으로 배우고, 여러 과목에서 코딩을 활용할 수 있는 좋은 기회가 된다. 앞으로 디지털 문해의 차원에서 코딩 능력은 예비교사들에게 더욱 요구될 것이다.

3. 문제 해결과 컴퓨팅 사고 역량

예비교사의 문제 해결 및 컴퓨팅 사고 역량은 학습자를 다양한 도전에 능숙하게 안내하는 핵심 역할을 한다. 이 역량은 학습자가 컴퓨팅 사고의 주요 단계인 문제 분해, 패턴 인식, 추상화, 알고리즘 설계 및 테스트를 깊이 있게 이해하게 만든다. 이러한 이해는 현실 문제와 논리적, 알고리즘적 해결 전략에 대한 경험을 필요로 한다. 능력 있는 교사는 학습자가 반복적인 문제 해결을 통해 실패 또는 실수를 학습을 할 수 있는 기회로 바꿀 수 있도록 도와준다. 학습자들이 복잡한 문제를 분석하고, 기본적인 패턴을 찾아내며, 컴퓨터적 사고를 사용하여 해결 방법을 찾도록 도와주는 토론을 진행한다. 또한 학습자의 해결책을 세밀하게 검토하며 코딩 방식을 최적화하고, 그 과정에서의 성찰을 격려하는 것이 이 역량의 중요한 특징이다.

앞의 역량은 예비교사들이 학습자들에게 코딩과 컴퓨팅 사고를 효과적으로 소개하고 자신이 담당하게 될 과목에 코딩을 통합하며 컴퓨팅 사고 접근법을 통해 문제 해결 능력을 육성할 수 있도록 지원한다.

권장하는 교수-학습 지원 전략

1. 교과 간의 코딩 프로젝트

서로 다른 과목에서 함께하는 코딩 프로젝트를 통해, 교사들이 협력하여 각 과목의 내용에 코딩을 쉽게 결합하는 방법을 찾는다. 프로젝트 설계를 시작할 때, 교사들은 공통 주제나 코딩 및 컴퓨팅 사고에 적합한 도전 과제를 선별한다. 그 후 각 과목의 교사들과 긴밀하게 협업하여 해당 과목 내에서 코딩이 학습의 효과와 참여도를 어떻게 증진시킬 수 있는지 탐색한다. 학습자들에게는 코딩 기술을 활용하여 실험 시뮬레이션, 시각화된 자료 제작, 수학적 문제 해결, 현실 세계의 시나리오 모델링 등의 프로젝트를 세심하게 설계할 수 있도록 한다. 이러한 전략은 학습자들에게 코딩과 다른 주제 간의 연결성을 명확히 인식하게 한다. 또한 이 방법은 학습자들이 직접 해 보며 주제를 더 잘 이해하게 하고, 다른 과목을 배우는 학습자들끼리 서로 협력하고 소통하는 문화를 강화하며, 코딩이 여러 지식 분야와 어떻게 연결되는지 보여 준다.

2. 코딩 도전과 대회 전략

코딩에의 도전 및 대회를 개최하는 전략은 학습자들이 문제 해결에 몰입하고 경쟁 의식을 키우며 코딩 능력을 향상시킬 수 있는 이벤트를 조직하는 것을 말한다. 이를 실행하기 위해 교사들은 교육 과정과 일치하면서도 독창적인 해결책을 필요로 하는 코딩 항목이나 주제를 선정한다. 학습자들이 주어진 시간 안에 코딩 문제를 독립적으로 혹은 협동하여 해결하도록 하는 대회를 기획한다. 여기서 다양한 능력 수준의 학습자들을 포용하기 위해 다양한 난이도의 도전을 제공하는 것이 중요하다. 이 전략의 핵심은 학습자들의 성과와 그들의 독창적 해결 방안에 대해 인정하고 칭찬하는 것이다. 학습자의 동기부여를 통해 코딩 능력을 현실 문제에 적용하게끔 독려하고, 제한된 시간 내에서 도전을 통해 학습자의 자신감 및 탄력성을 강화하며, 성과와 만족감을 높이는 경쟁 환경을 조성하는 것은 이런 접근 방식의 장점이 된다.

3. 코딩 일지와 성찰 전략

코딩 일지와 성찰 전략은 학습자들이 자신의 코딩 경험을 기록하며, 문제 해결 방식을 깊이 있게 고민하고, 다른 학습자들과 통찰한 바를 공유하는 반영적(反影的)인 방식을 포함한다. 이 전략은 학습자들에게 코딩 일지를 시작하도록 안내함으로써 시작된다. 학습자들은 일지에 자신의 코딩 여정, 겪은 어려움, 찾아낸 해결책, 그리고 얻은 깨달음을 기록한다. 학습자들은 코딩 문제를 해결하기 위해 사용한 컴퓨팅 사고 방식을 깊게 되돌아보도록 권장된다. 이 전략은 학습자들에게 코딩과 실세계 응용 사이의 관계를 고민하게 만들며, 학습자의 비판적 사고를 발전시키도록 돕는다. 학습자들이 통찰한 바를 토론하거나 발표함으로써, 그들의 학습과정은 더욱 강화된다. 이 전략의 장점은 학습자가 자신의 코딩 경험과 혁신적 접근법을 깊게 탐구하게 만들며, 컴퓨팅 사고의 원칙과 그것의 실용적 측면에 대한 깊은 이해를 발전시키며, 지속적인 성장의 마인드셋을 키워 나가는 것에 있다.

이러한 전략들은 교사들이 코딩과 컴퓨팅 사고를 다양한 과목에 통합하고 문제 해결 능력을 육성하며, 코딩이 다양한 지식 영역과 어떻게 교차되는지에 대한 학습자들의 탐구를 고무하는 매력적인 학습 경험을 만들 수 있도록 지원한다.

실습 예제

실습 1: 파이썬 코딩 입문 실습: 기본 계산기 만들기

이 실습의 목표는 사용자로부터 두 숫자와 연산자를 입력받아 계산 결과를 출력하는 간단한 계산기 프로그램을 만드는 것이다. 아래의 코드를 분석해 가면서 편집기에 입력하고 실행시켜 본다.

```python
def add(x, y):
    return x + y

def subtract(x, y):
    return x - y

def multiply(x, y):
    return x * y

def divide(x, y):
    if y == 0:
        return "0으로 나눌 수 없습니다."
    return x / y

number1 = float(input("첫 번째 숫자를 입력하세요: "))
number2 = float(input("두 번째 숫자를 입력하세요: "))
operation = input("연산자를 선택하세요 (+, -, *, /): ")

if operation == "+":
    print(number1, "+", number2, "=", add(number1, number2))
elif operation == "-":
    print(number1, "-", number2, "=", subtract(number1, number2))
elif operation == "*":
    print(number1, "*", number2, "=", multiply(number1, number2))
elif operation == "/":
    print(number1, "/", number2, "=", divide(number1, number2))
else:
    print("유효하지 않은 연산자입니다.")
```

실습 2: 교과 간의 통합 실습: 지리와 코딩을 결합한 기후 데이터 분석

목표: 주어진 기후 데이터를 사용하여, 특정 도시의 월별 평균 기온을 그래프로 나타내고 분석한다. 아래에서 데이터 파일(csv)를 보고 여러 도시의 월별, 최저 및 최고 온도를 더 입력하여 데이터 파일을 완성한다. 인터넷에서 자료를 탐색하여 활용한다.

데이터: weather_data.csv 파일

```python
도시,월,평균기온
서울,1,-2.4
서울,2,-0.4
...
부산,1,2.7
부산,2,4.4
...
```

```python
import csv
import matplotlib.pyplot as plt

def plot_city_temperature(city_name):
    months = []
    temperatures = []

    with open('weather_data.csv', 'r') as file:
        reader = csv.reader(file)
        next(reader)  # 헤더 건너뛰기
        for row in reader:
            if row[0] == city_name:
                months.append(int(row[1]))
                temperatures.append(float(row[2]))

    plt.plot(months, temperatures, marker='o')
    plt.title(f'{city_name}의 월별 평균 기온')
    plt.xlabel('월')
    plt.ylabel('평균기온 (°C)')
    plt.xticks(months)
    plt.grid(True)
    plt.show()

city = input("기온 데이터를 보고 싶은 도시를 입력하세요: ")
plot_city_temperature(city)
```

이 실습을 통하여 학습자들은 지리 데이터를 파이썬을 통해 시각화하며, 도시의 기후 패턴을 분석하는 능력을 키울 수 있다.

평가를 위한 과제: "내 생일날의 날씨는?" – 날씨 데이터 분석

1. 과제 설명

이번 과제에서 예비교사들은 공개 날씨 데이터 API를 활용하여 파이썬을 사용해 특정 날짜의 날씨 정보를 분석한다. 이를 통해 데이터 수집, 처리 및 분석의 과정을 경험하며 교수-학습 상황에서의 실용적 코딩 역량을 강화할 것이다. 공개된 날씨 API 중 OpenWeatherMap을 사용하여 간단한 코드를 작성한다. 먼저 API 키가 필요한데, OpenWeatherMap에서 무료로 API 키를 발급받아 YOUR_API_KEY 자리에 넣어야 한다.

2. 요구사항

- 사용자로부터 생일을 입력받는다.
- 입력받은 날짜의 날씨 데이터를 API를 통해 가져온다.
- 데이터에서 기온, 습도, 강수량 등의 정보를 추출한다.
- 해당 정보를 화면에 출력하고, 간단한 분석 결과(예: "당신의 생일은 평균적으로 맑습니다!")를 제시한다.

3. 과제 제출물

- 파이썬 코드 파일(.py)
- 작동하는 스크린샷 또는 실행 결과의 화면 기록
- 코드에 대한 간략한 설명 및 분석 결과에 대한 해석을 포함하는 보고서(1~2 페이지)

4. 평가 기준(%)

- 코드의 완성도 및 정확성: 40%
- 코드 내 주석 및 가독성: 20%
- 보고서의 내용 및 해석의 질: 30%
- 창의성 및 추가적인 기능 구현(예: 과거 몇 년 동안의 날씨 트렌드 분석): 10%

이 과제는 예비교사들이 파이썬을 활용한 데이터 수집 및 분석의 기본적인 프로세스를 경험하게 하고, 그 결과를 교수-학습 상황에 적용할 수 있도록 한다.

📖⋯ 강의 2: **컴퓨팅 사고의 교과 적용**

읽어 보기

컴퓨팅 사고를 적용하는 것은 복잡한 문제를 더 작고 관리하기 쉬운 구성 요소로 분해하고 논리적이고 알고리즘적 사고를 적용하여 해결책을 찾는 문제 해결에의 접근 방식이라고 볼 수 있다. 이 접근 방식은 컴퓨터 과학에만 국한되지 않고 다양한 과목에 적용되어 학습자들의 분석적이고 문제 해결 능력을 향상시킬 수 있다. 다양한 과목 영역에 컴퓨팅 사고를 통합하면 학습자들이 각자 자신에게 주어진 문제나 도전을 체계적이고 창의적으로 접근하여 해결하도록 도와준다. 각 교과에서 컴퓨팅 사고가 어떻게 적용되는지를 정리하여 본다.

1) 수학

컴퓨팅 사고는 수학에서 복잡한 문제를 해결하고 학습자들의 수리 추론 능력을 발전시키는 데 적용될 수 있다. 교사는 학습자들을 안내하여 다음과 같은 작업을 할 수 있다.

- 수학 문제에서 나타나는 규칙이나 연관성을 찾아본다.
- 다단계적 문제를 순차적인 알고리즘으로 분해한다.
- 시각적 모델과 시뮬레이션을 개발하여 추상적인 개념을 이해한다.
- 그래프 작성, 데이터 분석 및 기하학을 위한 도구를 생성하는 데 코딩을 사용한다.

2) 과학

컴퓨팅 사고는 과학에서 모델링, 시뮬레이션 및 과학 현상 분석에 가치 있게 적용될 수 있다. 교사는 학습자들에게 다음과 같은 작업을 권장할 수 있다.

- 생태계나 화학 반응과 같은 과학적 프로세스를 모델링하기 위해 시뮬레이션을 디자인한다.
- 대규모 데이터 세트를 분석하여 경향과 패턴을 식별한다.
- 물리학에서 궤적을 예측하는 것과 같은 과학 문제를 해결하기 위한 알고리즘을 개발한다.
- 유전학, 기상 분석 또는 자연 현상 시뮬레이션에 계산 방법을 적용한다.

3) 사회과학

컴퓨팅 사고는 사회과학에서 비판적 사고와 데이터 분석에 잘 적용될 수 있으며 그런 활동을 강화시켜 준다. 교사는 학습자를 다음과 같은 활동을 하도록 지원할 수 있다.

- 계산 도구를 사용하여 역사적 데이터와 추세를 분석한다.
- 역사적 사건을 보여 주는 대화식 타임라인과 지도를 생성한다.
- 경제 모델을 시뮬레이션하여 세계적인 추세와 변화를 이해한다.
- 인구 이동과 같은 사회적 데이터를 시각화하고 해석하기 위해 코딩을 사용한다.

4) 언어 및 예술

컴퓨팅 사고는 언어 및 예술에서 창의성과 분석 능력을 촉진할 수 있다. 교사는 학습자들을 다음과 같이 안내할 수 있다.

- 코드를 사용하여 서술 구조를 강화하는 대화식 스토리텔링 프로젝트를 개발한다.

- 구글 독스(docs) 등의 디지털 도구를 통해 문학 텍스트를 분석하고 주제와 패턴을 파악한다.
- 시, 단편 소설과 같은 창의적 글쓰기 작품을 생성하기 위한 알고리즘을 만든다.
- 텍스트 내 언어적 패턴을 분석하고 시각화하는 계산 도구를 통합한다(예: https://voyant-tools.org).

5) 교과 간 프로젝트

교과 간의 프로젝트를 수행할 때 학습자들은 통합적인 방식으로 컴퓨팅 사고를 적용할 수 있다. 예를 들어, 다음과 같은 프로젝트가 있을 수 있다.

- 역사 연구 프로젝트를 위한 웹사이트 디자인 및 코드 작성
- 물리학과 수학을 통합하여 진행하는 협력 프로젝트에서 과학 원리를 모델링하기 위한 시뮬레이션 생성
- 사회 문제를 탐구하기 위한 데이터 분석 도구 개발을 위한 사회과학, 그리고 수학의 협력 프로젝트 개발

앞에서와 같이 다양한 과목이나 교과에 걸친 학습 프로젝트에 컴퓨팅 사고를 통합하여 적용하면 학습자들은 자신의 문제 해결 능력, 비판적 사고, 계산적 해석 기술을 어떻게 활용할지를 깊게 이해할 수 있다. 이러한 방식으로 학습자들은 다양한 시나리오로 주어진 프로젝트를 성공적으로 수행하며 문제를 해결하는 방법을 더 잘 이해할 수 있게 된다.

학습과정안: 교과 간의 프로젝트에 컴퓨팅 사고 적용하기

1. 목표

이 학습과정안의 목표는 교사가 다양한 과목 영역에 컴퓨팅 사고 개념을 효과적으로 적용하는 데 필요한 지식과 전략을 제공하는 것이다. 컴퓨팅 사고의 원리를 다양한 과목에 통합 적용함으로써 교사는 학습자들의 문제 해결 능력, 비판적 사고 기술 및 계산적(computing) 개념이 다양한 실제 시나리오에서 어떻게 적용될 수 있는지에 대한 이해를 증진시키기 위해 노력한다.

2. 필요한 자료

- 프레젠테이션 및 토론용 프로젝터(투사 장비)
- 다양한 과목 영역에 적합한 컴퓨팅 도구 및 소프트웨어
- 협업 프로젝트를 위한 과목 특화 자료와 자료

3. 학습 절차

1) 컴퓨팅 사고와 교과 간의 통합 소개

컴퓨팅 사고의 개념과 다양한 과목 영역에의 적용 가능성을 소개하면서 본 차시의 내용과 활동을 소개한다. 컴퓨팅 사고를 통합함으로써 학습자들의 분석 능력과 문제 해결 능력을 향상시키는 장점이 있음을 강조한다. 계산적 개념을 과목의 특화된 내용과 연결시키는 교과 간 프로젝트의 가치를 강조한다.

2) 과목 영역에서의 컴퓨팅 사고 탐구

예비교사들을 수학, 과학, 사회과학, 언어, 예술 등 서로 다른 과목 영역에 중점을 두고 작은 그룹으로 나눈다. 각 그룹에 할당된 해당 과목에서 컴퓨팅 사고를 적용하는 방법에 대한 예시를 제공한다. 각 그룹이 모델링, 데이터 분

석 및 창의적 표현과 같은 잠재적인 응용 사례를 논의하고 아이디어를 제시할
수 있도록 지원한다.

3) 교과 간 프로젝트 설계

예비교사들에게 교과 간의 협업을 장려한다. 다양한 과목에서 컴퓨팅 사고
를 통합하는 프로젝트를 디자인하는 것이 왜 중요한지를 설명한다. 학습자들
이 실제 세계의 문제를 해결하거나 복잡한 개념을 탐구하는 교과 간 프로젝트
를 디자인하도록 예비교사들을 안내한다. 물론 디자인하는 데 있어서 창의성
과 혁신적인 접근 방식을 권장한다.

4) 컴퓨팅 도구의 선택과 탐색

다양한 과목 영역에 적합한 컴퓨팅 도구 및 소프트웨어를 예비교사들에게
소개한다. 각 도구의 기능과 능력, 학습자들의 이해도와 참여도를 향상시킬
수 있는 잠재력에 대해서 논의한다. 예비교사들이 기능을 탐색하고 상호작용
하면서 도구를 이해하도록 도움을 준다.

5) 컴퓨팅 도구의 탐색과 통합

예비교사들이 선택한 컴퓨팅 도구를 개별적으로 또는 그룹으로 살펴보고
시험적으로 다루어 볼 수 있는 시간을 할당한다. 시뮬레이션 생성, 데이터 분
석, 코딩 또는 디지털 프로젝트 개발을 실험하면서 지원과 안내를 제공한다.
예비교사들이 이러한 도구를 교과 간 프로젝트에 어떻게 통합할 수 있는지에
대해 생각하도록 독려한다.

6) 프로젝트 발표 및 공유

각 그룹이 설계한 교과 간 프로젝트를 발표하여 컴퓨팅 사고의 원리가 프로
젝트 목표에 어떻게 통합되는지 설명하도록 요구한다. 컴퓨팅 도구가 학습 경

힘을 어떻게 향상시키고 문제 해결 및 창의적 표현의 기회를 제공하는지를 보여 준다. 학습자들의 질문과 피드백을 장려한다.

7) 반성적 성찰과 응용

예비교사들에게 다양한 과목 영역에 컴퓨팅 사고를 통합하는 데 있어서의 어려움과 이점을 논의하는 세션을 진행한다. 예비교사들이 장애물과 극복 전략을 확인하고 생성하도록 독려한다. 교과 간 프로젝트를 어떻게 교과 과정 목표와 조화롭게 맞출지에 대해서 논의한다.

8) 시행 계획 작성

예비교사들이 교과 간 프로젝트를 시행하기 위한 계획을 작성하게 한다. 프로젝트 목표, 작업, 일정 및 평가 방법을 개요화하는 데 필요한 템플릿[5]이나 지침을 제공한다. 예비교사들이 컴퓨팅 사고 개념을 어떻게 소개하고 자신들의 학습자들에게 컴퓨팅 도구를 어떻게 사용할지를 생각해 보도록 독려하며 디지털 기술/기능 및 과목의 특화된 측면을 어떻게 평가할지를 고려하도록 독려한다.

앞에서와 같은 단계를 따라 예비교사들은 다양한 과목 영역에서 컴퓨팅 사고 개념을 효과적으로 적용하는 능력과 자신감을 개발할 수 있다. 이 접근 방식은 협력적 문제 해결, 비판적 사고 및 학습자들의 창의성을 촉진하며 컴퓨팅 사고가 학업 여정에 어떻게 통합될 수 있는지에 대한 전반적인 이해를 증진시킨다.

---

5) 이 템플릿은 다음과 같은 섹션을 포함할 수 있다.
  –프로젝트 목표: 프로젝트의 주요 목표와 기대 결과를 명확하게 정의한다.
  –작업 목록: 프로젝트를 완료하기 위해 필요한 모든 작업을 나열한다.
  –일정 계획: 각 작업에 대한 시작 및 종료 날짜를 포함한 타임라인을 설정한다.
  –역할 및 책임: 프로젝트에 참여하는 각 구성원의 역할과 책임을 명시한다.
  –자원 목록: 프로젝트 수행에 필요한 자원(예: 재료, 도구, 기술 등)을 나열한다.
  –평가 방법: 프로젝트의 성공을 평가하기 위한 기준과 방법을 설명한다.

갖추어야 할 역량

1. 교과 간 통합 능력

교사들은 다양한 과목 영역에 컴퓨팅 사고 개념을 통합할 기회를 식별하는 역량을 갖추어야 한다. 이는 컴퓨팅 사고의 핵심 개념을 이해하고 수학, 과학, 사회과학, 언어 예술 등에 어떻게 적용할 수 있는지를 이해하는 것을 의미한다. 교사들은 동료들과 협력하여 학습자들이 의미 있는 방식으로 컴퓨팅 사고 기술을 적용할 수 있도록 교과 간 프로젝트를 디자인할 수 있어야 한다. 이는 다른 과목과의 연결을 촉진하고 전반적으로 학습을 증진시키는 역할을 한다.

2. 컴퓨팅 도구의 적용 능력

교사들은 특정 과목과 학습 목표에 적합한 컴퓨팅 도구, 소프트웨어 및 자원을 선택하고 적용할 수 있는 능력을 가져야 한다. 이 역량은 학습자들이 시뮬레이션을 만들고, 데이터를 분석하며, 알고리즘을 개발하고 디지털 프로젝트 개발을 할 수 있는 다양한 도구와 플랫폼에 익숙해지는 것을 포함한다. 교사들은 이러한 도구를 다양한 과목의 맥락에서 학습자들이 효과적이고 창의적으로 활용할 수 있도록 지원하는 방법을 알아야 한다.

3. 프로젝트 디자인 및 평가 능력

과목 간 컴퓨팅 사고를 통합하는 프로젝트를 개발하기 위해서는 프로젝트 디자인 및 평가 역량을 필요로 한다. 교사들은 교육과정 기준과 부합하는 교과 간 프로젝트를 설계하고 학습자들이 의미 있는 과제에 참여하고 협력적으로 문제를 해결하도록 유도하는 능력이 필요하다. 또한 학습자들의 컴퓨팅 사고 기술과 다양한 과목 영역에 걸쳐 응용하는 것을 효과적으로 평가하기 위한 평가 방법을 설계할 수 있어야 한다. 디지털 기술의 측면과 과목 특화 측면을 모두 고려해야 한다.

이와 같은 역량은 교사들이 다양한 과목 영역에서 컴퓨팅 사고 개념을 효과적으로 적용하여 학습자들의 문제 해결 능력, 비판적 사고 기술 및 다양한 학문 분야에 계산 원리가 어떻게 적용되는지에 대한 이해를 증진시키는 데 기여한다.

권장하는 교수-학습 지원 전략

1. 대화식 시뮬레이션을 활용하는 과제 수행

다양한 과목에서 현실적인 문제 해결을 위해 학습자들이 컴퓨팅 사고를 적용하는 대화식 시뮬레이션을 활용하는 과제를 활용하도록 한다. 예를 들어, 과학 수업에서는 학습자들이 시뮬레이션 소프트웨어로 생태계를 모델링하여 환경 변화의 영향을 관찰하도록 한다. 반면, 수학 수업에서는 기하학에 관련된 개념을 시각화하는 시뮬레이션을 활용할 수 있다. 이런 과제들은 학습자들에게 직접적인 탐구의 기회를 제공하며, 실험과 상호 작용을 통해 복잡한 개념의 이해를 깊게 한다.

2. 데이터와 함께하는 디지털 스토리텔링[6]

학습자들에게 다양한 과목과 관련된 데이터를 분석하고 시각화하는 컴퓨팅 도구를 사용하도록 하고 그 결과를 전달하기 위해 디지털 스토리나 프레젠테이션을 만들도록 한다. 예를 들어, 역사 수업에서 학습자들은 역사적 데이터 세트를 분석하여 과거의 사실과 사건을 탐구할 수 있다. 언어 교과에서는 문학의 패턴을 발견하기 위해 텍스트 데이터를 분석할 수 있다. 미술 교과에서는 아트워크의 시간적 변화나 스타일의 발전을 분석하기 위해 다양한 예술 작품들의 데이터를 활용할 수 있다. 음악 수업에서는 곡의 리듬이나 멜로디 패턴을

---

6) 디지털 도구와 매체를 활용하여 이야기를 전달하는 방법

분석하는 데 데이터를 사용할 수 있다. 컴퓨팅 사고를 스토리텔링에 통합함으로써 학습자들은 데이터 분석 기술을 향상시키면서 컴퓨팅 개념을 과목의 특화된 내용과 연결하는 창의적인 서술력을 개발할 수 있다.

3. 알고리즘적 예술과 음악 작곡

학습자들을 대상으로 알고리즘 기반의 예술과 음악 작곡 탐구 활동을 제공함으로써 창의적 표현의 영역과 컴퓨팅 사고의 깊이를 서로 어우르게 한다. 미술 수업에서는 학습자들이 다양한 코딩 플랫폼을 활용하여 알고리즘의 규칙성을 기반으로 한 독특한 시각적 패턴과 디자인을 창출해 볼 수 있도록 한다. 음악 수업에서는 학습자들이 리듬, 멜로디 및 화음의 다양한 조합을 탐색하면서 디지털 도구를 사용하여 음악 작곡의 코딩 방식을 익히게 한다. 이러한 접근법은 학습자들에게 예술적 창의성과 계산적 논리를 결합한 독특한 작품 창작의 기회를 제공하며 동시에 컴퓨팅 사고 능력도 지속적으로 향상시키도록 도와준다.

이 전략들은 학습을 더 즐거운 것으로 만들어 줄 뿐만 아니라, 학습자들로 하여금 다양한 과목 영역에서 컴퓨팅 사고의 중요성을 인식하게 하여 지식과 기술의 상호 연결성을 보다 깊게 이해할 수 있도록 도와준다.

실습 예제

실습 1: 디지털 스토리텔링을 통한 과학적 현상의 시각화

이 실습에서 학습자들은 스토리텔링의 기법과 컴퓨팅 도구를 결합하여 기후 변화에 관한 데이터를 분석하고 시각화하여 이를 스토리로 표현하게 된다.

① 주제 선정 및 팀 구성: 학습자들이 성공적인 프로젝트를 위해 첫 단계로

기후 변화라는 주제를 선정하게 된다. 이 단계에서 학습자들은 현재의 환경 문제와 관련된 다양한 주제들 중에서 가장 관심이 가는 분야를 선택할 수도 있다. 또한 팀 구성이 이루어지면서 각 팀원의 강점과 역할을 파악하며 협업의 기반을 다진다. 팀워크의 중요성을 깨닫게 되는 시기로, 학습자들은 목표를 향한 방향성을 설정하는 중요한 시작점을 마련하게 된다.

② **데이터 수집 및 분석**: 이 단계에서 학습자들은 기후 변화와 관련된 다양한 데이터를 수집하게 된다. 이를 위해 다양한 출처의 정보를 활용하며, 신뢰성 있는 데이터를 선별하는 능력을 기를 수 있다. 수집된 데이터는 분석을 통해 패턴, 연관성 및 특징을 찾아내게 되며, 이 과정에서 컴퓨팅 도구의 활용 능력과 분석적 사고력을 키우게 된다.

③ **시각화 도구 활용**: 데이터 분석 결과를 더 쉽게 이해하고 전달하기 위해 학습자들은 시각화 도구를 활용하여 그 결과를 그래프나 차트 형태로 표현하게 된다. 이 단계는 복잡한 데이터를 직관적이고 이해하기 쉬운 형태로 변환하는 과정으로, 학습자들은 어떻게 정보를 더 효과적으로 전달할 수 있는지에 대한 통찰력을 얻게 된다.

④ **스토리텔링 기법 활용**: 시각화된 결과를 바탕으로, 학습자들은 스토리텔링 기법을 활용하여 기후 변화에 관한 이야기를 구성하게 된다. 이 과정에서 학습자들은 정보의 전달뿐만 아니라, 청중이나 동료들의 관심을 끌고 공감을 유도하는 방법에 대해 배우게 된다. 이를 통해 창의적 표현 능력과 커뮤니케이션 능력을 동시에 개발하게 된다.

⑤ **최종 프로젝트 제출 및 발표**: 마지막 단계로, 학습자들은 자신들의 연구 결과와 스토리를 통합하여 최종 프로젝트를 제출하게 된다. 또한 팀별로 발표를 통해 다른 학습자들과 교사 앞에서 자신들의 연구 결과를 공유하게 된다. 이 단계는 학습자들의 연구 결과를 검증받고, 피드백을 통해 더 나아가는 계기가 된다.

학습자들이 스토리텔링 기법과 컴퓨팅 도구를 결합한 이 프로젝트를 통해 다양한 이점을 경험하게 된다. 먼저 복잡한 기후 변화라는 현상을 데이터의 수집, 분석, 시각화와 스토리텔링을 통해 다각도로 접근함으로써 깊이 있는 이해를 도모할 수 있다. 이 과정 속에서 학습자들은 자신만의 독특한 방식으로 정보를 표현하고 전달하는 창의적 표현 능력을 키울 수 있게 된다. 또한 데이터 분석 및 시각화 도구를 사용하는 과정에서 컴퓨팅 사고의 실제 문제 해결에 대한 응용 능력이 강화되며, 이를 통해 학습자들의 문제 해결 능력이 향상된다. 마지막으로 프로젝트의 팀 기반 접근 방식은 학습자들에게 협력의 중요성과 팀워크의 가치를 실질적으로 느끼게 해 준다. 이러한 경험은 학습자들이 미래의 다양한 상황에서 유연하고 효과적으로 대응할 수 있도록 준비시켜 준다.

실습 2: 과목 간의 특화된 코딩 프로젝트

이 실습은 과목 및 과목 간에서의 특화된 내용과 컴퓨팅 사고를 일치시키기 위해 코딩 프로젝트를 할당하는 것을 포함한다. 학습자들은 코딩 기술을 사용하여 특정 주제에 대한 이해를 창의적으로 나타내며 컴퓨팅 개념과 주제 내용 모두를 향상시킨다.

① **프로젝트 범위**: 프로젝트의 범위를 정의하고 다른 과목의 교육과정과 일치시킨다. 예를 들어, 문학 분석, 과학 시뮬레이션, 역사 재연, 수학 시각화 등에 중점을 둘 수 있다.

② **프로젝트 선택**: 학습자들이 그들의 관심과 과목의 특성에 부합하는 프로젝트를 선택할 수 있도록 한다. 다양한 학습 선호도를 고려하여 여럿의 프로젝트 옵션을 제공한다.

③ **과목 통합**: 학습자들에게 선택한 프로젝트에 컴퓨팅 요소를 어떻게 통합할지를 안내한다. 과목 특화 개념이나 주제를 향상시키는 방법을 찾아보도록 한다.

④ **코딩 및 디자인:** 학습자들에게 해당하는 코딩 언어나 플랫폼을 사용하여 프로젝트를 구현하도록 지시한다. 상호 작용 요소, 시각화, 시뮬레이션을 만드는 것이 포함될 수 있다.

⑤ **반복적 개발:** 학습자들이 프로젝트를 개선하기 위해 피드백을 받고 업그레이드하도록 장려한다. 이 되풀이되는 과정을 통해 코딩 기술과 과목 내용의 일치를 미세하게 조정할 수 있다.

⑥ **발표 및 성찰:** 학습자들에게 완성된 프로젝트를 동료들에게 발표하게 하고 코딩 기술 및 주제 내용이 통합되는 방식을 설명하도록 한다. 학습자들이 학습 과정과 그리고 얻게된 통찰을 논의할 수 있는 세션을 지원한다.

이 실습을 통하여 과목과 과목간에 걸쳐 특화된 내용에 적용하는 맞춤형 코딩 프로젝트를 수행할 수 있으며 이를 통해 학습자들은 컴퓨팅 사고를 기르는 것은 물론 교과의 내용을 배우게 된다. 학습자들은 쉬운 코딩 경험으로 문제해결, 창의력, 그리고 복잡한 아이디어를 코딩으로 표현하는 능력을 키울 수 있다. 이렇게 하면 교수-학습에 더 통합적인 방식으로 접근할 수 있게 된다.

평가를 위한 과제: 컴퓨팅 사고의 교과 적용 프로젝트

1. 과제 설명

본 과제는 예비교사들에게 컴퓨팅 사고를 다양한 교과 영역에 적용하는 경험을 제공하기 위한 것이다. 예비교사들은 주어진 주제를 바탕으로 컴퓨팅 사고를 적용하여 창의적인 프로젝트를 계획한다.

• 예비교사들은 주어진 내용을 바탕으로 수학, 과학, 사회과학, 언어 및 예술 중 하나의 학과 영역을 선택한다.

• 선택한 교과 영역에 컴퓨팅 사고를 어떻게 적용할 수 있을지 생각하고, 그에 따라 적용할 주제를 선정한다.

• 선정한 주제에 대한 간단한 기획서를 작성한다. (예: 언어 및 예술 영역에서의 대화

식 스토리텔링 프로젝트 계획)
- 기획한 내용을 바탕으로 간단한 프로토타입 또는 시뮬레이션을 제작한다(장 뒤의 참고자료를 잘 읽을 것).
- 프로젝트의 결과 및 경험을 바탕으로 결과 보고서를 작성한다. 이 보고서는 자신이 컴퓨팅 사고를 해당 학과 영역에 어떻게 적용했는지, 그 과정에서 무엇을 배웠는지 등을 포함해야 한다.

2. 과제 제출물
- 주제 선택 및 기획서(1~2 페이지)
- 간단한 프로토타입 또는 시뮬레이션 생성
- 결과 보고서(2~3 페이지)

3. 평가 기준
- 주제의 선정 및 기획의 타당성: 30%
- 프로토타입 또는 시뮬레이션의 완성도: 30%
- 결과 보고서의 내용 및 구성: 30%
- 창의성 및 원리의 적용 이해도: 10%

이 과제는 예비교사들에게 컴퓨팅 사고의 핵심 원리와 다양한 학과 영역과의 연결을 이해하고, 실제로 적용해 보는 경험을 제공하기 위해 준비한 것이다.

참고 자료

1. 프로토타입(Prototyping)

프로토타입은 아이디어나 설계를 물리적이나 디지털 형태로 표현한 초기 모델이다. 이는 최종 제품이나 결과물이 나오기 전에 그 형태나 기능성을 확인하기 위한 것이다.

① 종이 프로토타입(Paper Prototyping)
- 종이 프로토타이핑은 아이디어나 디자인을 종이로 스케치하여 표현하는 방법이다.
- 이 프로토타입을 사용하면 웹사이트나 앱의 초기 디자인, 사용자 인터페이스, 플로우 등을 빠르게 시각화할 수 있다.
- 이 타입의 장점은 빠르게 수정하고 변경할 수 있다는 것이다.
- 예시: 웹 페이지의 레이아웃, 버튼 배치, 메뉴 구조 등을 종이에 그려 보는 것

② 디지털 프로토타입(Digital Prototype)
- 간단한 소프트웨어 도구를 사용해 디지털 형태로 프로토타입을 제작한다.
- 이러한 도구들은 대부분 드래그 앤 드롭 방식으로 쉽게 아이디어를 시각화할 수 있다.
- 활용 도구: Figma[7], Adobe XD[8], Balsamiq[9] 등.

2. 시뮬레이션(Simulation)

시뮬레이션은 특정 상황이나 현상을 디지털 또는 물리적 환경에서 모델링하여 그 동작이나 반응을 관찰하는 것이다.

7) https://www.figma.com
8) https://helpx.adobe.com/xd/get-started.html
9) balsamiq.com/

① 종이 시뮬레이션
- 특정 현상을 종이와 펜을 이용해 모델링하고 예측된 반응을 직접 그려서 확인한다.
- 예시: 생태계의 변화, 인구 이동 등을 그래프나 다이어그램으로 표현하고 변화를 시각적으로 관찰하는 것

② 디지털 시뮬레이션
- 컴퓨터 소프트웨어를 사용해 특정 현상이나 상황을 모델링하고 그 반응을 관찰한다.
- 쉬운 도구 예시: Scratch[10](코딩을 이용한 시뮬레이션), PhET Interactive Simulations[11](과학 및 수학에 관한 간단한 시뮬레이션 도구) 등

예비교사들이 이러한 프로토타입과 시뮬레이션을 활용하는 과제를 설계할 때는 처음에는 종이 프로토타입이나 종이 시뮬레이션 방식을 사용해 보는 것을 추천한다. 이는 도구나 기술에 익숙하지 않은 교사나 학습자들에게 접근하기 쉽고, 빠르게 결과물을 만들어 볼 수 있기 때문이다. 디지털 방식은 조금 더 익숙해진 후에 도전해 보는 것도 좋을 것이다.

---

10) https://scratch.mit.edu
11) https://phet.colorado.edu

제5장
문제 해결의 방법:
디자인 사고

💻 강의 1: 문제 해결과 디자인 사고의 탐색

읽어 보기

　디자인 사고(Design thinking)와 문제 해결은 학습자들이 창의적이고 체계적으로 도전에 대응하는 데 필수적인 기술이다. 디자인 사고는 학습자들이 문제를 식별하고, 다양한 해결책을 탐색하며, 가장 효과적인 해결책을 선택하고 실행하는 과정을 통해 창의적인 사고와 체계적인 문제 해결 능력을 개발하도록 돕는다. 이 접근법은 여러 단계로 이루어져 있으며, 각 단계는 문제 해결 경험을 더 풍부하게 해 준다. 다음에 디자인 사고의 과정을 5개의 단계로 제시한다.[1]

---

1) Tramonti, M., Dochshanov, A. M., & Zhumabayeva, A. S. (2023). Design Thinking as an Auxiliary Tool for Educational Robotics Classes. *Applied Sciences*, *13*(2), 858. https://doi.org/10.3390/app13020858.

1) 공감(Empathy)

이 단계에서는 사용자의 시각에서 문제를 이해하려고 노력한다. 학습자는 인터뷰나 관찰을 통해 사용자[2]의 요구와 감정을 파악한다. 학습자는 인터뷰, 설문조사 및 관찰과 같은 공감 활동을 통해 사용자의 요구, 감정 및 도전 과제에 대한 통찰력을 얻는다.

2) 정의(Define)

앞 단계에서 얻게 된 통찰력을 바탕으로 중요한 문제를 명확히 한다. 이 단계에서는 수집한 정보를 종합하여 나머지 단계를 안내할 문제에 대한 명확한 명세서를 만든다.

3) 아이디어 도출(Ideation)

아이디어 도출 단계에서 학습자들은 창의적으로 다양한 해결 방안을 제시한다. 이때 비판적 평가나 선입견 등 판단은 잠시 제쳐 두고 마인드맵과 같은

공감: 주변의
이해

아이디어 도출:
나의 아이디어
생성

정의: 문제의
이해

테스트:
산출물 검증

프로토타입:
생성과 실험

[그림 5-1] 디자인 사고의 요소 및 과정

---

2) "사용자"는 디자인 사고 과정에서 중요한 대상을 나타낸다. 디자인 사고는 사용자 중심의 접근 방식을 취하기 때문에, 여기서의 사용자는 디자인이나 해결책을 개발하고자 하는 특정 문제나 상황과 직접적으로 관련된 사람들을 의미한다. 예를 들어, 교육 프로그램을 개발하는 경우, 사용자는 학생, 교사, 또는 교육 관계자일 수 있다. 공감 단계에서는 이러한 사용자들의 요구, 감정, 도전 과제를 이해하고 파악하는 것이 중요하다. 이를 통해 보다 효과적이고 사용자 중심의 해결책을 개발할 수 있다.

활동을 수행하여 아이디어 도출에 집중한다. 흔히 그룹 활동 주로 한다. 마인드맵에 관해서는 장 뒤의 참고 자료를 참조한다.

4) 프로토타이핑(Prototyping)

제안된 아이디어를 물리적이나 디지털 형태의 모델로 만들어 본다. 이를 통해 해결책을 시각화하고 초기에 피드백을 얻을 수 있다. 학습자들은 해결책을 시각화하고 피드백을 수집하기 위해 초안, 스케치, 모형 또는 디지털 프로토타입을 만든다.

5) 테스트(Testing)

만들어진 프로토타입을 검증하고 사용자의 피드백을 받는다. 이 단계의 활동은 해결책의 장단점을 확인하는 데 중요하다. 즉, 제안된 해결책의 강점, 약점 및 개선 영역을 확인하는 데 주력한다.

테스트에서 얻은 피드백과 통찰력을 기반으로 프로토타입을 수정하고 아이디어를 개선하며, 해결책의 효과와 사용자 친화성을 향상시켜 더 나은 해결책을 제공하기 위한 수정을 수행한다.

디자인 사고는 비선형적인 접근을 장려하여 학습자들이 깊은 통찰력을 얻고 해결책을 정립하는 과정에서 이미 거친 단계를 되풀이하게 할 수 있다. 디자인 사고는 다양한 교육적 맥락에 적용되며 여러 교과에서 목표 달성을 위한 방법으로 응용될 수 있다. 교사가 자신의 교수–학습의 실천에 디자인 사고를 통합함으로써 학습자들의 문제 해결 능력, 비판적 사고 능력, 협력 및 공감 능력을 촉진할 수 있다. 학습자들은 실제 세계의 도전에 대한 해결책을 찾거나 팀에서 협력하며 혁신적인 해결책을 탐구할 수 있다. 이는 현대의 직업 시장에서 요구되는 기술과 일치한다. 교육적 맥락에서 문제 해결과 디자인 사고를 배우고 적용하는 것은 학습자들이 창의적이고 공감적인 방식으로 문제에 접근한다는 것을 의미한다. 이를 통해 학습자들은 복잡한 문제를 깊이 있게 이해하고, 새롭고 혁신적인 해결 방법을 찾는 능력을 키울 수 있다.

학습과정안: 문제 해결에 디자인 사고 적용하기

1. 목표

이 학습과정안은 예비교사들에게 문제 해결과 디자인 사고 기술을 제공하여 창의성, 비판적 사고 및 교과 간의 협력을 촉진하는 것을 목표로 한다. 디자인 사고의 단계를 탐구하고 응용하는 과정을 통해 공감과 혁신을 기반으로 복잡한 도전 과제에 대응할 수 있는 역량을 개발시킬 수 있을 것이다.

2. 필요한 자료

- 멀티미디어 기능을 갖춘 교실(프로젝터, 화면)
- 화이트 보드, 마커, 스티키 노트
- 연구 자료에 접근할 수 있는 환경(책, 컴퓨터, 태블릿PC 또는 스마트폰)
- 프로토타이핑에 필요한 자료(종이, 공예 용품, 디지털 디자인 도구)

3. 학습 절차

1) 문제 해결과 디자인 사고 소개

학습을 시작하면서 문제 해결과 디자인 사고의 개념을 소개한다. 이러한 능력과 사고기술은 다양한 맥락에서 도전에 대응하기 위해 필수적임을 설명한다. 혁신적인 해결책을 찾는 데 창의성, 비판적 사고 및 공감 능력의 중요성을 강조한다.

2) 디자인 사고의 단계 탐구

디자인 사고의 단계인 공감, 정의, 아이디어 도출, 프로토타이핑, 테스트 5단계를 설명하고 이 과정은 반복적임을 설명한다. 각 단계의 활동의 예를 제공하여 종합적인 문제 해결 과정에 디자인 사고가 어떻게 기여하는지 보여 준다. 디자인 사고의 반복적인 특성과 피드백을 기반으로 한 수정 방법을 강조한다.

3) 대화식 디자인 사고 활동

간단한 디자인 사고 프로세스를 안내하는 대화식 활동에 예비교사들을 참여시킨다. 가상의 문제를 제시하고 그들을 짝이나 소규모 그룹으로 나누어 공감, 문제 정의, 아이디어 도출, 프로토타입 생성 및 솔루션 테스트를 진행하도록 한다. 피드백을 바탕으로 수정하며 이를 필요에 따라 반복하도록 권장한다.

4) 교육에서 디자인 사고의 응용

교육적 맥락에서 디자인 사고가 어떻게 적용될 수 있는지 논의한다. 교사가 디자인 사고를 교육 실천에 통합하는 방법을 설명하며 학습자들 간의 문제 해결, 비판적 사고 및 협력을 강화하는 방법을 강조한다. 교육에서 활용되는 디자인 사고의 실제 예시를 강조한다. 예시의 이해를 위하여 본 장의 뒤에 제시된 참고 자료를 읽어 본다.

5) 그룹 토론과 성찰

대화식 활동과 디자인 사고의 응용에 대한 그룹 토론을 지원한다. 학습자들에게 활동 중 경험, 통찰력 및 도전 과제를 공유하도록 장려한다. 문제 해결에 디자인 사고를 활용한 효과와 협력을 촉진하는 방법에 대해 반성적으로 성찰하는 시간을 갖도록 한다.

6) 능력 개발

학습자들이 문제 해결과 디자인 사고를 통해 개발할 능력을 설명한다.

- 문제 식별 및 분석: 다양한 각도에서 도전을 분석하고 명확한 문제 명세를 만드는 능력이다.
- 창의적 아이디어 도출 및 솔루션 생성: 다양하고 혁신적인 해결책을 도출하는 능력이다.
- 반복적 프로토타이핑 및 테스트: 피드백 및 테스트를 바탕으로 프로토타입을 생성하고 개선하는 능력이다.

7) 개인적 성찰 및 목표 설정

학습자들에게 현재의 문제 해결 능력을 성찰(省察)하고 디자인 사고 능력을 향상시키기 위한 목표를 설정하도록 요청한다. 이러한 기술이 학업 및 개인적 성장에 어떻게 도움이 될 수 있는지 고려하도록 권장한다.

이와 같은 접근 방식은 다양한 분야에서 성공하기 위해서 필수적으로 요구되는 문제 해결과 디자인 사고 기술을 학습자들에게 제공한다. 디자인 사고의 단계를 탐구하고 대화식 활동을 통해 학습자들은 공감과 창의성을 바탕으로 도전에 대응하는 능력을 실제로 경험하게 될 것이다. 이 접근 방식은 교육에서 디자인 사고의 실제 응용을 강조하며 학습자들이 구조적이고 혁신적인 마인드셋으로 복잡한 문제에 접근할 준비를 하도록 돕는다.

갖추어야 할 역량

1. 문제의 깊은 이해와 분석

예비교사로서 문제를 통찰력 있게 이해하고 정확히 분석하는 능력은 필수적이다. 주어진 문제나 상황을 여러 각도에서 바라보며, 그 안의 도전적인 요소나 복잡한 부분을 잘 파악하는 것이 중요하다. 특별히 복잡한 문제를 만났을 때는 그 문제를 작은 부분으로 나누어 명료하게 이해하고, 체계적으로 관리하고 해결할 수 있어야 한다.

2. 창의적인 아이디어와 솔루션 창출

예비교사는 창의적으로 사고하여 혁신적인 아이디어와 해결 방안을 찾아내야 한다. 문제를 독창적인 방식으로 접근하고, 다양한 시각으로 실용적이면서 창의적인 해결책을 발견하는 능력을 계속해서 길러야 한다.

3. 반복적인 프로토타이핑 테스트

예비교사는 문제를 해결하는 과정에서 프로토타입을 제작하고, 그것을 기반으로 피드백과 테스트를 통해 솔루션을 반복적으로 개선하는 능력이 필요하다. 아이디어를 직관적으로 시각화하며, 그 개념을 효율적으로 전달하는 프로토타입 제작 능력도 중요하다. 또한 받은 피드백을 잘 분석하여 솔루션을 더욱 완성도 있게 만드는 능력을 키워야 한다. 이런 능력들은 디자인 사고 원칙을 활용하여 복잡한 문제나 도전을 효과적으로 접근하고 해결하는 데 큰 도움을 준다. 이 과정 속에서 예비교사는 유연성, 창의력, 그리고 협동 능력을 키우게 된다.

권장하는 교수-학습 지원 전략

1. 실세계 문제에 대한 도전

학습자에게 미래 지향적인 학습 경험을 제공하기 위해 실세계의 문제에 직면하게 하는 전략은 디자인 사고의 과정에 깊게 몰입하게 한다. 교사들은 커뮤니티나 사회적 문제를 통해 혁신적인 사고를 유도하며, 이를 바탕으로 학습자들이 문제를 명확히 파악하고 해결 방안을 찾아가는 과정을 지도한다. 학습자들과 함께 아이디어를 공유하고 다양한 시각을 경험하며, 이를 통해 창의성과 사회적 책임감을 동시에 높일 수 있다.

2. 교과 간 디자인 프로젝트

다양한 학문의 지식과 디자인 사고 원칙을 결합하여 교과 간 프로젝트를 구성함으로써, 학습자들에게 풍부한 학습 경험을 제공한다. 그들로 하여금 과학, 사회 과학, 기술 등의 주제에서 디자인 사고를 적용하게 하여, 교사들은 학습자들의 다양한 탐구를 촉진하도록 한다. 이를 통해 학습자들은 지식 간의 연결성을 이해하며, 실세계 문제를 다양한 관점에서 접근하는 능력을 키울 수 있다.

3. 초청 연사 및 전문가

실세계의 전문가나 연사를 초청하여 교육 현장에 다양한 시각과 경험을 가져오는 전략은 학습자들의 디자인 사고에 대한 이해를 깊게 한다. 이러한 전문가들의 대화식 강연을 통해 학습자들은 다양한 분야에서 디자인 사고가 어떻게 적용되는지 직접 이해할 수 있다. 이렇게 하여 학습자들은 디자인 사고의 광범위한 적용성과 그 중요성을 깊이 알게 된다.

이러한 전략들은 학습자들이 복잡한 문제와 도전에 대해 비판적, 창의적 사고 및 협업 능력을 키워 나가게 돕는다.

실습 예제

실습 1: 실제 세계 문제 도전 실습

이 실습은 예비교사들을 대상으로 현실의 복잡한 도전 과제를 제시하고(아래의 예에서 하나를 고를 수도 있다), 디자인 사고를 통해 혁신적인 해결법을 모색하는 과정을 상세히 경험하게 한다. 예비교사들은 이를 통해 디자인 사고 원칙을 직접 적용하는 경험을 얻게 되며, 그들의 교육적 접근법과 방법론에 대한 통찰력을 키우는 데 도움을 준다.

도전과제의 예

① **교실 관리 및 행동 조정 전략:** 예비교사들은 다양한 학습 스타일과 배경을 가진 학습자들로 구성된 교실에서 발생할 수 있는 행동 문제들을 상상하고, 그런 문제들을 해결하기 위한 전략과 방법을 고민해 본다.

② **기술 통합 교육:** 현대 교실에서는 디지털 기술이 점점 중요해지고 있다. 예비교사들은 특정 교과목을 가르치기 위해 기술을 어떻게 통합할 수 있을지, 그리고 그로 인한 학습자들의 학습 효과를 어떻게 극대화할 수 있을지를 탐색한다.

③ **다문화 교육:** 다양한 문화 및 이민 배경을 가진 학습자들이 함께 학습하는 교실에서, 모든 학습자들이 동등하게 접근하고 참여할 수 있도록 하는 교육 전략을 개발한다.

④ **개별화된 학습 전략:** 학습자마다 학습 능력과 스타일이 다르다. 예비교사들은 개별 학습자의 필요와 능력에 맞춘 교육 전략을 어떻게 설계하고 실행할 수 있을지를 고민한다.

⑤ **교과 연계 프로젝트 기반 학습:** 예비교사들은 여러 교과목을 연계하여 학습자들에게 종합적인 학습 경험을 제공하는 프로젝트를 설계한다. 예를 들면, 역사와 과학을 결합하여 고대 문명의 기술 발전을 탐구하는 프로젝트와 같은 방식이 될 수 있다.

---

① **문제 인식:** 예비교사들에게 지역 사회 복지, 기술, 그리고 그 외의 중요한 영역과 관련된 현실 문제를 인지시키는 것에서 시작한다. 예비교사들과 함께 문제의 배경, 주요 이해관계자들, 그리고 가능한 해결책에 대한 토론을 통해 문제를 깊이 있게 파악한다.

② **공감 및 연구:** 예비교사들은 인터뷰, 설문조사, 관찰 등 다양한 방법을 활용하여 문제에 대한 통찰력을 얻게 된다. 이 과정에서 문제에 영향을 받는 이들의 입장에서 공감하고 깊게 이해하는 능력을 키우게 된다.

③ **아이디어 도출:** 다양한 관점과 아이디어를 통합하며, 예비교사들이 혁신적으로 생각하도록 유도한다. 창의적인 아이디어를 끌어내기 위한 다양

한 자극과 도구를 제공하여 브레인스토밍을 활성화한다.

④ **프로토타이핑**: 선택된 아이디어를 구체화하는 단계로, 예비교사들은 간단한 재료를 사용하여 아이디어를 시각화하는 프로토타입을 제작한다. 이때의 목표는 완벽한 제품을 만드는 것이 아니라 아이디어의 구체화와 시각화에 중점을 둔다.

⑤ **테스트 및 반복**: 완성된 프로토타입에 대해 동료나 교사, 그리고 잠재적 사용자로부터의 피드백을 수집한다. 이 피드백을 바탕으로 프로토타입을 개선하고 필요한 경우 반복적으로 수정한다.

⑥ **해결책 발표**: 예비교사들은 최종 결과물과 그 과정을 발표하게 되며, 이를 통해 그들의 아이디어와 해결책이 어떻게 문제를 해결하는지를 설명한다.

이 실습은 예비교사들에게 현실적인 문제를 해결하는 능력을 키우는 중요한 경험을 제공한다. 또한 실제 상황에서 디자인 사고 원칙을 체득하게 되어, 교육적인 상황에서도 이를 활용할 수 있게 된다. 창의적 사고, 협력, 피드백 수용 등의 중요한 능력도 함께 키워 나갈 수 있다.

실습 2: 다양한 과목을 결합한 프로젝트 설계

이 실습은 여러 과목의 내용과 디자인 사고를 결합하여 학습자의 종합적 학습과 문제 해결 능력을 발전시킨다. 학습자들은 복잡한 문제를 해결하는 과정에서 여러 학문 분야의 연결점을 발견하게 된다.

① **공감(주제 선택)**: 여러 과목과 관련된 중요한 주제나 테마를 선정한다. 예를 들면, "기후 변화"(과학, 지리), "세계의 먹거리 문화"(사회, 가정), "미디어의 영향"(언어예술, 사회) 등이다. 선택한 주제는 관련 있는 과목들의 교육 목표와 잘 맞아야 한다.

② **정의(문제 설정)**: 예비교사들에게 문제를 제시한다. 학습자들은 문제의 여러 측면을 파악하고 주요 도전 요소를 확인한다.

③ **아이디어 도출(과목 간 연구)**: 예비교사들이 여러 과목에서 주제와 관련된 내용을 연구하도록 지도한다. 예를 들어, "기후 변화" 주제를 선택한 경우, 기후의 과학적 원인(과학), 기후 변화의 전 세계적 영향(지리), 기후 변화에 대한 여러 국가의 정책(사회) 등을 연구할 수 있다.

④ **브레인스토밍과 협업**: 서로 다른 과목을 배경으로 하는 예비교사들이 협력적인 아이디어 도출을 위해 동적인 브레인스토밍 세션을 편성한다. 예비교사들이 학문 분야별 지식과 통찰력을 활용하여 혁신적인 해결책을 찾도록 장려한다. 예비교사들은 서로의 관점을 공유하고 각 과목의 지식을 활용하여 각각의 학문 분야를 효과적으로 연결하는 아이디어 모음을 형성한다.

⑤ **프로토타이핑 및 실행**: 예비교사들이 다학문적 그룹에서 작업하도록 안내하며 솔루션의 프로토타입을 생성하도록 도와준다. 이 단계에서 다양한 과목에서 얻은 통찰력을 통합하는 것이 중요함을 강조한다. 이 접근 방식은 프로토타입이 종합적이고 풍부한 정보를 포함하며 다양한 분야의 강점을 활용하여 도전 과제를 효과적으로 해결하는 것을 보장한다.

⑥ **발표와 성찰**: 예비교사들이 다른 팀의 동료, 교사 및 외부 전문가들에게 솔루션을 공유하는 발표 행사를 마련한다. 이 플랫폼은 교과 간 협력의 혁신적 결과물을 강조할 뿐만 아니라 예비교사들이 아이디어를 효과적으로 표현하는 자신감을 기르는 데 도움이 된다. 발표가 끝난 후에는 다양한 학문 분야의 교사들이 함께 일하는 것이 어떤 좋은 점이 있는지, 그리고 여러 과목의 지식을 합쳐서 해결책을 만드는 것이 어떻게 도움이 되는지에 대해 토론한다.

이러한 실습은 예비교사들을 문제 해결과 디자인 사고에 참여시키며 협력, 비판적 사고 및 다양한 과목 간 지식 적용을 경험하게 한다.

평가를 위한 과제: 디자인 사고를 통한 교육 문제 해결

1. 과제 설명

디자인 사고의 단계를 활용하여 현실적인 교육 문제 하나를 해결하는 과정을 기획하고 그 해결 과정을 제출한다. 현실에서 발생하는 교육 문제를 선택하고 디자인 사고의 과정을 통해 해당 문제를 해결하는 방법을 기획한다. 이 과정은 문제의 이해부터 해결 방안의 제시, 프로토타이핑, 테스팅 및 반복 개선에 이르기까지의 모든 단계를 포함해야 한다.

2. 과제 제출물

1) 문제 정의 보고서(2~3페이지)
- 학습자들의 학습 어려움에 대한 깊은 이해와 분석
- 관련 데이터나 관찰, 인터뷰를 통한 정보 수집
2) 아이디어 도출 및 프로토타이핑 보고서(2~3페이지)
- 문제 해결을 위한 아이디어 목록
- 선정된 아이디어에 대한 초기 프로토타입(스케치, 모형, 디지털 구성 등)
3) 테스트 및 반복 기획안(1~2페이지)
- 프로토타입 테스트 방안
- 받은 피드백 및 수정 사항
4) 디자인 사고 활용의 성찰 (1페이지)
- 이 과제를 통해 얻은 디자인 사고의 이해와 그 중요성에 대한 깊은 통찰

3. 평가 기준

- 문제의 선택 및 기술(10%): 문제의 중요성 및 현실성을 잘 반영하였는가?
- 공감 단계(15%): 사용자의 관점 및 필요성을 체계적이고 깊게 파악하였는가?
- 정의 단계(15%): 수집한 정보를 바탕으로 문제를 명확하게 정의하였는가?
- 아이디어 도출(15%): 창의적이며 실용적인 아이디어 및 해결책을 제시하였는가?
- 프로토타이핑(15%): 제안된 해결책을 명확하게 시각화하였는가?
- 테스트 단계(15%): 프로토 타입의 검증 및 피드백 과정을 체계적으로 수행하였는가?
- 반복 및 개선(15%): 피드백을 바탕으로 해결책을 개선했으며, 그 과정을 명확히 설명하였는가?

이 과제는 예비교사들이 디자인 사고의 원칙을 이해하고 실제 교육 문제에 적용하는 능력을 평가하는 데 초점을 맞추고 있다.

참고 자료

1. 마인드맵의 작성

마인드맵은 중심 개념이나 아이디어에서 시작하여 주변으로 방사형으로 퍼져 나가는 구조의 다이어그램이다. 이를 통해 관련 아이디어나 개념들을 연결하고, 복잡한 정보를 시각적으로 정리할 수 있다. 마인드맵은 보통 브레인스토밍, 계획 수립, 아이디어 연결, 메모 등 다양한 목적으로 사용된다.

이 마인드맵은 '교육 혁신'을 중심 주제로 하여, 기술 통합, 창의적 교수법, 학생 참여 등의 하위 주제와 관련된 세부 사항들을 포함하고 있다.

마인드맵을 만드는 과정에는 명확한 단계가 있으며, 다음과 같다.

① 중심 아이디어 설정: 마인드맵의 중심에는 주제나 문제가 될 중심 아이디어를 놓는다.
② 주요 분류 추가: 중심 아이디어와 직접 연결되는 주요 분류나 하위 주제를 추가한다.
③ 세부 아이디어 연결: 각 주요 분류에 더 세부적인 아이디어나 개념을 연결한다.
④ 관계 표시: 아이디어 간의 관계를 선이나 화살표로 표시하여 구조를 명확히 한다.
⑤ 시각적 요소 사용: 색상, 이미지, 기호 등을 사용하여 마인드맵을 더욱 시각적으로 표현한다.

2. 디자인 사고 적용의 실제 예시

문제 상황: 학습자들이 수학 문제를 단순히 암기하는 방식으로 접근하고 있으며, 이로 인해 수학에 대한 흥미와 실제 문제 해결 능력이 부족하다는 문제가 있다.

① 공감: 교사는 학습자들과의 인터뷰, 수업 관찰, 설문조사를 통해 학습자들이 수학 문제를 해결할 때 겪는 어려움과 그들의 감정을 이해한다. 예를 들어, 학생들이 왜 수학 문제에 흥미를 느끼지 못하는지, 어떤 유형의 문제가 가장 어려운지 등을 파악한다.

② 정의: 교사는 수집된 정보를 바탕으로 학습자들이 수학 문제를 해결하는 데 있어 실제적인 이해가 부족하다는 핵심 문제를 정의한다. 이 문제를 해결하기 위해 학습자들이 수학 개념을 실생활 문제에 적용해 보는 경험이 필요하다고 결론지을 수 있다.

③ 아이디어 도출: 교사는 동료 교사들과 브레인스토밍을 진행하여 다양한 해결책을 모색한다. 예를 들어, 수학 문제를 실생활 상황과 연결하는 프로젝트 기반 학습(PBL)을 도입하거나, 학습자들이 자신의 관심사와 연관된 수학적 문제를 스스로 만들어 해결해 보는 활동을 제안할 수 있다.

④ 시제품 제작: 교사는 학습자들이 실생활 상황에 맞는 수학 문제를 만들어 보는 작은 프로젝트를 계획한다. 학습자들은 가상의 예산으로 가족 여행을 계획하거나, 학교 행사를 위한 자금을 관리하는 등의 시나리오를 통해 수학적 개념을 적용해 본다.

⑤ 테스트: 학습자들은 자신들이 만든 문제를 동료 학생들과 공유하고, 서로의 문제를 해결해 봄으로써 피드백을 주고받는다. 교사는 이 과정을 관찰하며 학습자들의 반응과 학습 효과를 평가한다.

이러한 방식으로 디자인 사고를 적용함으로써 교사는 학습자들이 수학을 단순한 계산이 아닌 실생활 문제 해결의 도구로 인식하도록 돕고, 학습자들의 비판적 사고와 협력 능력을 강화할 수 있다. 이 과정은 학습자들이 수학에 대한 더 깊은 이해와 지속적인 흥미를 갖도록 유도한다.

📖… 강의 2: 교과에의 디자인 사고 적용

읽어 보기

앞에서 제시한 디자인 사고는 학습자들에게 창의적 문제 해결, 비판적 사고, 협력, 그리고 혁신 능력을 강화하기 위한 유연한 방법론으로 다양한 학문 분야에서 활용될 수 있다. 이러한 방법론을 교과 내용에 통합함으로써 학습자들은 복잡한 문제를 다양한 시각에서 접근할 수 있게 되며, 여러 학문 분야를 아우르는 통합적인 학습 경험을 얻게 된다. 디자인 사고의 적용을 위한 교과적 통합의 방법에 대한 설명은 다음 그림으로 제시되어 있다.

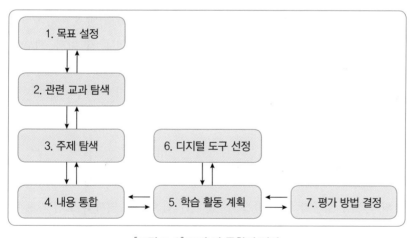

[그림 5-2] 교과 간 통합의 절차

1) 과학

과학 수업에서 디자인 사고를 활용하여 현실 세계의 문제를 해결하고 실험을 수행할 수 있다. 학습자들은 디자인 사고 과정을 사용하여 가설을 세우고 실험을 설계하며 데이터를 수집하고 결과를 분석하며 결론을 도출할 수 있다.

예를 들어, 대체 에너지원을 탐색하거나 디자인 사고 프레임워크를 사용하여 환경 문제에 대한 해결책을 찾을 수 있다.

2) 수학

디자인 사고는 수학적 분석과 해결책이 필요한 실생활 문제를 제시함으로써 수학 학습을 증진시킬 수 있다. 학습자들은 수학적 모델을 만들고 패턴을 탐구하며 복잡한 수학 문제를 해결하기 위한 전략을 개발하는 데 디자인 사고를 사용할 수 있다. 예를 들어, 학교 행사의 예산을 설계하거나 기하학적 원리를 고려하여 도시 레이아웃을 계획할 수 있다.

3) 언어

언어 교과에서는 설득적인 커뮤니케이션 기술을 개발하는 데 디자인 사고를 적용할 수 있다. 학습자들은 디자인 사고 과정을 적용하여 청중을 분석하고 커뮤니케이션 목표를 식별하며 설득력 있는 메시지를 만들 수 있다. 학습자들은 멀티미디어 프레젠테이션을 만들거나 설득적인 에세이를 작성하거나 광고 캠페인을 디자인할 수도 있다.

4) 역사 및 사회과학

디자인 사고는 학습자들이 다양한 관점에서 역사적 문제를 분석하도록 함으로써 역사를 생동감 있게 만들 수 있다. 학습자들은 역사적 도전 과제에 대한 해결책을 디자인하거나 대화식 타임라인을 만들거나 역사적 인물 역할 연기를 통해 과거 사건과 그 영향을 더 깊게 이해할 수 있다.

5) 미술과 음악

미술과 음악 수업에서는 디자인 사고를 사용하여 창의적인 표현과 혁신을 장려할 수 있다. 학습자들은 디자인 사고 과정을 사용하여 원본 작품을 만들거나 음악을 작곡하거나 연극 제작을 위한 세트와 의상을 디자인할 수 있다.

6) 체육

학습자들이 다양한 요구와 능력을 고려한 피트니스(fitness) 프로그램을 디자인하도록 체육교육에 통합할 수 있다. 학습자들은 동료의 피트니스 목표를 이해하고 맞춤형 운동 루틴을 만들기 위해 감정적 공감을 활용할 수 있다.

7) 외국어

외국어 학습에 디자인 사고를 적용하여 몰입형 문화 경험을 만들 수 있다. 학습자들은 가상 여행 일정을 디자인하거나 문화 다양성 행사를 계획하거나 동료를 위한 언어 학습 앱이나 자료를 개발할 수 있다.

다양한 주제 영역에서 디자인 사고를 적용하는 핵심은 각 주제의 특정 맥락에 맞게 프로세스를 조정하되 창의성, 비판적 사고, 협력 및 문제 해결 능력을 강조하는 것이다. 디자인 사고 원칙을 다양한 학문 분야에 통합함으로써 교사들은 학습자들이 종합적이고 혁신적인 사고 방식으로 학습에 접근할 수 있도록 도울 수 있다.

학습과정안: 주제 영역을 가로지르는 디자인 사고 적용

1. 목표

이 학습과정안의 목표는 디자인 사고의 원리와 방법론을 다양한 주제 영역에 적용함으로써 교과 간의 연계성을 강화하고, 학습자들의 창의적 문제 해결 능력 및 비판적 사고 능력을 향상시키는 것이다. 교사는 이 학습과정안을 통해 여러 학문 분야에 걸쳐 디자인 사고를 적용해 보는 과제에 학습자들을 참여시킨다.

2. 필요한 자료

- 프로젝터 및 스크린이 준비된 교실
- 마커, 플립 차트 및 스티커 노트
- 연구 자료에 액세스 가능한 장소(책, 컴퓨터, 태블릿PC 또는 스마트폰)
- 프로토타이핑을 위한 자료(종이, 판지, 공예용품)

3. 학습 절차

1) 학문 분야 간 디자인 사고 소개

학습이 시작되면 교과 및 교과 간에 걸친 디자인 사고 개념을 설명한다. 즉, 다양한 주제를 아우르는 도전 과제를 해결하기 위해 디자인 사고 원칙을 적용하는 것을 강조한다. 디자인 사고는 다양한 분야의 지식을 통합하고 종합적 문제 해결 능력을 기를 수 있음을 강조한다.

2) 교과별 디자인 사고 예시

디자인 사고가 과학, 수학, 언어 예술, 역사, 예술, 체육교육 및 외국어와 같은 특정 주제에 어떻게 적용될 수 있는지에 대한 예시를 제시한다.[3] 학습자들이 서로 다른 분야의 개념을 통합하여 창의적으로 문제를 해결한 성공 사례를 공유한다.

---

3) 다음 사이트들은 디자인 사고를 과학, 수학, 언어 예술, 역사, 예술, 체육교육 및 외국어 등 다양한 교과목에 어떻게 적용할 수 있는지에 대한 구체적인 예시와 자료를 제공한다.
  −IDEO U: IDEO는 디자인 사고의 선구자 중 하나로, 그들의 웹사이트는 디자인 사고를 다양한 분야에 적용하는 방법에 대한 자료와 코스를 제공한다. ideou.com.
  −Stanford d.school: 스탠퍼드 대학의 디자인 스쿨은 디자인 사고에 관한 다양한 자료와 프로젝트 예시를 제공한다. 특히 교육 분야에 적용하는 방법에 대한 자료가 많다. dschool.stanford.edu.
  −Design Thinking for Educators: 교육자를 위한 디자인 사고에 초점을 맞춘 이 사이트는 교육 분야에서 디자인 사고를 적용하는 구체적인 사례와 가이드를 제공한다. designthinkingforeducators.com.
  −Edutopia: 교육 혁신에 관한 다양한 자료를 제공하는 이 사이트에서는 디자인 사고를 교육에 적용하는 방법에 대한 기사와 사례 연구를 찾아볼 수 있다. edutopia.org.

3) 교과 간 시나리오를 위한 대화식 활동

여러 교과에 걸쳐 시나리오를 제공하여 학습자들이 여러 주제에서 나온 아이디어를 브레인스토밍할 수 있도록 한다. 작은 그룹에서 학습자들이 여러 주제에서 나온 아이디어를 고려하여 아이디어를 떠올리도록 한다. 과학적, 수학적, 문화적 및 실제 요소를 고려하도록 유도한다.

4) 디자인 사고 과정 적용

디자인 사고 과정의 단계에 맞게 가이드한다.

① **공감**: 시나리오의 다양한 측면의 요구 사항을 이해한다.
② **정의**: 각 주제와 관련된 과제에 대한 명확한 문제 선언을 작성한다.
③ **아이디어 도출**: 다양한 주제의 통찰력을 고려한 창의적인 해결책을 브레인스토밍한다.
④ **프로토타이핑**: 통합된 아이디어를 보여 주는 원시 프로토 타입을 만든다.
⑤ **테스트 및 반복**: 솔루션을 주제별로 테스트하고 개선하는 방법을 논의한다.

5) 그룹 발표 및 반성

각 그룹에게 교과 간 솔루션을 전달할 수 있는 기회를 제공한다. 서로 다른 주제에서 나온 아이디어의 시너지, 부딪혔던 어려움 및 솔루션의 혁신적 측면에 대한 토론을 장려한다. 학습 경험과 학문 분야 간 디자인 사고의 가치에 대한 반성을 이끌어 낸다.

6) 주제별 통합 계획 작성

학습자들에게 교과 간에 걸쳐 통합된 하나의 주제를 골라 그 주제를 통합하는 계획을 만들게 한다. 이 계획에서는 디자인 사고의 원칙을 그 주제 내용에 어떻게 넣을지 생각해 보도록 한다. 학습자들은 혼자서 또는 둘이서 이 작업을 할 수 있으며 디자인 사고 원칙을 통합하는 데 필요한 도전 과제, 목표 및 전략을 개요로 나타낸다.

7) 동료 공유 및 피드백

학습자들에게 동료들과 그들의 통합 계획을 공유할 시간을 제공한다. 제안한 접근 방식의 실행 가능성과 창의성에 대한 피드백과 토론을 장려한다. 각 주제의 고유한 특성에 따라 디자인 사고를 적응하는 것의 중요성을 강조한다.

이러한 교수-학습 방법은 학습자들이 다양한 주제 영역에서 디자인 사고를 적용할 수 있는 능력을 갖추게 함으로써 학제적 협력, 비판적 사고 및 혁신적 문제 해결을 장려한다. 상호적 활동과 상호 학문 분야 시나리오를 통해 학습자들은 지식의 상호 연결성과 다양한 관점이 창의적 해결책을 생성하는 데 어떻게 기여하는지에 대한 더 깊은 이해를 하게 된다. 이 접근 방식은 종합적인 디자인 사고와 문제 해결 능력을 장려함으로써 학습자들이 학문적 환경과 현실 세계에서 뛰어난 성과를 내도록 준비한다.

갖추어야 할 역량

1. 교과 간 교육과정 통합 능력

교사들은 디자인 사고 원칙을 다양한 주제 영역에 매끄럽게 통합할 수 있는 능력을 필요로 한다. 각 주제의 특정 학습 목표와 내용에 맞게 프레임워크를 조정하는 것을 포함하여 교과 간 기회를 식별하고 관련 도전 과제를 설계하며 다양한 주제의 맥락에서 디자인 사고 과정을 학습자들에게 안내할 수 있어야 한다.

2. 문제 정의 및 재구성 능력

교사는 학습자들이 다양한 주제의 맥락에서 문제를 정의하고 재구성하는 데 도움이 되는 기술을 보유해야 한다. 이 기술은 학습자들이 문제를 여러 관점에서 분석하고, 근본적인 문제를 찾아내며, 그 주제의 목표와 관련된 문제를 정의하는 데 도움을 준다. 교사가 혁신적인 해결책을 만드는 질문을 제기할 수 있도록 학습자들을 인도하는 것이 중요하다.

3. 협력적 인도

협력적 인도는 주제 간 디자인 사고를 적용하는 교사들에게는 필수 사항이다. 교사는 학습자들을 협력적인 팀워크를 통해 안내하는 데 능숙해야 한다. 학습자들이 효과적으로 의사 소통하고 다양한 관점을 공유하며 개별적인 강점을 활용하도록 돕는 것 또한 중요하다. 협력적 인도는 그룹 역동성을 관리하고 개방적인 대화를 권장하며, 존중과 창의성이 공존하는 환경을 조성하는 것을 포함한다.

이러한 역량은 교사들이 다양한 주제 영역에 걸쳐 디자인 사고 원칙을 효과적으로 적용하여 교과 간 학습을 촉진하고 학습자들이 창의성과 혁신으로 도전에 접근하는 데 도움이 된다.

권장하는 교수-학습 지원 전략

1. 교과 융합 디자인

하나의 유연한 지원 전략은 여러 교과에 걸쳐 교육 내용을 융합하는 도전 과제를 공동으로 협력하여 만드는 것으로, 서로 다른 교과에서 나온 개념들을 부드럽게 결합하는 것이다. 역사와 과학과 같은 다양한 주제를 통합함으로써 학습자들은 지식의 격차를 메우고 학습의 상호 연결성을 드러내는 매력적인 프로젝트를 시작한다. 예를 들어, 학습자들은 과학적 관점을 통해 역사적 사건을 탐구하며, 이러한 사건의 과학적 측면을 강조하는 매력적인 박물관 전시회를 디자인할 수 있다. 반복적인 디자인 사고 과정을 통해 학습자들은 문제 해결 능력을 개발하는 데만 그치지 않고, 혁신적인 능력을 표출하며 여러 주제에서 나온 통찰력을 적용하는 능력을 보여 주도록 노력한다. 이 접근 방식은 학습자들이 창의적으로 생각하도록 자극하는 데 그치지 않고, 나아가서 지식의 종합적인 상호 연결성에 대해 깊게 생각해 보는 것을 요구한다.

2. 가상 현실에서의 학습 디자인

가상 현실(VR)의 영역은 교과 간 학습에 아주 매력적인 접근 방식을 제공한다. 가상 현실 시나리오를 생성함으로써 학습자들은 여러 주제를 아우르는 다양한 시점이나 맥락으로 옮겨 간다. 이러한 몰입 경험은 역사적 사건이나 시나리오를 관찰하는 것뿐만 아니라 비판적으로 도전을 인식하고 혁신적인 해결책을 개발하도록 유도한다. 예를 들어, 학습자들은 역사적 사건의 복잡성을 탐구하고 그 결과를 활용하여 창의적인 문제 해결 접근법을 만들 수 있다. 가상 현실 환경 내에서 협력하며, 학습자들은 브레인스토밍과 프로토타입 개발에 참여하며 디자인 사고 기술을 연마한다. 결과적으로 학습자들은 복잡한 문제를 해결하는 능력을 키울 뿐만 아니라 다양한 주제가 어떻게 현실 세계의 도전 과제를 해결하기 위해 결합될 수 있는지에 대한 깊은 이해를 얻는다.

3. 교과 융합 프로토타입 개발

다양한 교과의 내용을 합쳐 프로토타입을 만들게 함으로써 학습자들이 협력하고 창의적으로 생각하도록 돕는다. 학습자들은 수학, 미술, 기술과 같은 다양한 주제로부터 요소들을 창의적으로 결합하여 특정 도전 과제에 대응할 수 있는 물리적 또는 디지털 프로토타입을 개발하는 작업을 맡는다. 문제 확인, 아이디어 도출, 프로토타이핑 및 테스트를 포함한 구조화된 여정을 통해 학습자들은 자신들의 디자인 사고 기술을 훈련한다. 각 주제가 전반적인 디자인에 어떻게 기여할지에 대한 브레인스토밍을 통해 학습자들은 교과 간 협업의 시너지를 발견한다. 프로토타입을 실현시키면서 학습자들은 실용적인 기술뿐만 아니라 다양한 주제의 조화로운 조화를 깊이 있게 이해하게 된다. 이 접근 방식은 혁신적인 사고를 육성하는 데 그치지 않고 다양한 지식 영역이 어떻게 교차하며 창의적 문제 해결을 증폭시킬 수 있는지에 대한 종합적인 이해를 양성한다.

이러한 전략들은 교과 간 학습의 흥미와 디자인 사고의 창의성을 활용하여 학습자들이 의미 있는 즐거운 교육 경험에 참여하도록 돕는다.

실습 예제

실습 1: 교과 통합 디자인 프로젝트: 역사적 혁신 박람회

이 실습은 학습자들은 과거의 인물들이 자신들의 시대의 문제를 해결하기 위해 디자인 사고를 어떻게 활용했을지를 보여 주는 "혁신 박람회"를 협력해서 만들도록 한다. 이 프로젝트는 학습자들이 창의적으로 생각하고 다양한 주제에서 나온 지식을 통합하며 역사적 맥락에 디자인 사고 원칙을 적용하는 데 도움이 된다.

① **역사적 인물 선택**: 과학, 문학, 미술, 역사와 같은 다양한 주제에서 역사적 인물을 선택한다. 각 학습자 또는 그룹은 하나의 역사적 인물을 배정받게 된다.

② **연구와 맥락 설정**: 학습자들은 배정받은 역사적 인물의 생애, 업적 및 그들의 시대에 직면한 도전 과제에 대해 연구한다. 디자인 사고 개념이 이러한 도전을 해결하는 데 어떻게 적용될 수 있었는지를 탐구해 보도록 장

려한다.

③ **디자인 사고 적용**: 학습자들을 디자인 사고의 단계를 통해 안내한다.

- 감정이입: 배정받은 인물이 직면한 역사적 맥락과 도전 과제를 이해한다.
- 정의: 배정받은 측면과 관련된 특정한 문제 또는 도전 과제를 식별한다.
- 아이디어 도출: 여러 주제를 고려하여 도전 과제를 해결하는 창의적인 해결책을 브레인스토밍한다.
- 프로토타입: 시대적으로 사용 가능한 도구와 자료를 고려하여 해결책의 시각적 또는 물리적인 프로토타입을 개발한다.
- 테스트 및 개선: 솔루션이 어떻게 구현되고 시간을 거쳐 개선될 수 있는지에 대해 논의한다.

④ **혁신 박람회 준비**: 각 학습자 또는 그룹은 자신들의 역사적 인물의 문제 해결 접근 방식을 보여 주는 프레젠테이션 또는 전시를 만든다. 시각적 자료, 프로토타입, 내러티브 및 유물을 포함할 수 있다.

⑤ **혁신 박람회 행사**: "혁신 박람회"를 개최하여 학습자들이 프로젝트를 동료들과, 또는 다른 반 학습자들과 공유하도록 한다. 이 행사는 교과 간 학습과 디자인 사고의 관점에 대한 토론을 권장한다.

"역사적 혁신 박람회" 실습은 학습자들에게 디자인 사고의 렌즈를 통해 역사를 탐색하도록 안내한다. 다양한 주제에서 역사적 인물을 분석함으로써 학습자들은 현대적인 문제 해결 기술을 활용하여 도전에 접근하는 방법을 창의적으로 재구성한다. 이 프로젝트는 역사적 이해를 깊게 이해하게 할 뿐만 아니라 비판적 사고와 감정 능력을 갖추게 한다. 프레젠테이션과 전시를 통해 이 박람회는 학제적(interdisciplinary) 학습을 보여 주며 주제의 종합적인 시각을 육성한다.

실습 2: 교과 간 디자인: 지속 가능한 도시 계획

이 실습에서 학습자들은 과학, 지리, 수학, 사회과학 등 다양한 과목의 개념을 함께 사용하여 협력적인 디자인 문제를 해결한다. 도전 과제는 환경, 사회 및 경제적 문제를 해결하는 지속 가능한 도시를 디자인하는 것이다.

① 도전 과제 소개: 학습자들에게 도전 과제를 제시한다. 환경 영향을 최소화하고 커뮤니티의 웰빙을 증진시키며 경제적 발전 가능성을 보장하는 지속 가능한 도시를 디자인한다.

② 학제적 연구: 학습자들을 그룹으로 나누고 교통, 에너지원, 폐기물 관리 및 녹지 공간과 같은 도시 디자인의 특정 측면을 집중적으로 연구할 수 있도록 지정한다. 그들의 연구에서는 과학적 원리, 지리적 요소, 사회적 역학 및 경제적 고려 사항을 고려한다.

③ 디자인 사고 과정: 학습자들을 디자인 사고 과정을 통해 안내한다.

- 감정이입: 미래의 도시 주민의 요구와 선호도를 이해한다.
- 정의: 배정받은 측면과 관련된 특정한 문제나 도전 과제를 식별한다.
- 아이디어 도출: 여러 학문 분야를 고려하여 도전 과제에 대한 창의적인 해결책을 브레인스토밍한다.
- 프로토타입: 해결책의 시각적인 표현 또는 모델을 개발한다.
- 테스트 및 개선: 토론과 피드백을 통해 디자인의 실행 가능성과 효과를 평가한다.

④ 협업적인 도시 프레젠테이션: 각 그룹은 도시 디자인의 특정 측면을 동료들에게 소개하며, 학제적 고려 사항과 솔루션의 근거를 설명한다.

⑤ 통합에 대한 성찰: 학습자들에게 디자인 프로세스 도중 다양한 주제 간의 연결성을 논의하도록 이끈다. 학제적 접근 방식이 어떻게 종합적인 해결책을 이끌어 내는지를 탐구하도록 장려한다.

이 실습은 과학, 지리, 수학, 사회과학과 같은 주제를 결합하는 협력적인 도시 계획 작업에 학습자들을 몰입시킨다. 지속 가능한 도시 모델을 만들면서 학습자들은 다양한 주제 간의 복잡한 연결을 이해한다. 디자인 사고 프로세스는 학습자들이 감정이입, 문제 정의, 아이디어 도출 및 디자인 개선을 수행하도록 해 준다. 다양한 측면의 해결책을 제시함으로써 학문분야 간 통합의 효과성 및 효율성을 강조하며, 종합적인 시각으로 복잡한 도전에 대비할 수 있도록 학습자들을 준비시킨다.

이러한 수행은 학습자들에게 다양한 주제에서 디자인 사고 원칙을 적용할 수 있는 기회를 제공하여 비판적 사고, 협력 및 현실 세계 도전에 대한 깊은 이해를 유도한다.

평가를 위한 과제: 교과 간 디자인 사고 통합 프로젝트(택 1)

다음 2개의 프로젝트 중 1개를 선택하여 팀(4명 1팀)으로 디자인 사고를 적용하여 수행한 후에 과제 제출을 해 주기 바랍니다.

1. 선택과제 1: 환경 친화적 학교 환경 디자인
학교 환경을 개선하고 지구를 보호하기 위해 환경 친화적 학교 환경을 디자인해 보세요.

1) 관련 교과: 과학, 수학, 미술
  • 과학: 대체 에너지원을 탐색하고 환경 문제를 분석
  • 수학: 예산 계획 및 자원 배분을 위한 수학적 분석
  • 미술: 실제 구현 가능한 학교 디자인 및 구조 모델링

2) 제출물(5~9페이지)
  • 환경 친화적 학교 디자인 설계도

- 실험 및 연구 데이터 또는 디자인 모델 또는 그림
- 예산 계획서

3) 평가 기준
- 연구의 깊이와 정확성: 30%
- 디자인의 창의성 및 실행 가능성: 40%
- 예산 계획의 실용성: 20%
- 협력 및 팀워크: 10%

2. 선택 과제 2: 문화 탐색: 가상의 여행 계획

학습자들은 특정 국가의 문화와 언어를 탐색하고, 해당 국가로의 가상 여행 일정을 계획하고 제안하세요.

1) 관련 교과: 외국어, 역사, 미술
- 외국어: 목표 국가의 기본적인 대화 및 문화적 표현 연구
- 역사: 목표 국가의 주요 역사적 사건 및 문화 연구
- 미술: 여행 브로셔 및 포스터 디자인

2) 제출물
- 연구된 국가에 관한 리서치 리포트(5페이지)
- 가상 여행 브로셔(2~3페이지)
- 문화 표현 포스터(91페이지)

3) 평가 기준
- 언어 및 문화 연구의 깊이: 30%
- 여행 일정의 실용성 및 창의성: 30%
- 브로셔 및 포스터 디자인의 퀄리티: 30%
- 협력 및 팀워크: 10%

제6장
디지털 리터러시:
다교과적 접근

💻 강의 1: 디지털 리터러시 구성 요소

읽어 보기

디지털 리터러시는 학습자들에게 디지털 기술과 정보를 효과적으로 활용하고 비판적으로 평가하며 탐색하는 데 필요한 기술과 지식을 습득하는 것에 관련된다. 오늘날 서로 연결된 세계에서 디지털 리터러시는 학업적 성공, 책임 있는 온라인 행동 및 미래의 직업 준비를 위해 필수적이다. 다음은 학습자를 위한 디지털 리터러시의 주요 구성 요소이다.

1) 정보 검색 및 평가

검색 엔진, 데이터베이스 및 신뢰할 수 있는 출처를 사용하여 온라인에서 정보를 검색하는 능력을 갖추어야 한다. 또한 디지털 정보의 신뢰성, 관련성 및 검증 가능성을 평가하고 정확한 정보와 잘못된 정보를 구별하는 능력을 보유해야 한다.

2) 디지털 커뮤니케이션 및 협업

이메일, 메시징 앱, 비디오 회의 및 소셜 미디어와 같은 다양한 디지털 커뮤니케이션 방식을 이해해야 한다. 또한 온라인 예절, 윤리적 커뮤니케이션 및 그룹 프로젝트 및 과제를 위한 협업 도구를 잘 알고 있어야 한다.

3) 미디어 리터러시와 시각적 커뮤니케이션

이미지, 비디오, 인포그래픽, 멀티미디어 프레젠테이션 등 다양한 디지털 미디어를 분석하고 해석하는 능력이 필요하다. 이 과정에는 편견을 알아차리고, 시각적으로 이야기하는 방법을 이해하며, 시각적 내용을 비판적으로 평가하는 것이 포함된다.

4) 온라인 개인 정보 및 보안

온라인 개인 정보 보호에 대한 우려, 데이터 보안 및 개인 정보 보호의 중요성을 인식해야 한다. 민감한 데이터 공유의 위험을 이해하고 디지털 정체성을 보호하기 위한 전략을 시행할 수 있어야 한다.

5) 디지털 콘텐츠 생성 및 제작

다양한 도구와 소프트웨어를 사용하여 디지털 콘텐츠를 생성하는 기술을 지녀야 한다. 이에는 프레젠테이션, 비디오, 그래픽 및 글쓰기 콘텐츠를 생성하는 것이 포함되며, 미디어의 저작권을 존중하고 윤리적 고려를 하면서 사용해야 한다.

6) 비판적 사고 및 문제 해결

디지털 리터러시는 정보 평가를 위한 비판적 사고 기술, 디지털 도구를 사용한 문제 해결, 가능한 데이터를 기반으로 한 체계적인 결정에 중점을 둔다. 즉, 복잡한 디지털 환경을 탐색하고 분석적 사고를 적용할 수 있는 능력을 포함한다.

7) 사이버 보안 인식

피싱(phishing)[1], 악성 소프트웨어[2] 및 사기와 같은 온라인 위협을 인식할 수 있어야 한다. 또한 강력한 비밀번호 유지, 안전한 웹사이트 식별 및 안전 조치를 적용하는 방법을 알아야 한다.

8) 디지털 시민권과 윤리

책임 있는 온라인 행동, 디지털 시민권 및 윤리적 고려 사항에 대해 배우고 이를 몸에 익혀야 한다. 이는 지적 재산권을 존중하며 예의 바른 온라인 토론에 참여하고 디지털 행동의 잠재적 영향력을 이해하는 것을 포함한다.

9) 적응력과 평생 학습

디지털 기술에 대한 태도와 접근 방식을 강화하여 새로운 디지털 도구와 트렌드를 수용하고 받아들일 준비가 되어야 한다. 디지털 리터러시는 지속적인 학습과 적응을 필요로 하는 끊임없는 기술 세트임을 깨닫는 것이 중요하다.

학습자들이 디지털 리터러시를 갖게 되면 그들은 비판적 사고자, 책임감 있는 디지털 시민, 그리고 자신감을 가진 디지털 기술의 사용자로 발전할 수 있다. 교사들은 교육과정에 디지털 리터러시 기술을 통합하며 학습자들이 디지

---

1) 피싱은 사이버 공격의 한 유형으로, 공격자가 합법적인 것처럼 위장하여 개인이나 조직의 중요한 정보 (예: 로그인 자격 증명, 신용 카드 정보)를 빼내려고 시도하는 것을 말한다. 피싱 공격은 주로 이메일, 문자메시지(SMS), 전화 등의 방법으로 이루어진다.
2) 악성 소프트웨어(또는 악성 코드, 맬웨어)는 사용자의 동의 없이 컴퓨터나 모바일 장치에 손상을 주거나 민감한 정보를 도용하려는 의도로 설계된 소프트웨어를 의미한다. 주요한 것들로는 스파이웨어, 랜섬웨어, 애드웨어, 그리고 봇(bot)이 있다. 스파이웨어는 사용자의 정보를 몰래 수집하는 소프트웨어이며, 랜섬웨어(ransomware)는 사용자의 데이터를 암호화하고 해제를 위해 금전을 요구하는 악성 프로그램이다. 애드웨어(adware)는 사용자에게 원치 않는 광고를 보여 주는 소프트웨어이고, 봇(bot)은 원격으로 제어되어 악의적인 활동을 수행하는 자동화된 소프트웨어이다.

털 세계를 효과적이고 윤리적으로 탐색하도록 지도하는 데 핵심적인 역할을 담당해야 한다.

학습과정안: 디지털 리터러시 강화

1. 목표

이 학습과정안의 목표는 예비교사들이 필수적인 디지털 리터러시 기술을 습득하여 디지털 기술과 정보를 효과적으로 활용하고 비판적으로 평가하며 탐색할 수 있도록 하기 위한 것이다. 이 학습과정안은 정보 검색 및 평가, 디지털 커뮤니케이션 및 협업, 미디어 리터러시와 시각적 커뮤니케이션, 온라인 개인정보 및 보안, 디지털 콘텐츠 생성과 제작, 비판적 사고와 문제 해결, 사이버 보안 인식, 디지털 시민권과 윤리, 평생 학습을 위한 적응력과 같은 디지털 리터러시의 주요 구성 요소에 초점을 맞춘다.

2. 필요한 자료

- 디지털 장치(컴퓨터 또는 태블릿과 같은)
- 안정적인 인터넷 연결
- 디지털 콘텐츠 생성 도구
- 연구 및 탐색을 위한 온라인 자원

3. 학습 절차

1) 디지털 리터러시 소개

디지털 리터러시의 개념과 오늘날 서로 연결된 세계에서의 중요성을 소개하면서 학습을 시작한다. 디지털 리터러시의 주요 구성 요소 및 이러한 기술이 학업적 성공, 책임 있는 온라인 행동 및 미래의 직업 준비에 어떻게 기여하는

지에 대해 소개한다.

2) 구성 요소 설명

예비교사들에게 디지털 리터러시의 주요 구성 요소 목록을 제시한다. 각 구성 요소를 설명하고 예시를 제공하며 다양한 맥락에서의 관련성을 논의한다.

3) 인터랙티브 활동

디지털 리터러시의 각 구성 요소와 그에 일치하는 대화식 활동을 조직한다. 예를 들어, 정보 검색 및 평가를 위해 온라인 검색을 안내하고 정보원(情報源)의 신뢰성을 평가하는 방법을 가르치는 것과 같은 활동을 포함한다. 예비교사들이 디지털 커뮤니케이션과 협업 기술을 사용하는 역할극에 참여하도록 한다.

4) 기술 개발 워크숍

디지털 리터러시의 주요 구성 요소와 관련된 특정 디지털 기술에 대한 워크숍을 실시한다. 예를 들어, 다양한 도구를 사용하여 디지털 콘텐츠를 생성하는 방법을 가르치거나 비판적 사고를 향상시키기 위해 온라인 토론을 진행하며 온라인에서 안전하게 활동하는 방법을 가르치고, 실제로 인터넷 보안 규칙을 적용하는 경험을 제공한다.

5) 협력 프로젝트

다양한 디지털 리터러시 요소를 포함하는 협력 프로젝트를 할당한다. 예를 들어, 예비교사들에게 선택한 주제를 연구하도록 하고 인포그래픽이나 프레젠테이션과 같은 디지털 콘텐츠를 생성하도록 하여 그들이 발견한 내용을 반영하도록 한다. 이 방법은 실제 상황에서 배운 것을 적용하고 다양한 기술을 종합적으로 발전시키는 데 도움이 된다.

6) 성찰적인 토론

각 활동 또는 프로젝트 후에 성찰적인 토론을 주도한다. 예비교사들에게 그들의 경험, 얻은 통찰력, 직면한 어려움, 학습한 디지털 리터러시 기술을 어떻게 적용했는지 공유하도록 장려한다.

7) 현실과의 연계

디지털 리터러시 기술을 실제 상황에 적용한다. 이 기술들이 학업, 책임감 있는 인터넷 사용, 그리고 미래 직업 준비에 어떻게 도움이 되는지에 대해 이야기한다.

8) 지속적인 통합

다양한 과목에 디지털 리터러시 기술을 통합하는 중요성을 강조한다. 예비교사들에게 프로젝트 작업 시 디지털 기술을 적용하도록 장려하고 과정에서 디지털 미디어를 비판적으로 평가하도록 한다.

이 과정안을 따르면 교사나 예비교사는 자신들의 학습자들이 디지털 리터러시 기술을 향상시키는 데 핵심적인 역할을 수행해야 함을 알게 된다. 예비교사들은 디지털 세계를 자신감 있게 탐색하고 얻은 정보를 비판적으로 받아들이며 온라인 환경에서 윤리적이고 책임 있는 태도로 참여하는 능력을 갖추게 된다. 디지털 리터러시의 전반적인 향상은 예비교사들이 학업에서 성공하고 기술 중심의 사회에서 잘 적응하고 성장할 수 있도록 도와준다.

갖추어야 할 역량

1. 디지털 콘텐츠 큐레이션(curation)[3]

교사들은 디지털 콘텐츠 큐레이션 및 평가 영역에서 뛰어난 능력을 가져야 한다. 이 큐레이션 능력은 교육 과정의 목표와 학습 결과와 일치하는 기사, 비디오 및 대화식 도구와 같은 온라인 자원을 신중하게 선택하는 것을 포함한다. 또한 교사들은 디지털 콘텐츠의 품질, 정확성 및 신뢰성을 평가하는 능력을 숙달하여 학습자들이 정확하고 신뢰할 수 있는 정보를 접할 수 있게 해 준다. 이러한 역량을 키워 교사는 디지털 정보원이나 정보 자체에 대한 비판적 평가를 통해 잠재적인 편견, 잘못된 정보 및 정보의 불일치를 인식할 수 있도록 학습자들을 안내하는 데 능숙하게 된다. 결과적으로 학습자들은 다양한 디지털 환경을 분별력 있게 이해하고 비판적으로 생각하는 데 필요한 기술을 개발하게 된다. 아래는 하나의 예시로 디지털 교육을 큐레이션 하는 절차를 그린 것이다.

[그림 6-1] **디지털 교육의 큐레이션**

---

3) 큐레이션은 원래 미술관이나 박물관에서 전시품을 선택, 조직하고 전시하는 과정을 의미하는 용어였으나 최근에는 디지털 미디어와 인터넷의 성장과 함께 그 의미가 확장되어 사용되고 있다. 즉, 디지털 콘텐츠 큐레이션은 수많은 정보와 콘텐츠 속에서 가치 있는 것을 선별, 조직하고 다른 사람들에게 제공하는 행위를 의미한다. 예를 들면, 개별 사용자들이 정보의 홍수 속에서 자신의 관심사나 필요에 맞는 콘텐츠를 쉽게 찾을 수 있도록 도와주는 것을 말한다.

[그림 6-1]은 디지털 교육을 위한 큐레이션은 학습자에게 가장 적합하고 유용한 학습 자료와 리소스를 선별, 정렬, 제공하는 과정임을 보여 준다. 먼저 큐레이션의 주요 목적과 목표를 설정한다. 이때 학습자가 어떤 주제나 능력에 대해 배우길 원하는지 파악하는 것이 중요하다. 그 후 다양한 디지털 자료원(웹사이트, 온라인 논문, 비디오, 팟캐스트 등)을 탐색하여 관련된 콘텐츠를 수집한다. 수집된 자료 중에서 학습 목표와 가장 연관 있는, 품질이 높은 자료를 선별한다.

이렇게 선별된 자료는 주제나 난이도, 학습자의 필요에 따라 구조화하고 조직한다. 큐레이션된 자료에 추가적인 설명이나 주석을 달아 학습자가 콘텐츠를 더 잘 이해하고 활용할 수 있도록 돕는다. 그리고 이 큐레이션된 자료를 학습 플랫폼, 웹사이트, 소셜 미디어 등을 통해 학습자와 공유한다. 학습자나 사용자로부터의 피드백을 수집하고, 이를 바탕으로 큐레이션된 자료나 절차를 지속적으로 개선한다. 마지막으로 새로운 학습 자료나 유용한 도구가 나타나면 이를 큐레이션 과정에 포함시켜 지속적으로 갱신한다. 디지털 교육을 위한 큐레이션은 교육자의 전문성과 학습자의 필요를 접목시켜, 최적의 학습 경험을 제공하기 위한 중요한 과정이다.

2. 학습을 위한 디지털 기술 통합

교육 실천에 기술을 통합하는 교사들의 능력은 오늘날의 디지털 시대에서 학습을 개선할 수 있는 중요한 역량이 된다. 학습자의 참여도를 높이고 학습 결과를 개선하기 위해 교육 방법에 디지털 도구와 자원을 원활하게 통합할 수 있는 능력을 가져야 한다. 학습 관리 시스템, 교육용 앱 및 대화식 플랫폼에 익숙함으로써 교사들은 대화식이며 동적인 학습 환경을 조성할 수 있다. 디지털 도구를 활용하여 협력 프로젝트, 온라인 토론 및 멀티미디어 프레젠테이션을 위한 수업을 선도적으로 설계함으로써 교사들은 학습자의 다양한 학습 스타일에 부합하며 기술적 숙련도와 창의적 사고를 향상시키는 환경을 조성한다.

3. 온라인 안전 및 디지털 시민의식

현대의 온라인 환경에서 교사는 온라인의 안전과 디지털 시민의식에 대한 교육에서 전문성을 발휘해야 한다. 이러한 능력은 학습자들에게 온라인에서의 책임감 있는 행동과 사이버 보안 방법을 알려 주는 것을 포함한다. 교사들은 학습자들에게 개인 정보를 어떻게 보호하는 방법과 온라인에서 안전하게 활동하는 방법을 가르치는 중요한 역할을 담당해야 한다. 또한 교사들은 디지털 윤리, 온라인에서의 적절한 의사소통 방법, 그리고 인터넷에서의 활동과 행동이 가져올 수 있는 영향에 대해 토론을 하도록 지원해야 한다. 학습자들에게 디지털 시민의식을 깊이 이해시키면, 그들은 온라인 환경에서 책임감 있게 정보를 탐색하고, 얻게 된 정보로 결정을 내리며, 디지털 공동체에서 안전하고 윤리적으로 긍정적인 역할을 수행하게 된다.

이러한 역량은 교사들이 학습자들을 도와 디지털 세계에서 정보를 비판적으로 바라보고 온라인에서 책임감 있게 참여하도록 지도하는 데 큰 도움을 준다.

권장하는 교수-학습 지원 전략

1. 디지털 탐색 활동(스캐빈저 헌트)

디지털 정보를 잘 고르고(큐레이션 활동) 평가하는 좋은 방법 중 하나는 디지털 탐색 활동을 해 보는 것이다. 교사들은 학습자들에게 신뢰할 수 있는 기사, 교육용 비디오, 또는 대화식 시뮬레이션과 같은 특정 유형의 온라인 콘텐츠를 찾도록 하는 재미있는 과제를 디자인할 수 있다. 성공적인 탐색을 위해 교사들은 학습자들에게 콘텐츠가 충족해야 할 기준 목록[4]을 제공할 수 있다. 이 목록

---

4) 일반적인 기준 목록은 다음과 같을 수 있다.
   정확성: 정보가 사실에 기반하고 있는지 확인한다.
   신뢰성: 출처가 신뢰할 수 있는지, 전문가나 권위 있는 기관에서 제공하는 정보인지 검토한다.

[그림 6-2] 디지털 스캐빈저 헌트
출처: https://www.fortbend.lib.tx.us/event/digital-scavenger-hunt.

에는 과학 개념을 포괄적으로 설명하는 비디오를 찾거나 여러 관점에서 중요
한 역사적 사건을 논의하는 기사를 찾는 등의 내용이 포함될 수 있다. 이 활동
은 학습자들이 개별적으로나 팀으로 작업하도록 독려하며, 주어진 기준에 부
합하는 자료를 찾기 위해 탐색과 조사 능력을 활용하도록 도와준다. 찾은 자료
의 신뢰성, 관련성 및 정확성을 평가하면서 학습자들은 비판적 사고 능력을 향
상시키고 동시에 적극적이고 참여적인 학습 경험을 얻게 된다. 가장 관련성 있
고 우수한 자료를 찾아낸 학습자들에게는 작은 보상이나 인정을 통해 활동에
더욱 열중하도록 독려하는 것이 좋다.

탐색 활동 이외의 또 다른 전략으로, 즉 디지털 콘텐츠 큐레이션과 평가를
촉진하는 효과적인 전략 중 하나로, 디지털 스캐빈저 헌트(hunt)를 구현할 수
도 있다. 교사들은 학습자들이 신뢰할 수 있는 기사, 교육용 비디오, 또는 대화
식 시뮬레이션과 같은 특정 유형의 온라인 콘텐츠를 찾는 과제를 수행하는 재
미있는 헌트를 디자인할 수 있다.

관련성: 찾은 정보가 현재의 학습 목표나 주제와 얼마나 관련이 있는지 평가한다.
최신성: 정보가 최신의 것인지, 이 기준은 특히 과학이나 기술 관련 주제에서 중요하다.
객관성: 정보가 편향되지 않고 객관적인 시각에서 제공되는지 확인한다.
이해도: 정보가 학습자의 이해 수준에 맞는지, 쉽게 이해할 수 있는지 평가한다.
다양성: 다양한 관점이나 출처를 고려하여 균형 잡힌 이해를 돕는다.

2. 인포그래픽 만들기

　교육에서 디지털 기술을 통합하는 것의 하나로 개인화된 인포그래픽을 만드는 전략이 있다. 교사들은 학습자들에게 인포그래픽 디자인을 용이하게 도와주는 온라인 도구[5]를 소개하고, 이를 통해 다양한 학습과제와 관련된 정보와 데이터를 시각적으로 제시할 수 있다. 교사들은 학습자들에게 특정 주제를 탐구하도록 과제를 부여함으로써 연구와 정보 수집을 독려할 수 있다. 학습자들은 그들의 조사 결과를 종합하고 정보를 시각적으로 매력적이고 간결한 방식으로 요약하는 인포그래픽을 디자인한다. 이 전략은 학습자들의 디지털 리터러시뿐만 아니라 창의적이고 시각적인 커뮤니케이션 기술을 촉진시킨다. 교사들은 학습자들의 작품을 교실이나 디지털 플랫폼에서 전시함으로써 그들이 동료들에게 자신들의 작품을 발표할 수 있는 기회를 만들어 줄 수 있다. 인포그래픽 디자인 선택에 대한 설명을 하기 위해서는 정보를 잘 전달하는 방법에 대한 사려 깊은 성찰을 해야 한다. 다음은 인포그래픽을 만드는 절차를 나타낸 것이다.

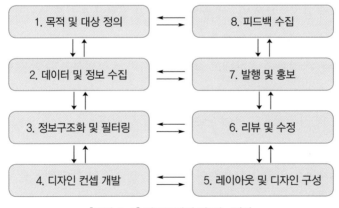

[그림 6-3] **인포그래픽 만드는 절차**

---

5) 인포그래픽 도구로 사용할 수 있는 것들은 파워포인트, 그래픽 소프트웨어 등 여러 가지가 있다. 온라인 도구로는 Canva(https:// www.canva.com/), Piktochart(https:// piktochart.com/), Venngage(https:// venngage.com/) 등을 사용할 수 있다.

이 절차를 간략하게 설명하면 인포그래픽을 만드는 절차는, 첫째, 목적과 대상을 정의한다. 둘째, 필요한 데이터와 정보를 수집한다. 셋째, 수집된 정보를 구조화하고 필터링한다. 넷째, 디자인 콘셉트를 개발하고, 다섯째, 전반적인 레이아웃과 디자인을 구성한다. 여섯째, 디자인을 리뷰하고 수정한다. 일곱째, 인포그래픽을 발행하고 홍보한다. 여덟째, 사용자의 피드백을 수집하고 인포그래픽을 개선한다.

3. 디지털 토론 및 사실 확인 전략

비판적 사고, 연구 능력, 그리고 디지털 시민 의식을 발전시키기 위해 디지털 토론과 사실 확인 활동을 진행하는 것도 좋은 방법이다. 교사들은 학습자들이 디지털 데이터베이스, 뉴스 기사, 연구 논문 등의 온라인 자료를 사용하여 현시대 또는 과거의 역사적인 주제에 대한 논쟁을 조사하고 발표할 수 있도록 지도할 수 있다. 디지털 토론에서 학습자들은 설득력 있는 대화를 연습하고, 신뢰할 수 있는 증거를 찾아 자신의 의견을 뒷받침하는 방법을 배우게 된다. 토론이 끝난 후에 학습자들이 서로의 주장이나 제시한 정보를 검토해서 얼마나 정확한지 확인하게 한다. 이 활동은 잘못된 정보와 편견을 분별하는 능력을 키우며 온라인 자료의 신뢰성을 일단 의심하도록 학습자들을 독려한다. 학습자들이 잘못된 정보를 찾아내고 그것을 정확하게 설명하는 능력을 발휘할 때 이들의 노력을 인정하고 보상함으로써, 그들이 디지털 콘텐츠의 정확성을 유지하는 데 더 적극적으로 참여하도록 독려할 수 있다.

이런 전략들은 기술을 사용하여 재미있고 창의적인 학습 활동을 만들어 디지털 리터러시를 학습자들에게 흥미로운 경험으로 바꾼다. 이런 활동들을 통해 학습자들은 단순히 디지털 기술을 배우는 것을 넘어서 비판적 사고, 연구 능력, 그리고 협력하는 방법도 함께 향상시킬 수 있다.

실습 예제

실습: 디지털 콘텐츠 제작에의 도전

이 실습에서 학습자들은 특정 주제에 관련한 정보를 비디오, 팟캐스트 또는 인포그래픽과 같은 디지털 콘텐츠로 만들어 전달하는 과제를 수행한다. 이를 통해 학습자들은 정보를 연구하고 평가하는 동안 디지털 창작 기술을 발전시킬 수 있다.

① **주제 선택**: 가르치는 과목과 일치하는 학습과제와 관련된 주제를 선택한다. 창의성을 발휘할 수 있도록 충분히 포괄적인 주제를 선택한다.

② **디지털 도구 소개**: 학습자들에게 콘텐츠 생성에 적합한 다양한 디지털 도구를 소개한다. 이러한 도구로 비디오 편집 소프트웨어[6], 팟캐스트 플랫폼[7] 또는 인포그래픽 제작 도구[8]가 있다.

③ **연구 및 콘텐츠 생성**: 학습자들에게 신뢰할 수 있는 온라인 자료를 사용하여 선택한 주제에 대한 연구를 수행하도록 과제를 부여한다. 학습자들에게 주제와 관련된 데이터, 사실 및 시각 자료를 수집하도록 독려한다.

④ **콘텐츠 생성**: 학습자들은 개념을 설명하는 비디오, 역사적 사건을 논의하는 팟캐스트 또는 통계 정보를 제시하는 인포그래픽과 같은 디지털 콘텐츠를 생성한다.

⑤ **동료 평가**: 학습자들은 자신들이 제작한 콘텐츠를 동료들과 공유하고 그에 대한 피드백을 받는다. 이를 통해 협력을 촉진하고 서로의 작품에서 배울 수 있다.

---

6) DaVinci Resolve(https://www.blackmagicdesign.com), Shotcut (https://shotcut.org), Camtasia(https://techsmith.com/)
7) Anchor(App Store), Podbean(https://www.podbean.com)
8) Canva(https://www.canva.com), Piktochart(https://piktochart.com/)

⑥ **성찰**: 프로젝트를 완료한 후, 학습자들에게 연구 과정, 마주친 어려움 및 효과적인 디지털 콘텐츠를 만드는 방법에 대해 생각해 보도록 한다.

⑦ **발표 및 공유**: 학습자들이 작품을 선보일 수 있는 발표 세션을 조직한다. 이를 위해 디지털 커뮤니케이션 기술을 연습할 수 있는 도구나 플랫폼을 제공한다.[9]

"디지털 콘텐츠 제작에의 도전"은 연구 및 비판적 평가 기술을 강화하는 동시에 디지털 창작 기술을 발전시키는 데 도움이 되는 소중한 실습이다. 학습 과제와 관련된 주제를 통해 학습자들은 혁신적 사고를 연습한다. 그들은 다양한 디지털 도구를 사용하여 비디오, 팟캐스트 및 인포그래픽을 만드는 실제 경험을 얻는다. 탐구를 하면서 정보를 잘 선별(選別)하는 능력이 좋아지고, 다른 사람들과 자신의 작업을 나누면서 함께 일하는 법과 자신과는 다른 생각을 받아들이는 법을 배우게 된다. 실습의 마무리로 진행되는 상호적인 발표는 디지털 커뮤니케이션 능력에 대해 확신과 자신감을 갖도록 돕는다. 이러한 종합적인 접근 방식은 디지털 창의력과 정보를 평가하는 능력을 기르는 데 도움이 되며, 오늘날의 사회에서 필수적으로 요구되는 능력을 기르는 방식과 전략이 된다.

실습 2: 온라인 정보의 판단

이 실습은 학습자들을 사실의 정확성 판단 활동에 참여시킴으로써 온라인 정보의 진위(眞僞)와 정확성을 비판적으로 평가하는 방법을 배우게 하며, 팀워크와 비판적 사고를 촉진한다.

---

9) 작품을 발표할 수 있는 플랫폼으로는 파워포인트, Prezi, Google Slides, 또는 SlideShare와 같은 프레젠테이션 도구가 있다.

① **정보 및 정보원(information source)의 평가에 대한 소개**: 온라인 자료의 신뢰성, 신뢰성 및 편견을 평가하는 것의 중요성에 대한 논의로 시작한다. 오용(誤用)된 정보의 공통적인 문제점을 설명한다.

② **오용된 정보의 예시**: 온라인상의 오용된 정보나 가짜 뉴스의 예시를 공유한다. 이러한 예시가 왜 오해를 불러일으킬 수 있으며 이를 믿고 공유하는 것의 잠재적인 결과에 대해 논의한다.

뉴스	
제목: "최신 연구: 케이 팝(K-POP) 노래를 들으면 학습 능력 향상!"	제목: "방탄소년단(BTS) 멤버 정국, 다음 달 국제 우주정거장 방문 예정!"
한 온라인 매체에서 케이 팝 노래를 들으면서 공부를 할 경우, 학습 능력이 50% 향상된다는 연구 결과를 소개했다. 연구에 참여한 학습자들 중 대다수가 케이 팝 노래를 들으면 집중력이 높아진다고 응답했다는 설명이 포함되어 있지만, 연구의 세부 방법론이나 출처는 제시되지 않았다.	소셜 미디어와 일부 블로그에서 방탄소년단(BTS)의 멤버 정국이 나사(NASA)와 함께 국제 우주정거장을 방문할 계획이라는 루머가 확산되고 있다. 정국이 우주에서의 특별한 무대를 준비하고 있다는 주장도 동반되며, 다양한 '증거' 사진과 영상이 함께 퍼져 나가고 있다

정보	
"커피는 하루에 5잔 이상 마시면 해로워!"	"최근 연구, 스마트폰 사용 시간이 더 늘면 아이큐(IQ)가 떨어진다?"
한 연구에서 커피를 하루에 5잔 이상 마시는 것이 건강에 해롭다는 결과를 발표했다는 뉴스가 있다. 그러나 원문 연구를 확인해 보면, 이러한 결과는 특정 상황에서의 실험 데이터를 바탕으로 한 것이며, 일반적인 상황에서의 커피 소비와 직접적인 연관성을 보이지는 않는다.	스마트폰 사용 시간과 아이큐 간의 관계를 조사한 연구가 있다는 보도가 있었다. 그러나 해당 연구는 스마트폰 사용 패턴과 아이큐 간의 잠재적 연관성에 대한 초기 조사로, 확정적인 결론을 내릴 수 있는 단계는 아니다.

③ **팀 구성 및 주제 할당**: 학습자들을 팀으로 나누고 각 팀에 하나의 특정 주제를 할당한다.

④ **사실 확인 과정**: 각 팀에게 주제에 대한 연구와 더불어 할당된 콘텐츠의 정확성을 확인하도록 지시한다. 인터넷 검색을 하여 관련된 정보를 수집하며 얻게 된 다양한 정보원을 비교하고 콘텐츠의 신뢰성을 분석해야 한다.

⑤ **발표 및 토론**: 각 팀은 수업에서 결과를 발표하고 콘텐츠가 정확한지 아닌지를 설명한다. 학습자들에게 사실 확인 방법과 결론의 근거를 공유하도록 장려한다.

⑥ **수업 내용 성찰**: 사실을 확인하면서 겪은 어려움과 깨달은 점을 통해 수업에서 배운 것을 되돌아보게 만든다. 사실을 잘 판단하고 믿을 수 있는 정보 출처를 찾는 것이 왜 중요한지에 대해 강조한다.

⑦ **지속적인 연습**: 학습자들이 온라인 정보를 비판적으로 평가하는 습관을 길러 주기 위해 정기적인 사실 확인을 하는 과정을 학습에 통합한다.

온라인 정보의 사실 확인에 도전하는 것은 학습자들에게 온라인 정보의 정확성을 비판적으로 평가하는 방법을 가르치면서 팀워크와 비판적 사고를 촉진하는 유용한 연습이 된다. 원천 정보의 평가를 통해 학습자들은 오용된 정보의 특징을 발견하고 잘못된 내용을 공유하는 것의 결과를 이해하게 된다. 할당된 온라인 자료의 연구와 사실 확인을 통해 학습자들은 연구 기술과 신뢰성 분석력을 향상시킨다. 결과 발표를 위한 방법을 논의하는 것은 의사소통의 기술을 향상시킨다. 이 연습은 비판적 사고와 신뢰할 만한 정보 및 정보원에 기반한 학습자들의 디지털 리터러시를 기르는 데 도움을 주는 동시에 책임감 있는 온라인 참여를 위한 필수적인 기술을 강화한다.

이러한 실천 방안은 학습자들을 정보 활동에 참여시켜 디지털 리터러시 기술을 강화하면서 비판적 사고, 협력 및 책임 있는 온라인 행동을 촉진한다.

평가를 위한 과제: 디지털 리터러시 통합 프로젝트

1. 과제 설명

21세기의 교사로서 디지털 리터러시는 필수적인 능력입니다. 이 프로젝트를 통해 여러분은 디지털 리터러시의 주요 구성 요소 중 3개를 선택하여 교육 콘텐츠를 개발하게 됩니다. 이 콘텐츠는 미래 여러분의 학습자를 대상으로 하며, 학습자들이 디지털 리터러시 기술을 습득할 수 있도록 설계되어야 합니다.

2. 과제 제출물 및 분량

- 선택한 디지털 리터러시 요소별로 설명하는 동영상 또는 PPT(각 요소당 5분 이내의 동영상 또는 10페이지 이내의 PPT)
- 대상 학습자들을 위한 실습 가이드 또는 워크시트(pdf)
- 각 요소에 대한 학습자의 평가 방안 설계서(pdf)

3. 평가 기준

- 내용의 타당성 및 깊이(30%): 선택한 디지털 리터러시 요소에 대한 정확하고 깊은 이해를 바탕으로 콘텐츠가 작성되었는가?
- 창의성 및 설계(30%): 콘텐츠는 독창적이며, 학습자들의 흥미를 유발하게 설계되었는가?
- 실용성(20%): 제공된 실습 가이드나 워크시트는 학습자들이 실제로 수행할 수 있도록 설계되었는가?
- 평가 방안의 적합성(10%): 학습자 평가 방안은 객관적이며, 학습 목표를 충족하는지 검증하는 데 적합한가?
- 전체 구성 및 연결성(10%): 전체 콘텐츠는 조직적이며, 각 요소가 서로 연결되어 있고 일관성이 있는가?

이 프로젝트는 예비교사들이 디지털 리터러시의 중요성을 체감하면서, 실제로 교육 콘텐츠를 디자인하고 평가하는 기술을 향상시키는 데 도움을 줄 것입니다.

💻 … 강의 2: **다교과적 디지털 리터러시**

읽어 보기

디지털 리터러시를 다교과적으로 접근하는 것은 교육 과정의 모든 과목에 디지털 기술과 관련된 기술을 통합하는 것을 의미한다. 이러한 접근 방식은 학습자들이 단순히 특정 과목에서만 아니라 모든 학습 영역에서 디지털 기술을 사용하고 이해하는 능력을 개발하도록 돕는다.

이러한 통합은 다음과 같은 중요한 의미를 가진다.

① **전반적인 학습 경험 향상**: 디지털 리터러시를 다양한 과목에 통합함으로써 학습 경험이 더 풍부하고 다층적이 되며, 학습자들은 다양한 맥락에서 디지털 기술을 적용하는 방법을 배운다.

② **실생활 적용 능력 강화**: 학습자들은 디지털 리터러시를 통해 학교에서 배운 이론을 실제 생활에 어떻게 적용할 수 있는지를 배우게 된다. 이는 학습자들이 미래의 직업 세계와 일상생활에서 디지털 기술을 효과적으로 사용할 수 있도록 준비시킨다.

③ **비판적 사고 및 창의성 촉진**: 디지털 리터러시는 정보를 분석하고 평가하는 능력을 포함한다. 이는 학생들이 비판적 사고를 발달시키고, 창의적인 해결책을 모색하는 데 도움이 된다.

④ **협력과 커뮤니케이션 능력 강화**: 디지털 도구를 사용하여 프로젝트를 수행하고 아이디어를 공유함으로써 학생들은 팀워크와 효과적인 커뮤니케이션 기술을 개발한다.

⑤ **기술 중심 사회에 대한 적응**: 오늘날의 세계는 기술 중심이며, 디지털 리터러시는 학생들이 이러한 환경에서 효과적으로 작동하고 적응할 수 있도

록 한다.

디지털 리터러시를 다교과적으로 접근하는 것은 학습들이 디지털 세계에서 필요한 기술을 종합적으로 개발하고, 미래 사회의 적극적이고 생산적인 구성원이 되도록 준비시키는 중요한 과정이다. 각 교과에서 디지털 리터러시를 다룰 수 있는 내용이나 방식은 다음과 같을 수 있다.

① **언어 및 문학**: 언어 및 문학 수업에서 인터넷 글을 분석하고, 멀티미디어로 발표를 만들며, 온라인에서 함께 글을 쓰고 토론하는 활동을 한다. 학습자들은 인터넷 정보가 얼마나 믿을 만한지 판단하고, 인터넷에서 주장을 펼치는 방법을 배우며, 컴퓨터나 스마트폰 같은 디지털 도구를 사용해서 자신의 생각을 잘 전달하는 법을 익힌다.

② **수학**: 상호작용 시뮬레이션, 그래픽 소프트웨어 및 수학 모델링 애플리케이션과 같은 디지털 도구를 통합한다. 학습자들은 데이터를 분석하고 문제를 해결하며, 수학적 아이디어를 그림이나 그래프로 나타내는 활동에 참여한다. 디지털 리터러시는 데이터 추세를 해석하고 복잡한 수학적 관계를 시각적으로 표현하는 데 도움이 된다.

③ **과학**: 가상 실험실, 상호작용 시뮬레이션 및 데이터 시각화 도구를 활용하여 과학 학습을 강화한다. 학습자들은 가상 실험을 진행하고 실제 세계 데이터를 분석하며 몰입형 디지털 경험을 통해 과학 현상을 탐색할 수 있다.

④ **사회과학**: 온라인 지도, 역사 아카이브[10] 및 멀티미디어 프레젠테이션과 같은 디지털 자원을 통합한다. 학습자들은 디지털 도구를 사용하여 역사

---

10) 역사 아카이브(archive)는 특히 역사 적인 문서나 자료들을 모아 놓은 저장소를 의미하며, 이를 통해 학습자들은 과거의 중요한 사건이나 주제에 대해 연구하고, 해당 시대의 문화나 사회에 대한 이해를 깊게 할 수 있다.

적 사건을 탐색하고 주요 자료를 분석하며 글로벌 문제에 대한 다양한 관점을 비교한다.

⑤ **예술 및 창작 표현:** 예술에서의 디지털 리터러시는 그래픽 디자인 소프트웨어, 비디오 편집 도구 및 디지털 음악 작곡 플랫폼을 사용할 수 있는 것을 말한다. 학습자들은 예술적 표현과 기술을 결합한 디지털 아트워크, 멀티미디어 프레젠테이션 및 비디오를 작성한다.

⑥ **외국어:** 언어 학습 앱, 온라인 언어 커뮤니티 및 멀티미디어 자료를 통합한다. 학습자들은 상호작용적인 연습을 통해 언어 능력을 연습하고 실제 언어 콘텐츠와 대화하며 대상 언어 사용자와 온라인으로 소통한다.

⑦ **체육 및 건강:** 디지털 도구를 사용하여 피트니스 추적, 영양 분석 및 건강 교육을 수행할 수 있다. 학습자들은 건강과 웰빙 앱, 인터넷 운동 프로그램, 그리고 건강 정보 웹사이트를 통해 건강한 생활 방식을 선택하는 데 도움을 받는다.

⑧ **직업 및 기술 교육:** 각 산업에 특화된 소프트웨어, 디자인 프로그램, 그리고 가상 현실 시뮬레이션을 사용하여 교육 내용을 실습한다. 학습자들은 미래 직업에 관련된 디지털 도구를 사용하여 실전 경험을 쌓으며 기술과 디지털 리터러시 기술을 모두 향상시킨다.

⑨ **모든 교과:** 모든 교과에서 학습자들은 신뢰할 수 있는 온라인 자료를 식별하고 정보를 평가하며 디지털 콘텐츠를 적절하게 인용하는 디지털 연구 기술을 발전시킬 수 있다. 학습자들은 여러 디지털 출처에서 정보를 모아 자신의 주장과 프로젝트를 뒷받침하는 데 사용함으로써 비판적 사고력과 연구 기술을 개선한다.

다양한 과목에서 디지털 리터러시를 통합하면 학습자들이 복잡한 디지털 환경을 탐색하고 정보를 비판적으로 평가하며 다양한 디지털 미디어를 사용하여 효과적으로 소통할 수 있는 능력을 갖추게 된다. 교사들은 디지털 도구와 과목 내용 간의 의미 있는 연결을 만들어 주체적이고 미래 지향적인 학습자를 육성하는 데 중요한 역할을 하게 된다. 향후에는 융합의 관점에서 각 교과와 디지털 리터러시가 다루어질 것으로 기대한다.

학습과정안: 다양한 과목에서 디지털 리터러시 통합하기

1. 목표

이 학습과정안의 목표는 다양한 과목에 디지털 리터러시 기술을 원활하게 통합하여 예비교사들의 학습 경험을 향상시키고 비판적 사고, 협력 및 창의성을 촉진하며 디지털 시대에 대비시키고자 하는 것이다.

2. 필요한 자료

- 디지털 기기(컴퓨터 또는 태블릿)
- 신뢰할 수 있는 인터넷 연결
- 디지털 콘텐츠 생성 도구
- 과목별 디지털 자원
- 협력을 위한 온라인 플랫폼

3. 학습 절차

1) 각 교과에서의 디지털 리터러시 설명

다양한 과목에 디지털 리터러시를 포함시키는 것이 왜 중요한지와 이를 위해 알아야 할 주요 포인트를 강조한다. 이 과정은 비판적 사고, 협력, 그리고 창의적인 표현을 장려하는 데 큰 도움이 된다.

2) 과목별 예시

디지털 리터러시가 다양한 학문 분야에 어떻게 통합될 수 있는지에 대한 과목별 예시를 제시한다. 각 교과마다 디지털 도구, 자원 및 활동이 학습을 어떻게 강화시키며 과목 이해를 깊게 할 수 있는지에 대한 예를 제공한다.

3) 디지털 도구 통합 워크숍

교사가 다양한 과목에 디지털 도구를 통합하는 방법을 시연하는 워크숍을 실시한다. 언어 및 문학에서 멀티미디어 프레젠테이션, 수학에서 데이터 시각화, 과학에서 가상 실험실, 사회과학에서 온라인 아카이브를 사용한 역사 연구, 예술에서 디지털 아트 창작 등의 예시를 보여 준다.

4) 협력적인 과목 프로젝트

학습자 개인에게 또는 팀을 구성하여 디지털 리터러시 기술을 과목별 과제에 통합해야 하는 협력적인 프로젝트를 할당한다. 예를 들어, 사회과학에서는 역사적 데이터를 분석하고 디지털 프레젠테이션을 작성할 수 있도록 과제를 부여할 수 있다. 과학에서는 학습자들이 가상 실험을 협력하여 다양한 미디어 요소를 사용하여 결과를 공유한다.

5) 동료 학습 쇼케이스

학습자들이 통합된 프로젝트를 동료들에게 발표할 수 있는 쇼케이스를 조직한다. 학습자들에게 디지털 도구를 어떻게 사용하여 과목 이해를 강화하고 협력적인 노력의 최종 결과물을 선보일 수 있는지 설명하도록 장려한다.

6) 성찰과 토론

쇼케이스 후에는 다양한 과목에서 디지털 리터러시를 통합하는 이점과 어려움에 대한 토론수업을 진행한다. 학습자들이 이러한 기술이 학습 경험을 어떻게 풍부하게 만들었는지와 이러한 기술을 미래에 어떻게 활용할 계획인지에 대해 생각해 보도록 장려한다.

이 학습 활동을 함으로써 교사는 학습자들이 과목별 지식과 원활하게 조화를 이룬 디지털 리터러시 기술을 발전시킬 수 있도록 도와줄 수 있다. 다양한 과목에서 디지털 도구와 자원을 통합함으로써 학습자들의 참여도, 비판적 사고 및 협력이 증진된다. 학습자들은 데이터 분석, 정보 창조적인 프레젠테이션, 가상 실험 수행 및 복잡한 개념 탐구를 위해 기술을 활용할 수 있는 능력을 갖게 된다. 이 활동은 학습자들에게 다양한 분야에서 쓸 수 있는 실질적인 기술을 가르치고, 디지털 세상에서 자신 있고 능숙하게 활동할 수 있게 만들어, 평생 학습자로서 계속해서 배우고 성장하는 능력을 키워 준다. 추가로, 교사들은 학습자들이 다양한 방식으로 배우는 것을 고려하여 현대적인 교실 경험을 제공하고, 학생들이 변화하는 디지털 환경을 자신 있게 이해하고 사용할 수 있도록 돕는다.

갖추어야 할 역량

1. 디지털 기술 강화 학습 설계 능력

기술을 강화시키는 학습의 설계에 능숙한 교사는 디지털 도구와 자원을 과목별 내용과 조화롭게 조합하는 데에 익숙하게 된 셈이다. 이런 교사들은 학습 목표를 높이는 데 도움이 되는 디지털 도구를 선택하는 기술을 가지고 있으며, 참여도를 촉진하고 다양한 학습 스타일을 고려한 교육 환경을 창조하는 데 탁월하다. 이들은 전통적인 교수법과 기술 통합 활동 사이의 균형을 맞추는 잘 구조화된 학습 경험을 만들어 낼 수 있다. 이들은 교실 내외에서 다양한 학습 환경을 제공하여 학습자들의 학습 스타일에 적합한 역동적이고 효과적인 교육 환경을 조성한다.

2. 디지털 자원 선별 및 평가 능력

디지털 자원 선별 및 평가에 능숙한 교사는 교과 과정에 부합하는 다양한 디지털 자료를 선택하는 능력을 갖추고 있다. 교육용 앱, 온라인 데이터베이스 및 멀티미디어 콘텐츠와 같은 다양한 디지털 자료의 품질, 관련성 및 신뢰성을 평가하는 능력이 있음을 보여 준다. 이들은 디지털 콘텐츠가 진화함에 따라 자원 선택을 조정하고 자료를 학습자들의 고유한 요구에 맞게 조정하는 판단력을 갖추고 있다. 이러한 역량을 기르는 것을 통해 교사들은 학습자들이 확신 있게 다양한 디지털 환경을 탐색하며 신뢰성 있는 정보를 판단할 수 있는 능력을 갖출 수 있도록 돕는다.

3. 협력 촉진 능력

협력적인 기술 통합에 능숙한 교사는 기술 중심 프로젝트와 활동을 통해 학습자들 간의 협력을 촉진하는 능력을 갖추고 있다. 이들은 협력적인 작문을 위한 디지털 플랫폼, 가상 토론, 그룹 프로젝트 및 온라인 협업을 위한 디지털 도구에 숙달되어 있으며, 학습자들에게 현대 세계에서 협력을 성공적으로 수행하기 위한 도구와 기술을 제공한다. 이들 교사는 학습자들이 효과적으로 협력하고 아이디어를 전달하며 디지털 도구를 사용하여 통찰을 공유하는 방법을 배울 수 있는 환경을 조성한다. 이러한 역량을 소지하고 또 학습자들에게 그런 능력을 전달함으로써 교사들은 학습자들이 교실 이외의 다양한 맥락에서 협력의 요구에 대비하는 능력을 기르며, 이러한 능력이 미래 진로에서도 지속적으로 발전할 수 있도록 지원한다.

이러한 역량들은 교사들이 디지털 리터러시 기술을 과목별 내용과 원활하게 조화시켜 학습자들에게 매력적이고 풍부한 학습 경험을 제공할 수 있도록 도와준다.

권장하는 교수-학습 지원 전략

1. 디지털 미스터리 어드벤처

디지털 미스터리 어드벤처 접근법은 학습자들의 참여와 비판적 사고를 자극하는 매력적인 전략이다. 이 접근법은 교사가 역사적 사건, 과학적 현상, 또는 문학적 수수께끼와 같이 문제 해결 요소가 포함된 주제를 선택함으로써 시작된다. 그런 다음 흥미로운 디지털 스캐빈저 헌트나 대화형 이야기를 만들어 학습자들을 다양한 온라인 자원으로 안내한다. 학습자들은 개별적으로 또는 팀으로 모험을 시작하며 디지털 단서를 분석하고 온라인 자원에서 가치 있는 정보를 추출한다. 진행하면서 학습자들은 수수께끼의 해답을 조립하며 연구 기술을 키우고 비판적 사고 능력을 향상시키며 협력을 촉진한다. 이 전략은 학습을 매력적이고 대화식 경험으로 변화시켜 디지털 시대의 주요 기술을 갖추도록 학습자들을 준비시킨다.

[그림 6-4] 대화식 어드벤처

출처: https://envhistnow.com/2018/10/15/viewing-virtual-worlds/

2. 가상 전시 쇼케이스

가상 전시 쇼케이스 전략은 디지털 연구와 창의적인 프레젠테이션을 통해 학습자들의 과목 지식을 풍부하게 하는 전략이다. 교사는 이 접근법을 시작하기 위해 학습자들에게 특정 주제를 할당하고, 역사적 시대, 과학적 개념 또는 문학적 주제와 같은 주제를 조사하도록 독려한다. 그런 다음 학습자들은 연구 결과를 활용하여 매력적인 디지털 프레젠테이션, 웹 사이트 또는 대화형 슬라이드 쇼를 만든다.

이 전략의 하이라이트는 "가상 전시"를 만드는 것으로, 학습자들이 자신의 디지털 프로젝트를 수업에서 발표한다. 이 프로젝트는 멀티미디어 요소, 대화형 기능 및 전체적인 프레젠테이션을 강화하는 시각적 요소를 포함한다. 학습자들이 서로의 프로젝트에 대한 질문과 토론에 참여하도록 유도함으로써 이 전략은 동료 학습을 촉진하며 협력을 기르고 디지털 연구 기술을 연마시킨다. 이것은 교과 지식을 창의적이고 강력한 방식으로 효과적으로 전달할 수 있는 능력을 배양한다.

[그림 6-5] **버츄얼 서울**
출처: https://virtualseoul.or.kr.

3. 과목별 팟캐스트

과목별 팟캐스트 제작 전략은 학습자들이 디지털 미디어 기술을 발전시키며 과목을 깊이 있게 탐구할 수 있도록 돕는 전략이다. 교사는 학습자들에게 그룹으로 작업하도록 지시하여 역사적 사건, 과학적 발견 또는 문학적 분석과 같은 과목 관련 주제를 깊이 있는 탐구 대상으로 선택하도록 유도한다. 학습자들은 팟캐스트 도구, 플랫폼 또는 간단한 음성 녹음 앱을 사용하는 방법을 익힌다. 각 그룹은 선택한 주제에 철저히 접근하는 팟캐스트 에피소드를 만드는 작업을 시작한다.

[그림 6-6] 팟캐스트
출처: https://creative.line.me/ko/blog/106.

이 팟캐스트 에피소드는 연구, 인터뷰, 토론 및 주제의 본질을 담아내는 창의적 요소를 포함한다. 학습자들은 팟캐스트를 편집하고 정제하여 명료함과 참여도를 확보한다. 이 전략은 각 그룹이 에피소드를 수업에서 공유하는 "팟캐스트 박람회"로 마무리되며, 이를 통해 학습자들은 적극적으로 청취하고 주제 이해를 깊이 있게 하는 토론을 할 수 있다. 디지털 미디어 기술을 연마하는 것뿐만 아니라 이 전략은 과목 내용을 깊이 있는 탐구를 유발하고 효과적인 의사 소통 능력을 기르는 데 도움이 된다.

이러한 전략들은 다양한 과목에 디지털 리터러시 기술을 효과적으로 통합하여 학습자들에게 상호적이고 즐거운 학습 경험을 제공한다.

실습 예제

실습 1: 가상 현장 여행 프로젝트

이 실습은 학습자들에게 디지털 도구를 활용하여 각 과목의 주제와 관련된 개념과 장소를 탐험할 수 있는 가상 현장 여행을 만드는 방법을 연습하기 위한 것이다.

① **주제 선택**: 역사적 사건, 과학적 현상 또는 문화적 명소와 같은 가상으로 탐색할 수 있는 주제를 선택한다.

② **디지털 연구**: 신뢰할 수 있는 온라인 정보원에서 얻게 된 주제에 관한 정보를 학습자들이 수집하도록 요구한다. 이미지, 비디오 및 기사를 찾도록 유도한다.

③ **가상 투어 생성**: 학습자들이 주제와 관련된 가상 투어를 만들기 위해 가상 투어 생성 플랫폼이나 앱을 사용하도록 한다.[11] 가상 투어를 만들기 위해 텍스트 설명, 이미지 및 대화형 요소를 추가할 수 있다.

④ **대화형 요소**: 또한 대화형 요소(클릭 가능한 핫스팟, 퀴즈 및 추가 정보)를 포함시키도록 한다. 각 위치 또는 관심 지점마다 대화형 요소를 추가한다.

---

11) 학습자들이 주제와 관련된 가상 투어를 만들 수 있는 몇 개의 가상 공간은 다음과 같다.
  –ThingLink: 이 플랫폼은 이미지, 비디오, 그리고 360도 콘텐츠에 대화형 태그를 추가하여 교육적인 가상 투어를 만들 수 있게 해 준다. 학습자들은 텍스트, 링크, 비디오, 오디오 등 다양한 미디어를 통합하여 풍부한 학습 경험을 제공할 수 있다. https://www.thinglink.com/.
  –StoryMapJS: 복잡한 지리적 스토리텔링을 위한 도구로, 학습자들이 지도 위에 텍스트, 이미지, 비디오 등을 배치하여 이야기를 전달할 수 있다. 이 플랫폼은 역사적 사건이나 지리적 탐험과 같은 주제에 적합하다. https://storymap.knightlab.com/.
  –Roundme: 전문적인 품질의 360도 가상 투어를 만들 수 있는 플랫폼이다. 사용자는 자신의 이미지를 업로드하고, 투어 내에서 다양한 장소 간의 이동을 설정할 수 있다. https://www.roundme.com/.

⑤ 발표 및 공유: 각각의 학습자 또는 그룹이 디자인한 가상 투어를 수업에서 발표하도록 한다. 학습자들은 동료들에게 가상 투어를 통해 안내하며 가상 투어 속에서 각 위치의 중요성을 설명한다.

⑥ 반성적 성찰: 모든 발표가 끝난 후, 학습자들이 경험에 대해 성찰하도록 한다. 학습자들에게 배운 내용, 특이한 점, 가상 투어를 함으로써 주제에 대한 이해를 어떻게 더 잘 하게 되었는지에 생각해 보도록 유도한다.

가상 현장 여행 프로젝트는 최신 디지털 도구를 활용하여 주제에 따른 개념과 장소를 탐구함으로서 학습자들에게 다양한 이점을 제공한다. 이 실습을 통해 학습자들은 신뢰할 수 있는 온라인 소스를 조사하면서 주제에 대해 깊은 이해를 할 수 있는 핵심적인 연구 기술을 기를 수 있다. 디지털 플랫폼을 통한 가상 투어 생성은 학습자들의 창의성을 자극할 뿐만 아니라 디지털 능력을 향상시키며 디지털 미디어에 능숙해지는 것을 도와준다. 클릭 가능한 핫스팟과 퀴즈와 같은 대화형 요소를 통합함으로써 학습자들의 적극적인 학습과 비판적 사고를 촉진하며 동시에 동료들을 위한 매력적인 교육적 경험을 제공할 수 있는 능력을 키우게 된다. 이 가상 투어를 발표함으로써 학습자들은 의사 소통 능력을 향상시키며, 이어지는 성찰적인 토론은 그들이 새로운 통찰력과 개인적인 성장을 어떻게 표현하는지에 대해 생각하도록 돕는다. 전반적으로, 가상 현장 여행 프로젝트는 몰입적인 탐구와 기술적 능력을 통해 학습을 풍부하게 만들어 주며 현대적이고 상호적인 교육 여정을 위한 기반을 마련한다.

실습 2: 데이터 시각화 인포그래픽

이 실습에서는 예비교사들이 디지털 도구를 이용해 정보를 시각적으로 표현하는 인포그래픽을 만들어 보면서, 여러 과목에 디지털 리터러시를 어떻게 적용할 수 있는지 배운다.

① **데이터 수집**: 역사적 통계, 과학적 데이터 또는 문학 분석 결과와 같은 데이터가 포함된 과목 관련 주제를 선택한다.

② **데이터 분석**: 학습자들이 스스로 모은 데이터를 살펴보고 중요한 발견이나 패턴을 찾도록 지도한다. 이 과정을 통해 학습자들은 숫자를 계산하거나, 비교하거나, 데이터가 의미하는 바를 해석할 수 있다.

③ **인포그래픽 디자인**: 사용자 친화적인 인포그래픽 작성 도구를 학습자들에게 소개한다. 학습자들에게 시각적으로 매력적이고 정보를 전달하는 인포그래픽을 디자인하도록 지도한다.

④ **시각적 요소**: 학습자들에게 차트, 그래프, 이미지, 아이콘 및 텍스트를 조합해 정보를 효과적으로 전달하는 방법을 가르친다.

⑤ **발표**: 학습자들에게 인포그래픽을 수업에서 발표하도록 한다. 학습자들은 수집한 데이터, 얻은 통찰 및 시각 디자인 선택 사항을 설명한다.

⑥ **토론**: 각 발표가 끝난 후, 수업에서 그 데이터가 우리가 공부하는 주제와 어떤 관련이 있는지에 대해 이야기한다. 또한 다른 학습자들이 질문을 하거나 새로운 아이디어를 나눌 수 있도록 격려한다.

인포그래픽을 이용한 데이터 시각화는 학습에 디지털 리터러시를 쉽게 녹여 내 여러 가지 이점을 가져다준다. 학습자들은 이를 통해 주제에 따른 깊은 학습을 경험하게 되며, 데이터 분석을 위한 계산, 비교 및 해석 기술을 향상시킨다. 비판적 사고를 기르고, 매력적인 인포그래픽을 만들어 디지털 기술을 연마할 수 있으며, 또한 그래프나 이미지를 활용해 정보를 명확하게 전달하는 능력도 발전시킨다. 인포그래픽 발표를 통해 발표 능력을 키우고, 토론을 통해 동료들의 의견과 통찰력을 나누게 된다.

이 실습은 학습자들에게 데이터 분석에서부터 의사소통 기술까지 중요한 능력을 배울 기회를 제공하는데, 이렇게 함으로써 교사들은 다양한 과목에 디지털 리터러시 기술을 효과적으로 통합하여 학습자들에게 상호작용적이고 풍부한 학습 경험을 제공할 수 있게 된다.

평가를 위한 과제: 디지털 리터러시의 교과 통합

1. 과제 설명
이번 과제에서는 예비교사 여러분이 위에서 주어진 정보를 바탕으로 자신이 전공하고 있는 교과 내용에 디지털 리터러시를 통합하는 실제 교육 활동을 설계해야 합니다. 디지털 리터러시의 다양한 요소를 고려하면서, 학습자들이 실제 학습 환경에서 디지털 도구와 기술을 활용하여 학습 목표를 달성할 수 있도록 도와주세요.

2. 과제의 분량
- 총 5~7페이지(폰트 크기 12, 줄 간격 1.5)

3. 과제 제출물 내용
- 각자 전공 교과의 학습 목표 1~2개 선정 및 설명
- 해당 학습 목표를 지원하기 위한 디지털 리터러시 활동 설계
- 사용될 디지털 도구와 자원 목록 및 각각의 도구와 자원이 학습자에게 제공할 기대효과
- 학습자의 협력을 촉진하는 활동 설계(예: 그룹 프로젝트, 온라인 토론 등)
- 활동 후 평가 방안 제시(학습자의 디지털 리터러시 습득도를 측정할 수 있는 도구나 방법론)

4. 평가 기준
- 학습 목표의 적절성 및 명확성: 20%
- 디지털 리터러시 활동의 창의성 및 효과성: 30%
- 디지털 도구와 자원의 선택과 활용: 20%
- 학습자의 협력 촉진 활동의 구체성 및 실용성: 20%
- 평가 방안의 타당성: 10%

이 과제를 통해 예비교사 여러분은 디지털 리터러시의 중요성을 깊게 이해하고, 실제 교육 환경에서 어떻게 통합하여 학습자의 학습 경험을 풍부하게 만들 수 있는지에 대한 능력을 키울 수 있게 될 것입니다.

교실수업에서의 디지털 활용

제7장
차별화된 교수법과
맞춤형 학습

📖 강의 1: 차별화된 교수법과 학습 방법

읽어 보기

차별화된 교수법은 학습자들의 다양한 학습 필요, 능력 및 흥미를 인식하고
수용하는 교육적 접근법이다. 이는 가르치는 방법, 내용 및 평가를 학습자 개

[그림 7-1] **차별화된 수업**
출처: https://shorturl.at/bwyKW.

개인에게 맞춤화하여 개별 학습자의 학습 준비 수준, 학습 스타일 및 강점에 맞게 조정하는 것을 의미한다.

차별화된 수업을 구현함으로써 교사들은 모든 학습자가 의미 있게 참여하고 최대한의 잠재력을 발휘할 수 있는 포괄적인 교실수업을 조성할 수 있다. 교육에서 각기 다른 학습자들의 필요에 맞추어 가르치고 차별화된 학습을 진행하기 위해 고려해야 할 사항은 다음과 같다.

1) 다양한 학습 스타일과 선호도

현재 우리의 교실은 각기 다른 학습 스타일, 선호도 및 능력을 가진 학습자들로 가득 차 있다. 이러한 다양성에 효과적으로 대응하기 위해 교사들은 학습자들의 서로 다름에 대한 통찰력을 얻기 위한 작업을 시작한다. 이 과정은 주의 깊은 관찰, 공식적 평가 및 자가 평가 도구를 활용하여 교사로 하여금 학습자들을 학습 내용과 가장 잘 연계시켜 효과적인 학습을 할 수 있는 방식을 파악할 수 있도록 도와준다. 이러한 지식을 바탕으로 교사들은 개별 학습자의 고유한 학습 프로필을 인식하고 지원함으로써 학습 지도 전략을 개개 학습자에게 맞춤화할 수 있다.

2) 다양한 방식의 콘텐츠 전달

차별화된 교수법의 핵심은 여러 가지 매체와 형식을 활용하여 교육 콘텐츠를 개개 학습자에게 적합하게 제공하는 것이다. 교사들은 강의만이 아닌, 대화, 그룹 토론, 멀티미디어 자료, 그리고 실전 프로젝트와 같은 다양한 방식을 활용하여 교육 내용을 전달한다. 이렇게 다양한 방식의 조합을 사용하면 학습자들은 자신의 선호하는 학습 스타일에 따라 내용을 더 쉽게 이해하고 받아들일 수 있게 된다. 이는 교육 과정에서 학습자들의 효과적인 학습 경험을 제공하는 데 큰 도움을 준다.

3) 유연한 그룹 구성

교실에서 차별화된 지도 방식을 적용하기 위해 학습자들의 준비 수준, 관심사, 학습 목표에 따라 유연하게 다양한 그룹으로 나누도록 한다. 교사들은 이 그룹들을 유동적으로 조절해 각 그룹의 학습 필요에 맞게 내용과 방법을 조정한다. 이러한 유연한 그룹 구성은 학습자들이 서로 협력하고 상호작용하는 과정을 통해 사회적 기술과 팀워크 능력을 키울 수 있는 기회를 제공한다. 교사들은 그룹의 동적인 상호작용을 관찰하고 필요에 따라 조정함으로써 각 그룹이 효과적으로 협력하고 학습할 수 있도록 지원한다. 이런 접근 방식은 학습자들이 자신들의 학습 경험을 공유하고 서로의 이해를 심화시킬 수 있는 환경을 조성한다.

4) 개별화된 평가

교실에서 차별화된 지도 방식을 적용할 때, 평가는 학습자의 스타일과 필요에 맞게 다양하게 조절된다. 평가 방법은 학습자의 강점과 학습 스타일을 반영하여 다양한 도구와 형태로 적용될 수 있다. 이는 에세이 작성, 프레젠테이션, 프로젝트 또는 멀티미디어 작업 등 다양한 방법을 포함한다. 이런 평가 방식을 통해 교사는 각 학습자의 개별적인 학습 방식을 존중하며 지원한다.

5) 계단식 지원(Scaffolded Support)

계단식 지원은 건축 공사장에서 볼 수 있는 '비계(scaffolding)'와 유사한 원리를 따른다. 건축물을 짓거나 보수할 때, 비계는 안전하게 작업할 수 있도록 필요한 지지 구조를 제공하며, 작업이 완료되면 제거된다. 마찬가지로 교육에서의 계단식 지원은 학습자들이 학습 목표에 도달할 수 있도록 필요한 지원을 제공하는 역할을 한다. 교사는 학습자들의 학습과정에서 임시적으로 필요한 지원과 자료를 제공함으로써 학습자들이 어려운 개념이나 주제를 이해할 수 있도록 돕는다. 그리고 학습자가 해당 주제나 개념을 충분히 이해하게 되면, 그 지원을 천천히 줄여 나갈 수 있다. 이 과정은 학습자가 자신의 진행 속도에 맞춰 학습하며, 도전적인 주제나 개념도 안정적으로 습득할 수 있도록 도와준다.

[그림 7–2] **계단식 학습 지원**
출처: https://shorturl.at/bFQ59.

6) 선택과 자율성

선택과 자율성은 학습의 중요한 부분이다. 교사는 학습자에게 자신의 학습 경로를 선택하게 하는 기회를 제공한다. 자율성은 학습자가 스스로 결정하고 행동할 수 있는 능력을 의미하며, 이를 통해 학습자는 자신의 관심, 재능, 그리고 자아성에 따라 특정 과제나 프로젝트를 선택할 수 있다. 이러한 선택은 학습자가 학습에 더 깊이 참여하고, 개인적인 경험을 연결시키는 데 도움을 준다. 자율성을 갖춘 학습 환경은 학습자의 독립성과 책임감을 증진시키며, 그 결과로 더 효과적인 학습 경험이 이루어진다.

7) 지속적 평가와 피드백

차별화된 학습 지도의 중요한 부분은 지속적인 평가와 그에 따른 피드백이다. 이를 통해 교사는 학습자의 현재 상황을 알아보고, 필요하면 수업이나 학습의 방향을 바꿀 수 있다. 평가는 학습자의 이해 상태를 확인하는 지표 역할을 한다. 이 정보와 피드백을 바탕으로 교사는 학습 방향을 더욱 활성화하고 맞춤화하여 학습 활동을 계속 유지한다.

8) 포용적 마인드셋

차별화된 학습 지도에서 중요한 것은 모든 학습자의 강점과 장점을 인정하고 소중히 여기는 것이다. 교사들은 교실에서 다양성을 단순히 받아들이는 것이 아니라 그것을 존중하고, 모든 학습자의 학습 경험을 중요하게 여긴다. 이러한 포용적인 교실에서는 모든 학습자의 개별적인 발전이 함께 이루어진다.

교수–학습의 과정에서 차별화된 학습 지도를 구현하기 위해서는 교사들이 학습자들의 개별적인 필요에 유연하고 적응력 있게 대응할 수 있어야 한다. 학습자들의 다양한 학습 프로필을 인정하고 대응함으로써 교사들은 효과적이고 매력적인 학습 경험을 창출할 수 있다.

학습과정안: 다양한 학습자를 위한 차별화된 맞춤식 지도

1. 목표
본 학습에서는 예비교사들이 자신의 가르치는 학습자들의 다양한 학습 필요, 능력, 관심 및 흥미에 맞는 수업을 준비하여 차별화된 학습 지도를 구현하고 포괄적이며 효과적인 학습 환경을 조성하고자 한다.

2. 필요한 자료
- 교육과정에 맞는 수업내용과 활동
- 평가 도구(시작 전 평가, 중간 평가)
- 기술 자원(컴퓨터, 태블릿)
- 대화식 학습 자료
- 학습 메뉴 및 프로젝트 안내서

3. 학습 절차

1) 소개 및 목표 설명

이 세션은 교육 현장의 현실을 바탕으로 학습자 각각의 특성과 필요를 인식하며 차별화된 교육 방법의 중요성을 소개한다. 모든 학습자의 개성과 잠재력을 극대화하는 것의 중요성을 강조한다.

2) 학습자 프로필 작성하기

각 학습자가 어떠한 학습 스타일, 선호도, 장단점을 가지고 있는지 파악하는 것은 학습 지도의 기본이다. 퀴즈, 관찰, 그리고 자가 평가 등의 평가 도구와 방법론을 활용해 학습자의 학습 프로필을 작성한다.

3) 다양한 수업 내용 전달하기

궁극적으로 수업의 성공은 효과적인 내용 전달에 달려 있다. 전통적인 강의 방식, 그룹 토론, 멀티미디어 자료 활용, 실제 상황 기반의 프로젝트 등 다양한 교수법을 활용해 학습자의 관심과 흥미를 유발하도록 한다.

4) 유연한 그룹 활동 및 선택

학습자의 능력, 관심사, 그리고 학습 목표에 따라 유연하게 그룹을 구성하고 활동을 진행한다. 학습자에게 선택의 기회를 제공하면 그들의 독립성과 책임감이 높아진다.

5) 개별 평가 방법

학습자의 특성에 맞춘 평가 방식을 도입하여 그들의 성취도와 발전을 지속적으로 파악한다. 에세이 작성부터 멀티미디어 프로젝트에 이르기까지 다양한 평가 도구를 활용한다.

6) 단계별 지원 제공

모든 학습자가 동일한 속도와 방식으로 학습하는 것은 아니다. 따라서 각 학습자의 학습 속도와 능력에 따라 필요한 지원을 제공한다.

7) 지속적인 평가와 피드백

학습의 진척도를 지속적으로 모니터링하며, 적절한 시기에 피드백을 제공한다. 이 피드백은 학습자의 학습 동기와 효과를 높이는 데 기여한다.

8) 포용적인 마음으로 마무리하기

이 세션은 모든 학습자의 가치와 다양성을 인정하고 존중하는 포용적인 교육 철학이 중요하다는 점을 강조하며, 이를 통해 더욱 향상된 교육 환경을 만들 필요가 있다는 것을 인식시킨다.

다양한 학습자에게 맞춘 수업은 각 학습자가 필요로 하는 것을 파악하고 인정하며 도와줌으로써 더 좋은 학습 환경을 만든다. 학습자의 선호나 능력을 알기 위해 그들의 학습 스타일을 분석하고, 그에 맞는 수업과 평가 방법을 정한다. 재미있는 학습 방법을 적용하면 학습자들이 더 흥미를 느끼고 스스로 학습하게 된다. 이런 방식으로 수업을 진행하면, 교사는 모든 학습자가 잘 할 수 있는 환경을 만들 수 있다.

갖추어야 할 역량

1. 학습 프로필 분석

학습자의 프로필 분석은 학습자 각각의 개별적인 학습 스타일, 선호도, 강점, 그리고 학습의 과제가 개별 학습자에게 적합한지 어떤 방식으로 학습을 해야 하는지 등을 깊게 파악하는 것을 포함한다. 이렇게 하여 교사가 학습자마다 어떤 방식으로 학습이 가장 잘 이루어지는지, 무엇을 잘하고 어려워하는지를 알게 해 준다. 이러한 분석은 관찰, 자가 평가, 퀴즈 등의 다양한 도구와 방법을 활용하여 수행될 수 있다. 이런 지식을 바탕으로, 교사는 학습자의 개별적인 필요와 준비 수준에 따라 교육 방법을 조정하며, 이를 통해 각 학습자에게 맞춤형 교육 경험을 제공할 수 있다.

2. 유연한 교수 설계

오늘날의 교육 환경은 지속적으로 변화하고 있으며, 이에 대응하기 위해서는 교사가 유연한 교수 설계 능력을 갖추어야 한다. 학습자들의 다양한 배경과 준비 수준을 고려한 교육 방식은 학습자들에게 더욱 효과적이다. 이에 더하여 교사는 전통적인 강의뿐만 아니라 대화형 토론, 프로젝트 기반 학습 등 다양한 방법을 활용하는 유연한 수업을 준비하는 능력을 갖추어야 한다.

3. 개별화된 평가 및 피드백

평가는 학습 과정의 핵심 부분이다. 그러나 모든 학습자가 동일한 방식으로 평가되어야 하는 것은 아니다. 교사는 학습자의 성장과 발전을 위해 개별화된 평가와 피드백을 제공하는 능력이 필요하다. 이러한 맞춤형 평가를 통해 학습자들은 자신의 강점과 약점을 명확히 인식하게 되며, 평가에 기반한 교사의 지속적인 피드백은 그들의 학습과정을 더욱 풍요롭게 만든다.

권장하는 교수-학습 지원 전략

1. 관심에 근거한 탐구 프로젝트

이 프로젝트는 학습자의 자연스러운 호기심을 극대화하여 주도적인 학습 환경을 조성한다. 학습자는 스스로의 관심사와 열정을 중심으로 주제를 선정하며, 이에 따른 깊은 탐구와 연구를 시작한다. 교사는 학습자의 발걸음과 함께하며 필요한 자료나 도구를 함께 탐색하고, 방향을 제시한다. 이러한 과정을 통해 학습자는 더욱 개인화된 학습 경험을 획득하게 되고, 결과물을 다른 학습자들과 공유함으로써 소통과 협력의 기회도 얻게 된다.

2. 학습 메뉴 프로젝트

"학습 메뉴 프로젝트"는 교육의 다양성을 존중하며 학습자에게 여러 선택의 기회를 제공한다. 마치 식당에서 메뉴를 보고 자신이 먹고 싶은 음식을 선택하는 것처럼, 학습자가 제공된 학습 활동 중에서 자신의 학습 스타일, 흥미, 필요에 맞는 것을 선택할 수 있도록 하는 것이다. 이처럼 교사는 학습 활동, 주제, 그리고 방법론을 다양한 메뉴 형식으로 제시한다. 학습자는 이 중에서 자신의 학습 스타일, 흥미, 그리고 필요성에 따라 가장 적합한 활동을 선택하게 된다. 이러한 선택을 통해 학습자는 자신만의 독특한 학습 경로를 발견하며, 능동적인 학습 참여를 경험하게 된다.

3. 학습자 주도 탐구 프로젝트

이 프로젝트는 학습자가 중심이 되어, 주제의 선택부터 연구 방향의 설정과 수행에 이르기까지 전 과정을 주도하게 한다. 교사는 이 과정에서 지원자의 역할을 하며, 학습자가 넓고 다양한 주제 중에서 자신의 관심과 목표에 부합하는 주제를 선택하도록 도와준다. 학습자는 이러한 주제 탐구 과정에서 다양한 자료 수집, 실험, 분석 활동을 진행하게 되며, 깊은 학습을 통한 진정한 이해를 얻게 된다. 프로젝트의 마무리 단계에서는 학습자가 연구 결과나 창작물을 다른 학습자들 앞에서 발표하게 되어, 그동안의 학습 경험을 공유하게 된다.

이러한 전략들은 학습을 즐겁게 만들 뿐만 아니라 학습자들이 개별적인 관심, 강점 및 학습 스타일에 부합하는 방식으로 주제 내용과 관련하여 참여할 수 있는 기회를 제공한다.

실습 예제

실습 1: 다양한 활동을 포함한 학습 스테이션

이 실습은 각각 다양한 학습 스타일과 준비 수준에 부합하는 다른 활동을 제 공하는 학습 스테이션을 교실에 설치하는 것을 포함한다.

① **학습 스테이션 선택**: 학습 스테이션은 학생들이 특정 주제에 대해 다양한 활동을 통해 탐구할 수 있게 하는 교육 전략이다. 예를 들어, 각각의 스 테이션은 읽기 이해력 향상, 문제 해결 기술, 비판적 사고 능력 개발 또는 실제 실험 수행 등 특정한 학습 목표에 초점을 맞출 수 있다.

② **다양한 활동 설계**: 각 학습 스테이션에 다양한 활동을 만든다. 이러한 활 동은 시각적, 청각적, 운동 감각적 또는 협력적 등 다양한 학습 선호에 맞 추어야 한다.

③ **스테이션 내 다양성**: 각 스테이션마다 다양한 복잡성 수준의 활동을 포함 할 수 있도록 설계한다. 학습 준비 수준에 따라 학습자들이 활동을 선택 할 수 있도록 옵션을 제공한다.

④ **학습자 선택 및 순환**: 학습자들이 스테이션을 방문하는 순서를 선택할 수 있도록 한다. 다양한 활동과 상호작용할 수 있는 기회가 있는 회전 일정 을 구현한다.

⑤ **명확한 지침**: 각 스테이션에서 행하는 활동에 대한 명확한 지침을 제공한 다. 학습 목표, 단계 및 필요한 자원을 포함한다.

⑥ **모니터링 및 지원**: 교사는 활동 기간 동안 스테이션 사이를 돌며 학습자들 에게 안내, 지원 및 피드백을 제공한다.

⑦ **그룹 성찰**: 활동 기간이 끝난 후 학습자들을 모아 그룹 성찰을 진행한다. 그들의 경험, 어떤 활동을 즐겼는지 및 각 스테이션에서 무엇을 배웠는 지에 대해 토론한다.

"학습 스테이션"에 다양한 활동을 포함시키면 학습의 재미가 증가한다. 모든 학습자는 각자의 방식으로 준비하고 학습하므로, 이러한 활동은 서로에게 큰 도움을 준다. 활동 선택에 있어서 유연성이 있기 때문에 학습자들은 더욱 열심히 참여하게 된다. 명확한 지침이 제공되어 누구나 쉽게 참여할 수 있으며, 그룹과 함께 생각하고 토론하면 학습의 효과는 더욱 크게 향상된다. 이런 접근법은 학습자들 사이의 이해와 존중을 강화한다.

실습 2: 단계별 과제 생성

이 실습은 주제 내용 내에서 다양한 수준의 복잡성과 준비를 다루는 단계별 과제를 생성하는 것을 포함한다.

① **단위 또는 주제 선택**: 주제 내에서 다양한 참여 및 이해 수준을 가능하게 하는 단위 또는 주제를 선택한다.

② **단계별 과제 설계**: 선택한 주제와 관련된 과제를 만든다. 기본, 중간, 고급 과제를 대상으로 하는 것과 같이 다양한 인지 복잡성 수준을 고려한 과제를 생성한다.

③ **과제 선택**: 학습자들에게 학습 준비도와 관심에 기반한 과제 선택을 하도록 한다. 연구 프로젝트, 창의적인 작업, 분석적 에세이 또는 멀티미디어 프레젠테이션과 같은 과제를 포함할 수 있다.

④ **명확한 지침**: 각 과제에 대한 명확한 지침과 평가 기준을 제공한다. 기대치와 성공 기준을 분명하게 기술한다.

⑤ **사전 평가**: 주제와 관련된 학습자들의 사전 지식과 준비 수준을 결정하기 위해 사전 평가를 실시한다.

⑥ **과제 배분**: 사전 평가 결과를 기반으로 학습자들에게 단계별 과제를 배분한다. 과제는 적절한 수준에서 학습자들이 도전할 수 있도록 해야 한다.

⑦ **지속적인 피드백**: 과제 기간 동안 지속적인 피드백과 안내를 제공하여 학

습자들이 발전하고 성공할 수 있도록 한다.

⑧ **공유와 성찰**: 학습자들이 완료한 과제를 공유할 수 있도록 한다. 학습자들이 발전시킨 기술과 얻은 통찰력에 대해 토론한다.

"단계별 과제" 활용은 학습자에게 많은 이점을 가져다준다. 각 학습자는 서로 다른 기초 지식을 가지고 시작하므로 과제를 그에 맞게 조절함으로써 더욱 효과적으로 학습을 하게 된다. 과제 선택을 통해 학습자들은 자신의 능력에 맞게 학습에 참여할 수 있으며, 초기의 진단적 평가에 기반하여 맞춤형 도전을 제공할 수 있다. 지속적인 피드백을 통해 성장할 수 있고, 과제의 성과를 다른 학습자들과 공유하면서 성취감을 얻게 된다. 한편, 토론을 통해 서로의 생각을 깊게 파악하며, 자신의 학습에 대한 성찰을 할 수 있게 된다. 이러한 학습 방법은 학습자들이 학습에 유연하게 대응하고, 자신감을 갖고 학습에 능동적으로 참여하게 된다.

이러한 실습을 통해 예비교사들은 학습자들의 다양한 필요와 능력에 효과적으로 맞춤화하여 동적이고 포괄적인 학습 환경을 조성할 수 있다.

평가를 위한 과제: 나만의 학습 메뉴 만들기 🔍

1. 과제 설명

자신이 가르칠 과목이나 주제에 대해 자신만의 학습 메뉴를 만들어 보세요. 메뉴에는 다양한 학습 활동, 주제, 방법론 등을 포함시키고, 각 학습 활동에는 간략한 설명과 필요한 도구나 자료들도 함께 제시해 주세요.

2. 과제의 분량

- 학습 메뉴 목록(최소 5개의 다양한 학습 활동 포함)
- 각 활동에 대한 간략한 설명(각 50~100단어)
- 필요한 도구나 자료 목록

3. 과제 제출물
- 학습 메뉴 기획서(Hwp 또는 PPT 형식)
- 간단한 비디오 클립(선택적): 자신의 학습 메뉴를 설명하는 2~3분 길이의 비디오

4. 평가 기준
- 학습 메뉴의 창의성 및 다양성: 40%
- 각 활동에 대한 설명의 명확성 및 유용성: 30%
- 필요한 도구나 자료의 적절성: 20%
- 비디오 클립의 내용 전달 능력 및 구성: 10%

이 과제를 통해 예비교사들은 학습 메뉴 프로젝트 전략을 실제로 적용해 보며 그 효과와 중요성을 체감할 수 있을 것입니다. 또한 서로의 메뉴를 공유하고 피드백하는 과정에서 다양한 아이디어와 학습 방법에 대해 배울 수 있습니다.

💻 강의 2: 개별화와 적응형 학습 기술

읽어 보기

개별화 및 적응형 학습 기술은 교육에서 학습자 각자의 학습 요구, 선호 사항, 그리고 진행 속도에 맞게 교육 자료와 방법을 제공한다는 것을 의미한다. 이 접근법은 모든 학습자가 자신만의 특별한 장점, 관심사, 그리고 성장이 필요한 부분을 가지고 있다고 인식한다. 교사들은 이러한 학습 설계의 기술을 활용하여 학습자들에게 맞춤형 학습 경험을 제공하며, 그들의 관심을 끌고 도전감을 주려 한다. 교육에서 이러한 개별화 및 적응형 학습에 대한 핵심 개념은 다음과 같다.

1) 개별화된 학습 경로

"개별화된 학습 경로"는 학습자들에게 맞춤형 학습을 제공하는 역할을 한다. 이를 쉽게 말하면, 적응형 학습 기술을 통해 각 학습자의 학습 스타일과 선호도를 파악하게 된다. 예를 들면, 음악 앱이 사용자의 선호도에 따라 개별화된 음악 목록을 제공하는 것과 비슷하다. 이 기술은 학습자들의 반응과 학습 스타일을 조용히 관찰하며 이를 분석한다. 이 결과를 통해 디지털 환경에서 각 학습자에게 맞는 학습 경로를 제시한다. 교사는 만들어진 학습 경로를 바탕으로 학습자 각각에게 적합한 내용과 활동을 준비한다. 학습자들은 이렇게 제공된 개별화된 가이드를 따라 자신만의 속도로 학습하며 지식을 탐색한다.

[그림 7-3] **개별화된 학습 경로**

2) 차별화된 콘텐츠 제공

교육 분야에서 "차별화된 콘텐츠 제공"은 다양한 학습 자료를 통해 각 학습자에게 적합한 내용을 제공하는 것을 의미한다. 적응형 기술에 입각하여 다양한 형태의 학습 자료―비디오, 대화식 시뮬레이션, 퀴즈 및 디지털 텍스트―를 준비하는 것처럼, 학습자마다 다른 스타일에 맞춰 내용과 방법을 제공한다. 이렇게 다양한 방법과 자료들은 모든 학습자가 자신에게 맞는 방식으로 학습할 수 있도록 지원한다. 중요한 것은 학습자들은 이러한 다양한 콘텐츠 중에서 자신의 선호하는 방식을 선택하여 지식을 얻게 된다는 것이다.

3) 실시간 모니터링과 피드백

교육에서 "실시간 모니터링과 피드백"은 학습 진행 상황을 즉시 파악하고 지원하는 방법을 제공하는 것을 말한다. 적응형 기술을 통해 학습자의 활동이 실시간으로 기록되며, 이 데이터는 학습 경험을 최적화하는 데 사용된다. 학습자들이 자신의 학습 경로를 잘 따라갈 수 있도록 이 기술은 적절한 시기에 유용한 피드백을 제공한다. 학습자들은 이러한 피드백을 통해 자신의 강점과 개선이 필요한 부분을 쉽게 파악할 수 있다. 이런 지속적인 피드백의 반복은 전통적인 교실을 넘어서, 학습 경험을 풍부하고 효과적으로 만들어 준다.

4) 적응형 도전과 과제

학습 과정에서 "적응형 도전과 과제"는 학습자들의 기존 지식을 바탕으로 개인별로 맞춤화된 지원을 제공한다. 적응형 학습 기술은 각 학습자의 현재 수준을 주의 깊게 파악하며, 우수한 성과를 보이는 학습자에게는 더 복잡한 도전 과제를 제공한다. 이것은 그들의 능력을 더욱 키우는 방법으로 작용한다. 반면, 추가 지원이 필요한 학습자들은 적절한 보충 자료와 함께 도움을 받게 된다. 이 방식을 통해 모든 학습자가 자신만의 속도와 방식으로 학습을 진행할 수 있다.

5) 학습자의 주체성과 선택권

학습 과정에서 "학습자의 주체성과 선택권"이란 말은 학습자들이 자신의 학습 방향을 스스로 정할 수 있는 기회를 갖게 됨을 의미한다. 적응형 학습에서는 학습자들이 직접 자신의 학습 활동을 관리하고 선택할 수 있다. 예술가가 그림을 그릴 때 색상이나 방향을 선택하는 것처럼, 학습자는 자신의 학습 경로를 선택하고 결정한다. 이러한 선택은 학습자의 독립성과 책임감을 강화하며, 그들이 자신의 학습 여정을 주도적으로 이끌게 한다.

6) 데이터 기반 교육

"데이터 기반 교육"은 학습 분야에서 적응형 기술로 수집된 데이터를 활용하는 나침반이 된다. 교사는 수집된 데이터를 분석해 학습의 패턴을 이해하려 노력한다. 이러한 통찰을 통하여 교육 내용을 학습자의 필요에 맞게 조절하게 되며, 교실 수업은 이 데이터를 기반으로 한 효율적인 학습 환경으로 전환된다. 이 과정을 통해 학습은 더욱 개별화되고 정밀해진다.

7) 포용적이고 개별화된 학습

"포용적이고 개별화된 학습"은 학습자의 다양성을 존중하고 각자의 특성에 맞게 지원하는 방식을 의미한다. 이러한 학습 방식은 각 학습자의 개성과 능력을 중심으로 교육을 진행하며, 교사는 이를 지원하기 위한 도구와 전략을 활용한다. 이런 접근법을 통해 모든 학습자가 자신만의 방식으로 학습에 참여하며 그를 통하여 성장할 수 있는 환경이 만들어진다.

교육에서 개별화와 적응형 학습 기술을 활용함으로써 교사는 각 학습자의 고유한 학습 프로필을 존중하며 학습자들이 학업 목표를 달성할 수 있는 지원적이고 효과적인 학습 환경을 조성할 수 있다.

학습과정안: 개별화와 적응형 학습 전략: 퀘스트 기반 학습

1. 목표

이 학습과정안은 예비 교사들이 학습자들의 개별적인 학습 요구, 선호도 및 진행 상황을 고려하며, 적응형 학습 전략과 데이터 분석 기법을 이용해 맞춤 학습 환경을 제공하는 방법을 학습하기 위한 것이며, 학습자의 참여와 성취도를 높이는 방법을 학습하는 것을 목표로 한다.

2. 필요한 자료

- 적응형 학습에 관한 교재 및 참고 도서
- 커리큘럼에 따른 교육 자료
- 컴퓨터와 태블릿
- 데이터 분석을 위한 기본적인 통계 도구[1]
- 퀘스트(quest) 기반 학습을 위한 자료(디지털 퀘스트[2], 퍼즐, 도전 과제 등)
- 적응형 학습에 필요한 양식[3]
- 가상 시뮬레이션을 위한 기본적인 소프트웨어

3. 학습 절차

1) 소개 및 목표 설정

학습이 시작되면 개별화와 적응형 학습의 중요성에 대해 짧게 소개를 한다. 교육의 목적과 방향성을 명확히 하기 위해 이 과정에서 학습자들이 얻을 수 있는 지식과 능력에 대한 개요를 제공한다. 이 단계에서는 학습의 목적과 목표를 이해하는 데 중점을 둔다.

---

1) 학습 데이터를 수집, 분석, 해석하여 교사나 학습자에게 유용한 인사이트를 제공하는 도구로, 학습자의 성취도, 학습 패턴, 약점 등을 파악하여, 이를 바탕으로 학습 전략을 조정한다. 엑셀, Google Analytics (웹사이트 방문자 행동 분석), Tableau(데이터 시각화), PowerBI(비즈니스 인텔리전스) 등을 예로 들 수 있다.

2) 디지털 퀘스트 기반 학습은 학습자들이 목표를 달성하기 위해 특정 활동이나 과제를 완료하는 디지털 환경에서의 학습 방법을 의미한다. 이러한 학습 방법은 게임 요소, 문제 해결, 협업 및 탐사와 같은 동기부여 요소를 학습 경험에 통합하여 학습자의 참여도를 높이는 데 중점을 둔다. 디지털 퀘스트는 학습자가 특정 목표나 과제를 달성하기 위해 디지털 환경에서 수행하는 미션 또는 활동을 의미하며, 각 퀘스트는 주로 학습 목표에 연결되어, 학습자가 정보를 찾아내고 문제를 해결하며 지식과 능력을 향상시키는 데 도움을 준다.

3) 적응형 학습 플랫폼을 사용하면 양식은 필요 없을 수도 있다. 플랫폼은 Knewton, DreamBox Learning, 클래스업, 스마트 스터디 등이 있으나 유료 버전이다. 우리가 만들어 사용하는 적응형 학습의 양식은 다음과 같은 여러 구성요소를 포함하면 된다. 즉, 학습자의 기본 정보, 학습 스타일, 선호도, 학습 능력 등의 데이터, 진단 평가 결과, 학습 경로, 피드백 메커니즘 등등이다.

2) 개별화와 적응형 학습에 대한 이해

이 단계에서는 개별화와 적응형 학습의 기본적인 개념, 그 특성 및 중요성에 대해 파고들게 된다. 다양한 콘텐츠 형태와 이것들이 각기 다른 학습 스타일에 어떻게 적용되는지에 대한 예시를 통해 설명한다. 또한 실시간으로 학습자의 진행 상황을 어떻게 추적하며 피드백을 제공하는 방법에 대해서도 다룬다.

3) 적응형 도전과 선택에 대한 심화 학습

이 단계에서 학습자는 자신의 학습 경로와 속도를 어떻게 선택하는지에 대한 깊은 이해를 얻게 된다. 실제 사례를 통해 다양한 학습 활동 및 자료의 선택과 적용 방법을 탐구한다. 또한 학습의 도전과 선택 사이에서 균형을 어떻게 찾아야 하는지에 대한 토론도 진행된다.

4) 역량 개발

이 단계에서는 교육 기술 통합, 데이터 분석 및 의사 결정, 그리고 맞춤형 교육 설계의 중요성에 대해 깊게 이해한다. 학습자는 각 영역에서의 실제 사례와 활용 방법에 대해 배우며, 학습자 데이터 분석 및 맞춤형 교육 계획 세우는 방법도 학습한다.

5) 실행 전략

이 단계에서 학습자는 퀘스트 기반 학습의 기본 개념 및 특징을 배우게 된다. 적응형 학습 계약의 중요성과 학습자와 교사 간 협력 방법에 대한 이해를 깊게 하며, 가상 시뮬레이션을 통한 체험적 학습의 중요성과 실제 실행 방법에 대해서도 학습한다.

6) 결론 및 평가

마지막 단계에서는 학습의 내용을 종합하고, 개별화 및 적응형 학습의 주요 이점을 강조하게 된다. 학습자들은 본인이 배운 내용을 복습하고 응용하는 시간을 갖게 되며, 간략한 퀴즈나 토론을 통해 그동안 학습한 내용에 대한 이해도를 평가받게 된다.

개별화 및 적응형 학습 기술은 교사들이 맞춤화된 참여도 높은 학습 환경을 만드는 데 도움을 준다. 이 접근 방식은 학습자의 참여와 자율성을 촉진하고, 다양한 교육 환경에서의 학업 목표 달성을 돕는다.

갖추어야 할 역량

1. 기술 통합과 적응

교사들은 맞춤형화와 적응형 학습을 촉진하는 도구와 플랫폼을 사용하는 능력을 필요로한다. 이들은 학습자들을 위해 개별화된 학습 경험을 만들기 위해 이러한 도구를 조작하고 조정할 수 있어야 한다. 능력 있는 교사라면 기술을 교수법에 매끄럽게 통합하여 개별화된 콘텐츠와 활동의 이점을 학습자들이 얻을 수 있도록 보장할 것이다.

2. 데이터 분석과 의사 결정

교사들에게는 적응형 학습 기술이 생성하는 데이터를 분석할 능력이 중요하다. 그들은 학습자들의 진행 상황, 강점 및 성장 영역을 잘 해석해야 하며, 이를 기반으로 교수적 선택을 실행하고 필요한 개입을 지정하며 학습 경로를 조정하는 것이 필요하다. 다음과 같은 자료를 얻을 수 있는 분석이 필요하다.

① 학습자의 프로필: 학습자의 프로필은 학습자의 기본 정보, 학습 스타일, 선호도 및 학습 능력과 같은 중요한 데이터를 포함한다.
② 진단 평가 결과: 진단 평가는 학습자의 현재의 지식과 능력을 측정하기 위

한 도구로 사용되며, 그 결과를 통해 학습의 시작점을 정하게 된다.

③ 학습 자료의 계층화: 학습 자료는 다양한 난이도와 주제로 분류되어야 하며, 이를 통해 각 학습자에게 가장 적합한 콘텐츠를 제공할 수 있다.

④ 학습 경로 알고리즘: 학습 경로 알고리즘은 학습자의 진단 평가 결과 및 반응을 기반으로, 어떤 학습 콘텐츠를 학습자에게 제공할지 결정하는 알고리즘이다.

⑤ 피드백 메커니즘: 피드백 메커니즘은 학습자의 학습 성과와 진행 상황에 대해 지속적으로 피드백을 제공하는 시스템이다.

⑥ 데이터 분석 및 리포팅 도구: 데이터 분석 및 리포팅 도구는 학습자의 활동, 진행 상황 및 성과를 모니터링하고 분석하기 위해 사용된다.

3. 개별화된 학습 경험의 설계

교사들은 학습자들의 다양한 선호도와 필요에 부응하는 개별화된 학습 경험을 디자인하는 능력을 갖추어야 한다. 학습자의 준비 수준, 학습 스타일 및 관심사를 평가하여 학습 계획을 수립할 수 있는 능력이 필요하다. 능숙한 교사들은 콘텐츠, 활동 및 평가를 맞춤화하는 능력을 갖추어 각 개별적인 학습자를 위한 흥미로운 효과적인 학습 경험을 만들어 낼 것이다.

이러한 역량들은 교사들이 개별화 및 적응형 학습 기술의 힘을 활용하여 학습자들의 성장과 성공을 지원하는 매력적이고 효과적인 학습 환경을 만들 수 있도록 돕는다.

권장하는 교수-학습 지원 전략

1. 퀘스트 기반 학습 모험

개별화된 학습의 구현은 퀘스트 기반 학습 모험을 통해 용이해진다. 이러한 경험은 각 학습자에게 맞춤화된 디지털 학습 퀘스트를 디자인하는 것을 포함한다. 적응형 학습 플랫폼이나 교육용 앱을 활용하여 콘텐츠와 도전 과제가 학습자들의 진행과 그리고 응답과 잘 어울리도록 한다. 매력적인 스토리를 만들어 학습자들을 모험에 몰입하게 하여 퍼즐을 해결하고 과제를 수행하며 지식을 모으게 한다. 대안적인 선택지를 삽입함으로써 학습자들은 자신이 따라가게 되는 퀘스트의 경로를 조종하는 권한을 가질 수 있다. 학습이 진행됨에 따라 보상과 배지를 획득하게 되는 것은 학습자에게 성취감과 열정을 불러일으켜 학습에의 참여를 더욱더 높여 준다.

2. 적응형 학습 계약

적응형 학습 계약은 학습자와 함께 학습의 방향과 목표를 정하여 약속을 하는 과정이다. 여기서는 학습자가 정한 목표, 좋아하는 학습 방식, 그리고 잘하는 부분을 중심으로 다양한 학습 활동과 자료를 준비한다. 계약을 이행하기 위해 학습자는 자신의 흥미와 현재 준비된 상태에 따라 원하는 활동을 선택하고, 자기만의 속도로 학습을 진행한다. 이 과정을 통해 학습자는 자신감을 느끼며 학습을 이어 나간다. 그리고 학습 경험에 대해 생각해 보고, 그 성취를 다른 사람과 공유하는 것이 이 학습 방식의 중요한 부분이다.

3. 가상 시뮬레이션 프로젝트

가상 시뮬레이션 프로젝트는 현실의 문제 상황을 가상의 세계에 담아 학습자에게 제공하는 방식이다. 이곳에서는 적응형 학습 기술이 도입되어, 시뮬레이션의 복잡성이 학습자의 성과와 능력에 맞게 조절된다. 이 프로젝트는 학습자를 실세계의 문제 해결에 참여하게 만들어, 지식의 실제 적용을 경험하게 한다. 학습자들은 시뮬레이션 내에서 협업을 통해 함께 문제를 해결하며, 다양한 전략을 시도하고 결과를 분석함으로써 깊은 이해와 비판적 사고 능력을 길러 낸다.

이와 같은 전략은 단순히 학습을 재미있게 하는 것뿐만 아니라, 각 학습자에게 맞는 학습 경험을 제공하여 효과적인 학습을 도모한다.

실습 예제

실습 1: 적응형 학습 경로 생성

이 실습에서는 각 학습자의 개별적인 필요와 진행 상황을 기반으로 맞춤형 학습 경험을 안내하는 적응형 학습 경로를 만든다.

① **학습 목표 식별**: 적응형 학습 기술을 적용하고자 하는 개별 학습자 별로 특정 학습 목표나 기술을 선택한다. 실습을 위하여 1~2인의 학습자를 대상으로 한다.

② **적응형 학습 플랫폼 선택**: 선택한 학습 목표와 관련된 다양한 활동을 제공하는 적응형 학습 플랫폼이니 도구를 찾는다. 도구가 없으면 앞에서 설명한 적용형 학습의 구성요소를 확인하고 정보를 입력할 스프레드시트를 활용한다.

③ **진단 평가**: 선택한 학습 목표에 대한 학습자들의 현재 지식과 준비 수준을 측정하기 위해 진단 평가를 실시한다.

④ **맞춤형 학습 계획**: 평가 결과를 바탕으로 적응형 기술을 적용하여 각 학습자를 위해 맞춤형 학습 계획을 생성한다. 이 계획에는 권장 활동, 자료 및 도전 과제가 포함될 수 있다. 파워포인트나 플로차트를 그릴 수 있는 도구를 활용하여 계획을 작성한다.

⑤ **학습자별 활동 할당**: 권장 활동을 개별 학습자에게 할당한다. 이러한 활동은 학습자의 준비 수준 및 학습 선호도와 일치해야 한다.

⑥ **정기적인 진행 모니터링**: 적응형 학습 플랫폼에서 학습자의 진행 상황을 계속 모니터링한다. 데이터를 검토하여 학습자가 어떤 활동에서 뛰어나

고 어떤 부분에서 추가적인 지원이 필요한지 파악하고 이를 기록한다.

⑦ **적응과 피드백**: 플랫폼에서 얻은 데이터를 사용하여 필요에 따라 학습 계획을 조정한다. 학습자들의 성과와 업적에 대한 적시적인 피드백을 제공한다.

"적응형 학습 경로 생성"은 학습자의 개별적인 필요와 진행 상황에 맞춰진 맞춤형 학습을 제공한다. 이 과정에서 행하게 되는 개별적인 목표 설정과 적응형 플랫폼의 사용은 효율적인 학습을 위한 핵심 요소이다. 또한 진단 평가를 통해 학습자에게 맞춤화된 학습계획과 권장 활동을 제안한다. 정기적인 모니터링을 통해 필요한 조정과 시의적절한 피드백을 제공하며, 이를 통해 학습자는 학습 성과를 극대화하고, 참여도를 높이며, 적응력을 키울 수 있다. 또한 데이터 분석을 기반으로 한 의사결정 능력도 함께 개발할 수 있다.

실습 2: 맞춤형 경로를 통한 프로젝트 기반 학습[4]

이 실습은 프로젝트 기반 학습과 적응형 학습 기술을 결합하여 맞춤형 학습 경로를 만들며, 이를 통해 학습자들의 참여와 숙련도를 향상시키는 것을 연습한다. 팀으로 진행하여 실습하는 것을 추천한다.

① **프로젝트 주제 선정**: 가장 먼저, 해당 과목에서 관심을 끌 수 있는 주제를 선정한다. 학습자들이 직접적인 경험을 얻을 수 있도록 현실적인 주제가 선정되어야 한다.

② **자료 수집**: 주제와 관련하여 다양한 정보와 자료를 확보한다. 이는 학습자들이 주제에 대한 깊은 이해를 갖출 수 있도록 돕는 기반이 된다. 비디

---

4) 프로젝트 기반 학습(Project-Based Learning: PBL)은 학습자들이 실제 세계의 문제나 질문에 대한 해결책을 찾기 위해 지식과 기술을 사용하여 프로젝트를 수행하는 학습 방법이다. 문화와 전통의 소실, 디지털 중독, 그리고 식량 부족 등이 프로젝트 기반 학습의 예이다.

오, 아티클, 시뮬레이션, 전문가 인터뷰 등의 다양한 형태의 자료를 수집하여 학습자들의 관심을 유지하도록 한다.

③ **맞춤형 프로젝트 설계**: 각 학습자의 준비 수준과 관심사에 따라 다르게 접근할 수 있는 유연한 학습 경로를 계획한다. 이를 통해 모든 학습자가 난이도가 적절하고 관심사에 맞는 활동을 선택하여 진행할 수 있게 된다.

④ **적응형 학습 콘텐츠 통합**: 학습자들의 진행 상황과 숙련도를 실시간으로 모니터링하며, 필요에 따라 적절한 학습 콘텐츠와 도전 과제를 제공한다. 이를 통해 학습자는 항상 적절한 난이도에서 학습을 이어 나갈 수 있다.

⑤ **학습자 중심의 탐구**: 학습자들이 스스로 학습 주제에 대해 탐구하고, 자신의 관심사와 학습 스타일에 맞는 자료와 활동을 선택하도록 유도한다. 이는 학습자의 자기주도성을 높이며 깊은 이해를 갖도록 한다.

⑥ **협력 및 성찰**: 학습자들끼리의 협력적 활동을 통해 서로의 의견과 지식을 공유하며, 학습 경험에 대한 성찰을 통해 학습의 효과를 극대화한다.

⑦ **교사의 지도 및 평가**: 교사는 학습 과정에서 학습자들을 지속적으로 지도하고, 궁금한 점이나 어려움을 해결해 준다. 프로젝트의 완성도와 학습자의 성장 과정을 고려하여 체계적인 평가를 진행한다.

"맞춤형 학습 경로를 통한 프로젝트 기반 학습"은 학습자의 개별적인 필요와 선호를 중심으로 깊은 참여와 숙련도 향상을 도모하는 방식이다. 이러한 접근법은 학습자의 적극적인 참여를 유도하며, 협력적 학습 환경과 교사의 지도를 통해 더욱 풍부하고 효과적인 학습 경험을 제공한다.

이러한 실습을 통해 교사들은 개별화 및 적응형 학습 기술을 효과적으로 활용하여 학습자들의 다양한 필요와 선호도를 충족시키는 매력적이고 맞춤형 학습 경험을 만들어 낼 수 있다.

평가를 위한 과제: 디지털 도구를 활용한 개별 학습자의 학습경로 설계

1. 과제 설명

다음 핵심 개념을 참고하여 개별 학습자에게 적합한 학습 경로를 설계하시오. 이 학습 경로는 학습자의 개별적인 필요와 선호도, 그리고 진행 속도를 반영해야 하며, 디지털 도구의 활용이 필수적이다. 팀과제로 진행하는 것을 추천한다.

① 학습 목표: 개별 학습자가 달성해야 할 학습 목표를 명확하게 정의하시오. (1~2페이지, 워드 문서 혹은 구글 문서)
② 학습 내용: 학습자에게 제공될 학습 자료와 콘텐츠를 명시하시오. 이때 디지털 도구(예: 파워포인트, 구글 슬라이드)를 활용하여 자료를 시각적으로 표현하시오. (2~3페이지)
③ 학습 속도와 경로: 학습자의 속도와 선호도에 따른 학습 경로를 설계하시오. 이때 마인드맵 도구(예: XMind, MindMeister)를 활용하여 경로를 시각적으로 표현하시오. (2~3페이지)
④ 평가 방법: 학습자의 성취도와 학습 경험을 평가할 방법과 기준을 설정하시오. 피드백을 즉시 제공할 수 있는 플랫폼(예: 구글 폼, SurveyMonkey)을 사용하여 평가 설문을 만드시오. (1~2페이지)

2. 평가 기준
- 학습 목표의 명확성과 적절성: 20%
- 학습 내용의 다양성과 적합성: 25%
- 학습 속도와 경로의 개별화와 적응성: 25%
- 평가 방법의 명확성과 효과성: 20%
- 디지털 도구 활용의 창의성과 효율성: 10%

과제를 수행할 때 주어진 핵심 개념들을 참고하시오. 여러분의 학습 경로 설계는 교사와 학습자 모두에게 효과적이며 유익한 경험을 제공해야 한다.

제8장
디지털 시대의 협력 학습

강의 1: 협력 학습에서의 디지털 기술의 역할

읽어 보기

협력 학습은 학습자들이 공동의 학습 목표를 달성하기 위해 동료들과 활발하게 협력하는 학습 방법이다. 이에 디지털 기술은 의사 소통, 팀워크 및 지식의 공동 창조를 촉진하는 도구와 플랫폼을 제공하여 학습자들을 위한 학습 경험을 향상시키는 데 중요한 역할을 한다. 교수-학습에서 협력 학습을 촉진하기 위한 디지털 기술의 역할에 대해 정리해 보면 다음과 같다.

1) 가상 협업 구현

디지털 기술은 학습자에게 지리적 제약 없이 협업할 환경을 제공한다. 온라인 플랫폼, 토론 게시판, 비디오 회의 도구를 활용해 학습자는 원격에서도 다양한 공동 활동과 토론에 참여하며 팀 프로젝트를 수행한다.

2) 실시간 협력

실시간 디지털 도구를 활용하면 학습자는 동기적으로 문서나 프로젝트를 공유하고 함께 작업한다. 이를 통해 팀원 간의 소통이 원활해지고, 작업의 효율성이 크게 향상된다.

3) 다양한 의사소통 구현

디지털 플랫폼은 텍스트 메시징부터 멀티미디어 콘텐츠, 비디오 회의까지 다양한 의사소통 수단을 제공한다. 이를 통해 학습자는 자신의 아이디어와 생각을 다양한 방법으로 표현하며, 피드백 과정도 다양해진다.

4) 그룹 작업의 간편화

디지털 플랫폼을 통해 학습자는 문서, 프레젠테이션, 스프레드시트를 손쉽게 공유하고 편집한다. 디지털 플랫폼을 사용하면, 학습자들이 서로의 작업을 실시간 또는 비실시간으로 쉽게 공유하고 함께 수정할 수 있다.

5) 동료 피드백 용이

동료 피드백 기능을 통해 학습자는 서로의 작업에 대한 의견을 교환하고 개선 사항을 제안한다. 이 과정은 학습자의 비판적 사고 능력을 키우며, 작업의 품질을 높이는 데에 크게 기여한다.

6) 가상 스터디 그룹 구성

가상 스터디 그룹을 구성하여 학습자는 과제 협력뿐만 아니라 시험 준비나 학습 자료 공유 등 다양한 학습 활동을 함께 수행한다.

7) 문제 해결의 협력 지원

디지털 도구는 복잡한 문제나 도전 과제에 대해 학습자가 협력하여 해결책을 모색할 수 있게 지원한다. 이를 통해 학습자는 다양한 시각에서 문제를 바라보고 효과적인 해결책을 도출하는 능력을 길러 낸다.

8) 글로벌 협력 지원

디지털 기술을 활용하면 세계 각국의 학습자와의 협력이 가능하다. 이로 인해 학습자는 다양한 문화와 관점을 이해하며, 국제적인 협업 경험을 얻게 된다.

9) 프로젝트 기반 학습 지원

디지털 도구는 프로젝트 기반의 학습 활동을 지원한다. 공동 연구, 데이터 분석, 멀티미디어 프레젠테이션 등 다양한 활동을 통해 학습자는 실제 상황에서의 문제 해결 능력과 창의력을 기른다.

10) 사회적 학습 커뮤니티 형성

교실의 벽을 넘어서 학습자가 다양한 정보와 자료를 공유하고, 질문하며, 토론하는 환경을 제공한다. 이를 통해 학습자는 사회적 학습 경험을 얻고, 네트워킹 능력을 키운다.

디지털 기술의 능력을 활용함으로써 교사들은 학습자들을 디지털 시대에 필요한 팀워크, 효과적인 의사 소통 및 문제 해결에 대비시키기 위한 동적이고 포괄적인 협력적 학습 환경을 만들 수 있다.

학습과정안: 효과적인 디지털 협력 학습

1. 목표

디지털 기술을 활용하여 효과적인 디지털 협력 학습을 촉진하는 전략을 구현함으로써 학습자들 사이의 의사 소통, 팀워크 및 비판적 사고 능력을 육성하고 디지털 시대의 요구에 대비하는 수업을 진행한다.

2. 필요한 자료

① 디지털 협업 플랫폼 및 도구: 여러 사용자가 동시에 작업하고 소통할 수 있
도록 만들어진 온라인 플랫폼 또는 프로그램을 선택한다. 슬랙(Slack)과
마이크로소프트 팀즈(Microsoft Teams)는 대표적인 도구이다.

② 멀티미디어 자료(비디오, 이미지, 문서): 다양한 형태의 정보나 내용을 담
고 있는 디지털 자료를 활용한다. 유튜브(YouTube) 비디오, 게티이미지
(Getty Images), 그리고 구글 문서 등이 이에 해당한다.

③ 비디오 회의 도구: 원격으로 화상 통화나 회의를 할 수 있는 디지털 도구
이다. 줌(Zoom)과 스카이프(Skype)는 이러한 도구의 좋은 예이다.

④ 온라인 토론 게시판: 사용자들이 토론하거나 정보를 공유할 수 있는 온라
인 공간이다. 레드잇(Reddit)과 스택 오버플로(Stack Overflow)는 이 분야
의 대표적인 예이다.

⑤ 프로젝트 관리 도구: 프로젝트의 진행 상황, 할당된 업무, 마감 기한 등을
관리하고 트래킹하는 온라인 도구이다. 트렐로(Trello)와 아사나(Asana)
는 이를 위한 유용한 도구이다.

⑥ 디지털 퍼즐 및 이스케이프 룸 플랫폼[1]: 사용자들이 팀을 이루어 문제를 해
결하며 목표를 달성하는 가상의 환경을 제공하는 플랫폼이다. 인챔버드
(Enchambered)[2]와 같은 온라인 이스케이프 룸 게임은 이에 속한다.

---

1) 온라인 이스케이프 룸은 물리적인 이스케이프 룸 게임의 디지털 버전이다. 물리적 이스케이프 룸 게임
에서는 참가자들이 한 방 또는 여러 방에 갇힌 채로 다양한 퍼즐이나 미스터리를 해결하여 방에서 탈출
하는 것을 목표로 한다. 이러한 게임은 팀워크, 문제 해결 능력 및 관찰력을 중요시하며, 참가자들에게
주어진 시간 내에 방에서 나가기 위한 단서나 퍼즐을 찾아내고 연결하는 능력을 시험한다.
2) 온라인 이스케이프 룸 게임을 제공하는 플랫폼 중 하나로 다양한 스토리와 퍼즐을 포함한 여러 게임을
체험할 수 있다. https://www.enchambered.com/puzzles/.

3. 학습 절차

1) 소개 및 목표 설명

디지털 협력 학습이 어떻게 학습자들에게 매력적이고 상호작용적인 학습 경험을 제공할 수 있는지에 대하여 설명한다. 이를 통해 수업의 목표를 명확히 하고, 디지털 기술을 적극 활용하여 학습자들이 서로 협력하며 의미 있는 지식을 구축할 수 있는 전략을 실현하는 것이 본 학습의 목표임을 설명한다.

2) 효과적인 디지털 협력 학습 이해

협력적 학습을 촉진하는 디지털 기술의 역할에 대한 개요를 제시한다. 디지털 도구를 사용하여 의사소통, 팀워크 및 문제 해결 능력을 어떻게 효과적으로 강화할 수 있는지 논의한다.

3) 역량 개발

디지털 협업 및 의사소통 능력, 온라인 지도 및 그룹 역학(dynamic), 디지털 기술 강화 프로젝트 디자인이라는 세 가지 역량을 제시한다. 각 역량의 중요성을 설명하며 디지털 기술을 사용하여 학습자들이 협력적 학습 경험을 갖도록, 즉 함께 배울 수 있도록 하는 교사의 능력이 얼마나 중요한지 설명한다.

4) 구현 전략

① **가상 이스케이프 룸 챌린지**: 디지털 플랫폼을 사용한 가상 이스케이프 룸 챌린지의 개념을 소개한다. 챌린지의 내용과 구성을 소개하고 협력과 문제 해결을 필요로 하는 과제에 대하여 설명한다. 학습자들에게 팀을 구성하도록 안내하고 해결책을 논의하며 디지털 도구를 사용하여 실시간으로 의사소통하도록 한다. 비판적 사고, 팀워크 및 효과적인 의사소통 능력의 발전을 강조한다.

② **디지털 토론 토너먼트**: 디지털 토론 토너먼트는 온라인 환경에서 진행되는 토론 대회의 한 형태이다. 이것은 학습자들이 특정 주제에 대해 연구를 하고, 자신들의 주장을 준비하여 다른 학습자들과 논쟁하는 과정을 포함한다. 이 과정에서 학생들은 디지털 도구를 사용하여 정보를 수집하고, 자신의 주장을 효과적으로 전달하며, 상대방의 주장에 대해 비판적으로 생각하고 반박하는 기술을 발전시킬 수 있다. 이를 위하여 팀 내에서 역할을 할당하고 토론 주제를 지정한다. 학습자들에게 토론을 위해 비디오 회의 도구 또는 온라인 토론 게시판을 사용하도록 안내한다. 증거 수집, 주장 구성 및 반대 의견 반박을 위한 팀 내의 협력을 촉진하며 협력적 연구, 비판적 분석 및 설득력 있는 의사 소통의 중요성을 강조한다.

③ **글로벌 협력 프로젝트**: 서로 다른 지역이나 국가에서 온 학습자들이 참여하는 협력 프로젝트의 개념을 제시한다. 디지털 플랫폼을 활용하여 의사 소통과 공동 작업을 촉진하는 방법에 대해 논의한다. 다양한 팀을 형성하고 작업을 할당하며 내용을 공동으로 창조하는 과정을 설명한다. 문화 간 연결, 거리를 초월한 협력 및 다양한 시각에 노출되는 것이 의미 있고 가치가 있음을 강조한다.

5) 결론 및 이점

효과적인 디지털 협력 학습의 이점을 요약한다. 제시된 전략이 비판적 사고, 의사소통 및 협력 능력을 촉진하는 매력적이고 상호작용적인 학습 경험을 만들어 낸다는 점을 강조한다. 교사의 역할이 디지털 협업을 안내하고 의미 있는 상호작용을 촉진하며 학습자들을 디지털 시대에 대비시키는 데 중요하다는 점을 강조한다.

효과적인 디지털 협력 학습은 교사들이 강력하고 상호작용적인 학습 환경을 만들 수 있도록 돕는다. 디지털 협업 및 의사소통, 온라인 지도 및 그룹 역학, 기술 강화 프로젝트 디자인과 같은 역량을 바탕으로 교사들은 디지털 도구를 효과적으로 활용하는 협력적 학습을 구현할 수 있다. 이 접근 방식은 학습자들을 디지털 미래를 위해 준비시킬 뿐만 아니라 학업 여정에서 협력과 적응력을 함양시켜 준다.

갖추어야 할 역량

1. 디지털 협업 및 의사소통 능력

교사는 다양한 디지털 협업 도구, 플랫폼 및 의사소통 도구를 사용하는 능력을 필요로 한다. 교사는 가상 공간을 생성하고 토론을 관리하며 학습자들 간에 동기적 및 비동기적 의사소통을 효과적으로 안내할 수 있어야 한다. 역량 있는 교사라면 학습자들을 효과적인 온라인 협업으로 안내하며 의미 있는 상호작용과 생산적인 팀워크를 촉진한다.

2. 온라인 지도 및 그룹 역학

교사는 가상 그룹 활동 및 토론을 효과적으로 지도할 수 있는 능력을 필요로 한다. 온라인에서 좋은 분위기를 만들고, 또 그에 참여할 때 지켜야 할 기본 규칙을 정하며, 그룹 안에서 서로 잘 지내고 모두를 포용할 수 있는 환경을 만들어야 한다. 역량 있는 교사는 토론을 중재하고 평등한 참여를 장려하며 가상 협업에서 발생할 수 있는 갈등을 해결할 수 있어야 한다.

3. 기술 강화 프로젝트 디자인

교사는 디지털 기술을 활용한 협력적 학습 경험을 디자인할 수 있는 능력을 가져야 한다. 문서 공유, 실시간 편집, 동료 피드백 및 공동 문제 해결을 지원하는 기술 도구를 통합해야 한다. 역량 있는 교사는 학습 목표와 일치하며 효과적인 팀워크와 지식의 공동 창조를 촉진하는 잘 구조화된 공동 프로젝트를 만들 수 있다.

이러한 역량은 교사들이 디지털 기술을 활용하여 협력적 학습을 위해 효과적으로 활용할 수 있도록 지원하며, 비판적 사고, 의사소통 및 협력 능력을 촉진하는 매력적이고 상호작용적인 학습 환경을 만들 수 있다.

권장하는 교수-학습 지원 전략

1. 가상 이스케이프 룸 챌린지

학습자들이 퍼즐과 수수께끼를 해결하며 협력하는 것을 돕기 위해 디지털 플랫폼을 사용하여 가상 이스케이프 룸 챌린지를 디자인한다.[3] 팀별 학습자들이 함께 작업하여 단서를 찾고 도전 과제를 풀어 나가야 하는 이야기를 만든다. 각 퍼즐은 과목 관련 개념이나 문제 해결 시나리오를 기반으로 할 수 있다. 학습자들은 온라인 의사소통 도구를 사용하여 솔루션을 논의하고 발견한 내용을 공유하며 실시간으로 협력한다. 이 전략은 팀워크, 비판적 사고 및 효과적인 의사 소통을 촉진하면서 학습을 매력적이고 상호작용적으로 만든다.

2. 디지털 토론 토너먼트

학습자들이 다양한 주제에 대해 팀을 구성하여 연구하고 주장을 발표하는 디지털 토론 토너먼트를 조직한다.[4] 실시간 토론을 위해 비디오 회의 도구를 사용하거나 문서 토론을 위해 비동기적인 토론 게시판을 사용한다. 각 팀 내에서 토론자, 연구원 및 조정자와 같은 역할을 지정한다. 학습자들은 증거를 수집하고 주장을 구성하며 반대 의견에 대항하는 데 협력한다. 이 전략은 협력적

---

3) https://online-escape-room.com.
4) https://www.speechanddebate.org/online-tournaments/.

연구, 비판적 분석 및 설득력 있는 의사 소통 능력을 촉진한다.

3. 글로벌 협력 프로젝트[5]

다양한 지리적 위치에 존재하는 학습자들이 참여하는 협력 프로젝트를 시작하여 문화 간 연결을 촉진한다. 디지털 플랫폼을 활용하여 의사소통, 데이터 공유 및 공동 프로젝트 작업을 촉진한다. 서로 다른 위치의 학습자들로 구성된 팀을 할당하여 공동 목표나 문제에 대해 작업하도록 한다. 프로젝트는 데이터 수집 및 비교, 문화적 통찰 공유 또는 멀티미디어 프레젠테이션 공동 창조와 같은 작업을 포함할 수 있다. 이 전략은 학습자들의 시야를 확장하며 거리를 초월한 협력 및 다양한 시각을 노출시킨다.

이러한 전략은 합력적 학습을 즐겁게 만들 뿐만 아니라 디지털 기술을 활용하여 학습자들을 위한 역동적이고 매력적이며 풍부한 학습 경험을 만들어 낸다.

실습 예제

실습 1: 가상 협력 연구 프로젝트

이 실습은 학습자들이 디지털 기술을 사용하여 협력적으로 연구 프로젝트에 참여하도록 안내하는 것을 목표로 한다. 학습자들은 온라인 도구를 사용하여 정보를 수집하고 데이터를 분석하며 최종 프레젠테이션을 함께 만든다.

① 주제 선택: 교육과정과 관련된 연구 주제를 선택한다. 역사적 사건, 과학적 현상, 사회 문제 또는 문학 분석 등이 될 수 있다.

5) http://globalschoolnet.org/index.cfm, https://www.facebook.com/GlobalSchoolNet/.

② **그룹 구성**: 3~4명의 작은 그룹으로 수업을 나눈다. 다양한 스킬과 능력을 가진 다양한 그룹 구성을 목표로 한다.

③ **디지털 연구 도구**: 온라인 데이터베이스, 학술 검색 엔진 및 신뢰할 수 있는 웹사이트와 같은 디지털 연구 도구를 학습자들에게 소개한다.

④ **협력 문서**: 각 그룹에 구글 문서나 공유 프레젠테이션 슬라이드와 같은 협력적 디지털 문서를 할당한다. 이 문서는 그들의 연구와 프레젠테이션을 위한 작업 공간 역할을 할 것이다.

⑤ **연구 및 데이터 수집**: 학습자들에게 선택한 주제에 대해 협력적으로 연구하도록 안내한다. 그들은 문서를 사용하여 노트를 정리하고 데이터를 수집하고 출처를 인용할 수 있다.

⑥ **데이터 분석 및 통합**: 수집한 정보를 함께 분석하도록 한다. 학습자들에게 패턴을 식별하고 결론을 도출하며 핵심 포인트를 정리하도록 권장한다.

⑦ **프레젠테이션 생성**: 동일한 협력 문서에서 학습자들에게 프레젠테이션의 개요와 내용을 함께 만들노록 안내한다. 텍스트, 이미지, 그래프 및 멀티미디어 요소를 포함할 수 있다.

⑧ **동료 검토 및 피드백**: 그룹들이 다른 그룹과 진행 상황을 공유할 수 있는 동안 동료 검토 세션을 준비한다. 동료들은 피드백을 제공하고 질문을 하며 개선을 위한 제안을 할 수 있다.

⑨ **최종 프레젠테이션 공유**: 프레젠테이션이 완료되면 각 그룹은 비디오 회의 도구를 사용하여 수업에서 발표할 수 있다. 미래 참고를 위해 프레젠테이션을 녹화하는 것도 고려해 본다.

"가상 협력 연구 프로젝트"는 학습자들에게 중요한 능력을 키울 기회를 제공한다. 디지털 도구의 지원 아래, 학습자들은 주제에 대한 협력을 통해 팀워크와 이해도를 향상시킬 수 있다. 다양한 그룹 활동은 기술 습득을 촉진하며, 연구 도구와 협동 문서는 디지털 리터러시와 팀워크 능력을 강화한다. 분석,

종합, 그리고 동료 평가 과정은 비판적 사고와 의사소통 능력을 향상시키고 발표 기술을 정교하게 만든다. 이 프로젝트는 학습자들의 협력 능력, 디지털 기술, 비판적 분석, 그리고 발표 능력을 개선하며, 현대의 요구 사항을 충족시키기 위해 준비시킨다.

실습 2: 가상 문학 토론 서클

이 실습은 학습자들이 디지털 도구를 사용하여 공동으로 문학 작품을 분석하고 토론하는 가상 문학 토론 서클을 조직하는 것을 포함한다.

① **책 선택**: 교육 과정과 일치하며 서클에서 문학 토론에 적합한 책을 선택한다.

② **그룹 구성**: 각 그룹이 책의 특정 측면에 중점을 둘 수 있도록 문학 서클을 구성한다(캐릭터 분석, 주제, 문학적 장치 등).

③ **디지털 토론 포럼**: 토론 게시판이나 온라인 포럼과 같은 플랫폼을 사용하여 각 문학 서클 그룹을 위한 디지털 토론 포럼을 만든다.

④ **토론 프롬프트(prompt)**: 각 그룹이 할당된 책의 특정 측면과 관련하여 참가자의 입력을 요청하거나 가이드하는 짧은 메시지나 신호를 주거나 안내 질문을 제시한다.

⑤ **공동 분석**: 학습자들은 책에 대한 사려 깊은 대화를 토론 포럼에서 진행한다. 그들은 프롬프트에 답하고 통찰을 공유하며 동료들의 게시물과 상호작용한다.

⑥ **근거 기반 응답**: 학습자들에게 텍스트에서 증거를 제시하도록 장려한다. 그들은 구절을 인용하고 예시를 인용하며 자신의 해석을 설명할 수 있어야 한다.

⑦ **중재된 토론**: 교사로서 토론을 적극적으로 중재하고 학습자들에게 분석을 더욱 깊게 진행하고 존중하고 집중하는 토론을 지원한다.

⑧ **종합과 성찰**: 일정 기간 동안의 토론을 마친 후 각 그룹은 그들의 발견과 통찰을 협력적인 문서나 프레젠테이션에 요약한다.

⑨ **그룹 발표**: 각 그룹에게 할당된 책의 특정 측면을 이해한 것을 보여 주는 프레젠테이션을 하도록 요청한다.

"가상 문학 서클 토론"은 상당한 이점을 제공한다. 학습자들이 문학작품을 공동으로 분석하여 이해와 비판적 사고를 높이는 데 도움이 된다. 다양한 그룹은 각각 특정 측면에 초점을 맞추며 다양한 기술의 활용을 촉진한다. 디지털 플랫폼은 증거 기반 응답을 통해 안내되는 유의미한 대화를 가능하게 한다. 교사의 중재는 집중적이고 존중하는 대화를 보장한다. 종합과 발표는 팀워크, 비판적 분석, 디지털 능력 및 의사소통 능력을 기르며 학습자들을 학문적 및 의사소통적 도전에 대비시킨다.

이러한 실습을 통해 교사는 학습사들 간에 비판적 사고, 의사소통 및 참여를 촉진하는 협력적 학습 경험을 디지털 기술을 활용하여 구축할 수 있다.

평가를 위한 과제: 디지털 기술을 활용한 협력 학습 활동 설계 🔍

1. 과제 설명

강의 내용 및 제공된 자료를 바탕으로, 디지털 기술을 활용한 협력 학습 활동을 설계하세요. 해당 활동은 임의로 고르거나 팀 과제일 경우에는 논의해서 결정하여 진행하세요. 다음의 요소들을 가급적 여러 개를 포함시켜 활동을 설계해야 합니다.

- 가상 협업 구현
- 실시간 협력
- 다양한 의사소통 구현
- 그룹 작업의 간편화
- 동료 피드백 용이
- 가상 스터디 그룹 구성

- 문제 해결의 협력 지원
- 프로젝트 기반 학습 지원
- 사회적 학습 커뮤니티 형성

2. 과제 제출물 및 분량
- 활동의 목적 및 학습 목표(최소 200단어)
- 활동 설계 및 수행 방법(최소 500단어)
- 활용할 디지털 도구 및 플랫폼에 대한 설명(최소 300단어)
- 평가 방법 및 기준(최소 200단어)

3. 평가 기준
- 활동의 목적 및 학습 목표의 명확성: 20%
- 활동 설계의 창의성 및 실제 적용 가능성: 30%
- 디지털 도구 및 플랫폼의 적절한 활용: 25%
- 평가 방법 및 기준의 타당성: 15%
- 전체적인 조직성 및 표현: 10%

이 과제는 예비교사들의 디지털 기술 활용 능력과 협력 학습 활동 설계 능력을 평가하기 위한 것입니다. 따라서 창의적이면서도 실제 교실에서 적용 가능한 활동을 설계하는 데 중점을 둘 것을 권장합니다.

💻 강의 2: 효과적인 디지털 협력 학습의 전략

읽어 보기

효과적으로 디지털 협력 학습을 수행하는 전략은 기술의 힘을 활용하여 디지털 도구와 플랫폼을 활용하며 학습자들 사이에서 의사 소통, 팀워크, 비판적 사고 및 문제 해결 능력을 촉진하는 활동을 디자인하고 실행하는 것이다. 이러한 전략은 디지털 도구와 플랫폼을 활용하여 매력적이고 상호 작용적인 협력

적 학습 경험을 만들어 낼 것이다. 다음은 효과적인 디지털 협력 학습 전략을
개관한 것이다.

1) 가상 그룹 토론

비디오 회의 또는 온라인 토론 플랫폼을 활용하여 가상 그룹 토론을 주최한
다. 교육과정에서 주제를 선택하거나 현재 관심을 끌고 있는 사안이나 사건과
관련된 주제를 할당하고 학습자들을 그룹으로 나눈다. 각 그룹은 연구를 수행
하고 자신들의 주장을 협력하여 만들며 그룹의 견해를 발표하도록 준비한다.
가상 그룹 토론에서는 적극적인 참여, 비판적 사고 및 예의 바른 의사 소통을
수행하도록 장려한다.

2) 공동 문서 작성

구글 문서, 마이크로소프트 팀즈 또는 온라인 화이트보드와 같은 클라우드
기반의 협업 도구를 소개한다. 학습자들이 협력적으로 문서, 프레젠테이션 또
는 멀티미디어 프로젝트를 만드는 그룹 프로젝트를 할당한다. 학습자들은 동
시에 같은 문서에서 작업하고 피드백을 제공하며 내용을 함께 편집할 수 있다.
이 전략은 팀워크, 문서 관리 기술 및 효과적인 의사소통을 촉진한다.

3) 온라인 문제 해결 과제

학습자들이 복잡한 문제나 퍼즐을 해결하기 위해 함께 작업해야 하는 온라
인 문제 해결 과제를 디자인한다. 상호적인 시나리오나 가상 시뮬레이션을 제
공하는 교육용 플랫폼을 사용한다. 학습자들은 정보를 분석하고 해결책을 제
안하며 합의에 도달하기 위해 협력한다. 이 전략은 비판적 사고, 협력 및 디지
털 문제 해결 능력을 발전시킨다.

4) 가상 동료 평가 및 피드백

학습자들이 서로의 작업에 건설적인 피드백을 제공하는 동료 평가 활동을 통합한다. 디지털 플랫폼을 사용하여 과제, 에세이 또는 프레젠테이션을 그룹 간에 공유한다. 학습자들은 동료들의 작업 품질을 향상시키기 위해 피드백, 제안 및 개정을 한다. 동료 평가는 분석적 사고, 효과적인 의사 소통 및 자기 평가 능력을 촉진한다.

5) 문화 간 협력 프로젝트

학습자들을 다른 문화적 배경을 가진 동료들과 함께 협력 프로젝트에 참여시킨다. 비디오 회의, 온라인 포럼 또는 협력 플랫폼을 활용하여 상호작용을 용이하게 한다. 다양한 관점을 공유하고 글로벌 이슈에 대한 해결책을 만들기 위하여 공동으로 협력하는 과제를 할당한다. 이 전략은 문화적 인식, 공감능력 및 문화 간 의사소통 능력을 촉진한다.

6) 가상 질문 기반 학습 경험

학습자들이 협력적으로 현실 세계의 문제를 조사하는 질문 기반 학습 경험을 디자인한다. 디지털 자원, 연구 도구 및 온라인 데이터베이스에 접근할 수 있게 한다. 이를 통하여 학습자들은 데이터를 수집하고 결과를 분석하며 결론을 제시하기 위해 협력한다. 질문 기반 학습은 연구 기술, 비판적 사고 및 협력적 문제 해결 능력을 향상시킨다.

이러한 전략을 실행함으로써 교사는 학습자들에게 협력적으로 작업하고 비판적으로 사고하며 학문적 및 개인적 성장을 위해 효과적으로 기술을 활용하는 동적이고 매력적인 디지털 협력 학습 경험을 만들어 낼 수 있다.

학습과정안: 디지털 협력 전략 탐구 및 적용

1. 목표

예비교사가 비판적 사고, 의사소통, 팀워크 및 문제 해결 능력을 촉진하기 위해 기술을 활용하는 전략을 찾아보고 실제의 상황에서 적용해 보는 능력을 키우고자 한다.

2. 필요한 자료

- 디지털 협업 플랫폼 및 도구 또는 이용 가능한 토론 게시판 등
- 클라우드 기반 협업 도구(구글 문서, 마이크로소프트 팀즈)
- 온라인 문제 해결 플랫폼
- 비디오 회의 도구
- 가상 시뮬레이션을 제공하는 교육 플랫폼
- 온라인 포럼 또는 토론 게시판

3. 학습 절차

1) 디지털 협력 학습 이해

디지털 협력 학습 이해는 학습 절차의 첫 번째 단계이다. 학습자들은 협력의 중요성 및 디지털 기술이 교육에서 어떻게 협력적 학습 경험을 강화하는지에 대한 이해를 깊게 한다. 협력은 다양한 의견을 존중하고 합의를 이끌어 내는 능력, 서로의 강점을 최대화하며 약점을 보완하는 핵심 요소이다. 디지털 환경에서의 협력은 물리적 거리나 시간 제약 없이 효율적인 의사소통과 자료 공유가 가능하게 만든다. 이를 통해 학습자들은 더 광범위하고 다양한 경험과 지식을 공유할 수 있다.

2) 역량 개발

역량 개발은 학습 절차의 두 번째 단계이다. 학습자들은 디지털 협력을 위한 핵심 역량을 개발하게 된다. 여기에 필요한 역량은 다음과 같다.

- 팀 작업 역량: 디지털 환경에서의 팀 작업과 의사소통 능력을 개발한다.
- 문제 해결 역량: 팀 내에서 발생하는 다양한 상황에 대해 창의적 사고와 문제 해결 능력을 키운다.
- 도구 활용 역량: 다양한 디지털 협력 도구의 사용 방법과 기능을 습득한다.

3) 디지털 협력 도구 사용

이 단계에서는 학습자들이 디지털 협력 도구의 기능과 사용 방법을 익힌다. 특정 도구를 선택하여 실제로 협력하는 활동을 수행하며, 도구의 기능을 최대한 활용하여 팀의 목표를 달성한다.

4) 실제 상황에의 적용

학습자들은 이 단계에서 팀으로 나누어져 실제 프로젝트를 수행한다. 각 팀은 주어진 주제에 대해 연구하고, 디지털 협력 도구를 활용하여 정보를 공유하고 의견을 조율한다. 실제 상황에 대한 적용의 예는 다음과 같다.

- 가상 그룹 토론: 토론 주제를 선정하고 비디오 회의 도구를 활용하여 진행한다.
- 공동 문서 작성: 클라우드 기반 도구를 활용하여 그룹별로 문서나 프레젠테이션을 만든다.
- 온라인 문제 해결: 가상 시뮬레이션을 활용하여 문제 상황을 제시하고 해결 방안을 모색한다.
- 가상 동료 리뷰: 도구를 활용해 동료 리뷰를 진행하며 피드백을 제공한다.

마지막으로 프로젝트의 결과물을 제출한다.

5) 피드백 및 평가

마지막 단계에서는 학습자들의 팀 프로젝트에 대한 피드백과 평가가 이루어진다. 팀별로 피드백을 받고, 그 피드백을 바탕으로 자신들의 작업을 반성하며 개선점을 찾는다.

예비교사들은 디지털 환경에서의 협력 전략을 실제로 탐구하고 적용해 보는 경험을 통해, 현대 교육 환경에서 요구되는 협업 능력과 디지털 기술 활용 능력을 향상시킬 수 있다. 이러한 접근은 예비교사들에게 협력과 디지털 기술 활용의 중요성을 실질적으로 느끼게 하며, 교육 환경에서의 실제 적용 방법을 습득하게 한다.

갖추어야 할 역량

1. 디지털 기술 소양 및 혁신적 활용 능력

디지털 기기 및 기술의 숙련은 교사가 갖추어야 할 중요한 역량이다. 협력적인 학습을 효과적으로 지원하기 위해서는 교사가 다양한 디지털 도구를 선택하고 활용하는 능력을 가져야 한다. 더 나아가 기술을 학습 전략에 원활하게 통합하는 데에도 능숙해야 하며 이렇게 하는 데 있어서는 학습 전략이 학습 목표와 조화를 이루도록 해야 한다. 기술만에 의존하는 것 이상의 역량을 갖춘 교사는 기술의 변화에 유연하게 적응하며, 이를 활용해 협력적 학습 경험을 향상시킬 수 있는 능력을 소유하고 있어야 한다. 디지털 기술의 숙련도를 향상시켜서 교사는 학습자 간의 상호작용, 비판적 사고 및 협력적인 문제 해결을 지원하는 동적이고 매력적인 학습 환경을 만들어 낼 수 있다.

2. 온라인 토론 촉진

온라인 토론을 촉진시키는 역량은 현대의 교육에서 중요한 위치를 차지한다. 교사들은 학습자들 사이의 의미 있는 온라인 토론과 협력을 지원하고 육성하는 데 능숙해야 한다. 학습자들 간의 온라인 상호작용을 위한 적합한 환경을 조성하는 방법을 잘 이해하는 것이 중요하며 다양한 시각을 장려하면서도 예의 바른 포용적인 분위기를 유지하는 것이 중요하다. 효과적인 환경 조성은 단순히 대화를 감독하는 것을 넘어서 학습자들 사이의 대화를 능숙하게 조율하고, 사고를 자극하는 질문을 통해 깊은 사고를 유도하며, 이를 통해 학습자들의 깊은 참여를 촉진한다. 숙련된 촉진 활동을 통해 교사는 학습자들이 아이디어를 탐구하고 서로의 통찰을 빌려 토론을 발전시키며 의사소통 기술을 다듬는 공간으로 온라인 토론을 변화시킬 수 있다.

3. 디지털 시민의식과 온라인 예절

디지털 시대에서 교사들은 학습자들 사이에서 책임감 있는 온라인 행동을 육성하고 디지털 시민의식과 온라인 예절 감각을 기르는 데 중요한 역할을 한다. 따라서 교사들은 디지털 시민의식의 개념과 온라인 예절에 대한 깊은 이해를 가져야 한다. 학습자들에게 윤리적인 온라인 행동, 적절한 의사 소통 표준, 지적 재산을 존중하는 중요성에 대해 가르쳐야 하고 모범을 보여야 한다. 그에 대해 가르치는 것 이상으로 교사들은 디지털 행동을 모범적으로 보여 주며 자신의 온라인 상호작용을 통해 긍정적인 디지털 시민의식 수행을 강화해야 한다. 이 역량은 안전하고 생산적인 온라인 학습 환경을 조성하는 데 기여하며 학습자들에게 진정한 태도와 존중을 가지고 디지털 세계를 탐색하는 데 필요한 기술과 가치를 제공한다.

이와 같은 역량을 갖춘 교사들은 기술을 다루는 능력을 활용하고 모범을 보이면서, 학습자들 사이에서 의사소통, 비판적 사고 및 팀워크를 촉진하는 효과적인 디지털 협력 학습 경험을 조성할 수 있다.

권장하는 교수-학습 지원 전략

1. 협력 중심의 퀘스트 어드벤처

학습자들을 협력 중심의 퀘스트 어드벤처 세계로 초대한다. 이 활동에서 학습자들은 비디오 콘퍼런싱이나 온라인 토론 플랫폼을 통해 가상의 논쟁과 토론을 체험하게 된다. 교육과정으로부터 또는 최근의 이슈에 대한 흥미로운 주제를 선택하여, 모험을 신뢰하는 팀원들과 함께 연구하고 논의한다. 학습자들은 연구를 깊게 해 나가면서 협력을 바탕으로 논리적인 결론을 도출하게 되고, 그것을 기반으로 가상 토론에서 자신의 의견을 나눈다. 이러한 퀘스트는 학습자들의 적극적 참여를 유도하고, 그들의 비판적 사고를 발전시키며, 상대방을 존중하는 의사소통 능력을 향상시킨다. 또한 예를 들어, 퀘스트 어드벤처의 일환으로 학습자들이 '구한말 시대의 경제와 문화'라는 주제로 가상의 시장 장터에서 물건을 팔거나 교환하는 활동을 진행할 수 있다. 협력 중심의 퀘스트 어드벤처는 학습자들의 학습 의욕을 높이고, 지식을 탐구하는 데에 열정을 불어넣는다.

2. 클라우드 크루(crew)[6] 협력 축제

아래에 클라우드 축제를 두 개로 기술한다. 실제 세계 속에서 준비된 축제와 메타버스 속에서 만들어진 축제이다. 물론 이를 준비하려면 시간이 필요할

---

6) 크루는 특정 작업이나 목적을 위해 모인 그룹이나 팀을 지칭하는데, 클라우드 크루는 클라우드 환경에서 서로 협력하고 소통하는 그룹의 구성원들을 지칭한다. 축제와 연결하여 "클라우드 크루"는 디지털 축제와 같은 협력적 활동의 장에서 함께 활동하는 사람들의 집단을 의미하는 것으로 이러한 집단은 클라우드 기술을 활용하여 지리적 제약 없이 협력하고, 서로의 지식과 리소스를 공유하며, 함께 무언가를 창조해 나가는 활동을 수행한다. 이는 전통적인 축제에서 사람들이 서로 협력하고 소통하는 모습과 유사한 특징을 가질 수 있다.

것이다. 하지만 필요한 자료들을 모아서 구축하기를 바란다.

실제 현실에서의 축제

협력이 중심인 클라우드 크루 협력 축제에서는 다양한 부스와 워크숍이 마련되어 있다. 각 부스(booth)에서는 구글 문서, 마이크로소프트 팀스와 같은 클라우드 기반 협업 도구의 다양한 기능과 활용법을 체험할 수 있다. 축제의 한 구석에는 대형 스크린이 설치되어 학습자들이 실시간으로 멀티미디어 작품을 제작하며 그 과정을 공유한다.

또한 여러 전문가들이 워크숍을 통해 효과적인 협업 방법과 도구의 활용 팁을 전달하며, 참여자들은 이를 토대로 자신의 프로젝트를 개선해 나간다. 실시간 피드백 세션에서는 학습자들이 자신의 작업물을 발표하고 다른 참여자들로부터 피드백을 받는 시간도 가진다.

축제 중앙에는 무대가 설치되어 있어, 각 팀이나 개인이 자신들의 협업 결과물을 데모나 발표 형태로 보여 주는 타임라인이 진행된다. 이런 활동들은 학습자들에게 협업 도구의 효과를 직접 느끼게 해 주며, 축제의 활기찬 분위기 속에서 협력과 창의력의 중요성을 깨닫게 한다.

가상 현실에서의 축제

협력이 중심인 클라우드 크루 협력 축제는 가상 현실(VR)의 화려한 세계에서 펼쳐진다. 참여자들은 VR 헤드셋을 착용하여 클라우드 크루의 가상 세계로 입장한다. 이곳에서는 구글 문서나 마이크로소프트 팀스와 같은 클라우드 기반 협업 도구들이 화려한 3D 객체로 구현되어 있어, 참여자들은 직접 도구들을 선택하며 가상 세계에서 협업 활동을 체험한다.

수중에서 떠오르는 가상의 스크린에서는 학습자들이 동시에 문서나 프레젠테이션을 작성하며, 이러한 활동은 참여자들 사이에서 실시간으로 공유된다. 또한 가상의 공간에서는 참가자들이 서로 팀을 구성해 문제 해결 미션을 수행하며, 그 과정에서 협업 도구의 효용성을 깨닫게 된다.

축제 공간의 중앙에는 거대한 3D 무대가 있어, 각 팀이나 개인이 자신들의 협업 결과물을 전체 참가자들에게 보여 줄 수 있다. 참가자들은 이러한 경험을 통해 협력과 창의력의 중요성, 그리고 디지털 도구의 효과를 직접 느끼게 될 것이다.

앞에서 제시된 재미있는 전략은 에너지와 흥미를 교실에 불어넣어 학습자들이 효과적인 디지털 협력 학습에 참여하며 발견과 상호작용의 과정을 즐기도록 초대한다.

실습 예제

실습 1: 가상 소크라틱 세미나[7]

이 실습은 디지털 도구를 사용하여 가상 소크라틱 세미나를 진행하는 것으로, 학습자들이 사려 깊은 토론과 비판적 사고를 함께하게 된다.

① 주제 선택: 교육과정과 관련된 사려 깊은 생각을 필요로하는 주제 또는 텍스트를 선택한다. 그 주제나 텍스트는 문학작품, 역사적 사건, 과학적 개념 또는 윤리적 딜레마일 수 있다.

② 준비: 학습자들을 작은 토론 그룹으로 나누고 각 그룹에서 다양한 시각을 고려한다.

③ 온라인 토론 플랫폼: 가상 소크라틱 세미나를 진행하기 위해 비디오 콘퍼런싱이나 온라인 토론 플랫폼을 활용한다.

④ 가이드된 질문: 선택한 주제와 관련된 개방형 질문 세트를 제공한다. 이러한 질문은 비판적 사고와 토론을 장려해야 한다.

⑤ 토론 역할: 각 그룹 내에서 학습자들에게 세미나의 진행을 구조화하는 역할인 진행자, 질문자, 응답자 및 기록자를 할당한다.

⑥ 토론 과정: 학습자들이 서로의 의견을 발표하고 질문을 제기하며 아이디

---

7) 소크라테스의 대화법에 기반하여 학습자들이 주도적으로 토론하고, 깊이 있는 질문을 통해 주제나 내용에 대한 깊은 이해와 통찰을 얻도록 하는 학습 방법이다. 학습자들은 주어진 텍스트나 주제에 대해 중앙에 모여 앉아 서로의 생각과 견해를 나누며, 교사는 주로 가이드 역할을 하여 질문을 던지고 토론을 유도한다. 가상 환경에서의 소크라틱 세미나는 이러한 방법을 온라인 플랫폼에 적용하는 것인데, 비디오 회의 도구나 온라인 토론 포럼 등을 활용하여 원격으로 진행한다.

어에 대한 응답을 하는 동안 세미나를 진행한다.

⑦ 적극적인 청취: 학습자들에게 동료들을 적극적으로 청취하고 아이디어를 발전시키며 가정을 존중하도록 장려한다.

⑧ 가상 성찰: 세미나가 끝난 후 학습자들에게 그들의 경험, 획득한 통찰력 및 새로운 관점에 대해 반성하도록 요청한다.

"가상 소크라틱 세미나"는 학습자들에게 중요한 의미를 갖는다. 디지털 도구를 활용하여 중요한 주제에 대해 깊이 생각하고 비판적으로 토론에 참여하도록 안내한다. 이 과정에서 다양한 그룹을 구성하고 잘 짜인 질문들을 미리 준비하면 토론과정에서 학습자들의 이해력을 높일 수 있으므로 이러한 요소들을 미리 준비하는 것이 중요하다. 온라인 플랫폼이 구조적인 세미나를 용이하게 하며, 할당된 역할과 적극적인 청취가 토론을 풍부하게 만든다. 성찰을 통해 통찰력을 깊이 있게 하는 것과 개방적인 태도를 기르는 데에 도움이 된다. 이 실습은 비판적 사고, 의사소통 및 디지털 기술을 향상시키며 학습자들 사이에서 이해를 도모한다.

실습 2: 협력적인 디지털 토론 클럽

이 실습은 다양한 주제에 대해 학습자들이 연구하고 그들의 주장을 발표하는 협력적인 가상 토론 클럽을 형성하고, 학습자들이 이에 참여함으로써 활발한 학습이 이루어지게 한다.

① 주제 선택: 교육과정이나 현재 사건과 관련된 일련의 토론 주제를 할당한다. 주제는 사회적 문제부터 윤리적 딜레마까지 다양하게 구성될 수 있다.

② 그룹 형성: 각 주제에 대해 긍정적인 견해를 지닌 팀과 부정적인 견해를 지닌 팀이 같은 수로 구성되도록 학습자들을 나눈다.

③ **디지털 연구 및 계획:** 각 토론 클럽 내에서 협력적인 연구를 촉진하기 위해 온라인 데이터베이스와 신뢰할 만한 웹사이트와 같은 디지털 연구 도구를 활용한다.

④ **주장 구성:** 토론 클럽 내에서 학습자들은 연구 결과를 기반으로 함께 협력하여 설득력 있는 주장을 구성한다.

⑤ **가상 토론 라운드:** 긍정적인 견해와 부정적인 견해의 팀이 각자의 주장을 발표하고 상대방을 심도 있게 심문하며 반박을 제시하는 가상 토론 라운드를 조직한다.

⑥ **심사위원 및 청중:** 심사위원과 청중의 역할을 할당한다. 심사위원은 기준에 따라 토론을 평가하고 청중은 가상 질문/답변 세션에 참여한다.

⑦ **토론 성찰:** 각 토론 라운드 이후 학습자들에게 팀의 성과, 주장의 질 및 개선 사항에 대해 성찰하도록 장려한다.

⑧ **회고 및 피드백:** 성공적인 전략을 토론하고 건설적인 피드백을 제공하는 회고 세션을 진행한다.

"협력적인 디지털 토론 클럽"이 제공하는 가치 있는 경험 속에서 학습자들은 다양한 주제를 중심으로 협력적인 논의를 진행하게 되며, 이를 지원하는 디지털 도구들은 연구와 팀 협업을 보다 원활하게 해 준다. 각 토론 라운드는 발표를 시작으로 깊은 질의응답과 반박 과정을 거치게 되는데, 이 과정에서 심사위원과 청중의 참여는 토론의 품질을 높이는 동시에 평가 과정을 활성화시킨다. 학습자들은 토론을 통한 성찰을 통해 비판적 분석 능력을 세련되게 향상시키며, 회고 시간은 그들의 노력을 칭찬하고 유용한 피드백으로 연구 기술, 팀워크, 의사소통 및 비판적 사고 능력을 더욱 발전시킨다. 이러한 경험은 학습자들이 복잡한 주제에 대한 깊이 있는 토론과 논증을 준비하고 제시하는 데 도움을 준다.

　　이러한 실습을 해 봄으로써 교사들은 디지털 도구를 효과적으로 활용하여 학습자들 사이에서 비판적 사고, 의사소통 및 팀워크를 촉진하는 매력적이고 동적인 협력 학습 경험을 조성할 수 있다.

평가를 위한 과제: 디지털 협력 학습 및 전략의 설계와 적용

1. 과제 설명

　　예비교사로서 주어진 내용에 기반하여 효과적인 디지털 협력 학습 활동을 설계해 보십시오. 설계된 활동을 실제로 수행한 후 그 경험을 반영하여 학습 전략의 효과와 개선점을 논의하는 보고서를 작성하십시오. 여기서 시간을 고려하여 과제를 둘로 나누어서 설계 과제, 그리고 실제 수행과제로 진행할 수 있습니다. 과제물과 평가 기준도 그에 맞게 가감을 하도록 합니다.

2. 과제 제출물 및 분량

- 디지털 협력 학습 활동 설계서: 주제 선택, 목표 설정, 사용할 디지털 도구 및 플랫폼, 수행 절차 등 포함(3~5페이지)
- 활동 수행 후기 및 평가: 학습자들의 반응, 어려웠던 점, 잘 작동한 전략, 개선할 점 등을 포함한 보고서(5~7페이지)

3. 평가 기준

- 디지털 협력 학습 활동 설계의 타당성(30%): 전략의 효과성과 적합성 평가
- 실제 활동에서의 응용력(30%): 설계된 활동을 얼마나 잘 실행했는지 평가
- 리플렉션의 깊이(20%): 수행 후기에서 문제점과 개선점에 대한 논의의 깊이
- 갖추어야 할 역량 반영 정도(10%): 예비교사로서 교육에서 필요한 역량들을 얼마나 잘 반영했는지 평가
- 보고서의 전체 구성 및 표현력(10%): 보고서의 논리적 구조, 문장의 명료성 및 언어의 정확성 평가

이 과제를 통해 예비교사들은 현대 교육에서 중요한 디지털 협력 학습 전략을 실제로 설계하고 적용해 보는 경험을 얻게 됩니다. 그 과정에서 교사로서 갖추어야 할 다양한 역량을 실제로 활용하고 개발할 수 있게 될 것입니다.

제9장
교수-학습에서의 인공지능

🖥 **강의 1: 인공지능과 교사의 역할**

읽어 보기

인공지능이 보내는 편지

안녕하세요, 예비교사님! 인공지능인 저에 대해 알려 드리기 전에 먼저, 여러분이 아침에 일어나 알람을 끄면서 스마트폰의 날씨 앱을 통해 오늘의 날씨를 확인하거나, 음성인식 기능을 통해 스마트폰에 무언가를 검색해 본 경험이 있으실 겁니다. 그런 순간마다 여러분 옆에서 도와주는 친구 같은 존재가 바로 '인공지능'입니다.

인공지능은 사실 굉장히 복잡한 기술입니다만, 가장 기본적으로는 컴퓨터나 기계가 사람처럼 생각하고 학습하는 기술을 말해요. 예를 들면, 우리가 어렸을 때 '1+1은?' 이라는 질문에 '2!'라고 대답을 배웠듯이, 인공지능도 다양한 정보와 데이터를 통해 학습하게 됩니다. 그렇게 학습한 내용을 바탕으로, 우리에게 필요한 정보나 서비스를 제공해 줍니다.

더 간단하게 설명하면, 인공지능은 사람의 뇌처럼 정보를 처리하고 학습하는 컴퓨터 프로그램이라고 생각하시면 돼요. 그리고 그 학습 능력 덕분에, 인공지능은 매일매일 더 똑똑해져서 우리의 일상생활에서 큰 도움을 주게 됩니다.

마치 책을 통해 지식을 얻는 학습자처럼, 인공지능은 데이터라는 '책'을 통해 지속적으로 배워 가며, 그것을 바탕으로 우리에게 필요한 답변이나 조언을 해 줍니다. 여러분이 교사로서 학습자들에게 지식을 전달하듯이, 인공지능도 우리에게 필요한 정보와 지식을 전달해 주는 도우미라고 생각하시면 이해하기 쉬울 것 같아요.

인공지능은 현대 사회에서 중요한 기술 중 하나로 자리 잡고 있기 때문에, 교육 현장에서도 이를 활용한 다양한 방법과 접근법이 연구되고 있습니다. 여러분들의 교육 현장에서도 인공지능을 효과적으로 활용할 수 있는 방법을 찾아보시면 학습자들에게 더 다양하고 흥미로운 교육을 제공할 수 있을 거예요!

인공지능의 기여와 역할은 다음과 같다.

① **데이터 분석 및 처리**: 인공지능은 방대한 양의 데이터를 빠르게 분석하고 처리하며, 이전에는 불가능했던 통찰력과 예측을 제공한다.

② **자동화**: 반복적인 업무를 자동화해 시간과 노력을 절약한다. 예를 들면, 제조업에서의 로봇이나 고객 서비스에 대한 자동응답 시스템 등이 있다.

③ **의사결정 지원**: 알고리즘이 복잡한 문제를 해결하는 데 도움을 주고, 기업이나 개인의 의사결정 과정을 강화한다.

④ **사용자 맞춤형 서비스**: 사용자의 선호나 행동 패턴을 분석하여 개인화된 경험을 제공한다. 예를 들면, 온라인 쇼핑 추천, 음악 스트리밍 서비스의 플레이리스트 추천 등이 있다.

⑤ **의료 및 진단**: 의료 이미지 분석, 환자 데이터를 바탕으로 한 질병 예측 및 진단 지원 등에 활용된다.

⑥ **언어 번역**: 실시간으로 다양한 언어를 번역해 주는 서비스를 제공하며, 세계 각국의 사람들과의 소통을 용이하게 한다.

⑦ **연구 및 개발**: 복잡한 문제 해결에서부터 새로운 연구 방향성 제시까지, 인공지능은 연구와 개발 분야에서도 중요한 역할을 한다.

⑧ **교육**: 개인의 학습 스타일과 능력에 맞춰진 맞춤형 교육 콘텐츠 제공이 가능하다.

⑨ 엔터테인먼트: 게임, 영화, 음악 등의 콘텐츠 제작과 실제 활용에서 인공
   지능의 활용이 증가한다.

이와 같이 다양한 분야에서 인공지능은 우리의 삶을 향상시키고, 업무의 효
율성을 높이며, 새로운 가능성을 열어 준다.

인공지능 시대에 예비교사들이 어떻게 해야 할지에 대한 고민은 그 어느 때
보다 중요하다. 현재의 교육 현장은 빠르게 변화하며, 이러한 변화 속에서 교
사들의 역할은 더욱 중요하기 때문이다. 인공 지능 시대에 예비교사들이 생각
해보거나 고민해야할 사항들을 정리해 보고자 한다.

① **지속적인 학습**: 인공지능과 관련된 기술은 빠르게 발전한다. 예비교사들
   은 이러한 기술 흐름을 지속적으로 파악하며, 자신의 전문 지식을 업데
   이트하는 노력이 필요하다. 또한 인공지능이 교육 현장에서 어떻게 활용
   될 수 있는지에 대한 실용적인 지식도 함께 습득해야 한다.

② **윤리적 고민**: 인공지능의 활용은 다양한 윤리적 이슈를 동반한다. 예비교
   사들은 이러한 윤리적 문제에 대한 인식을 높이고, 학습자들에게도 올바
   른 가치관을 전달하는 역할을 해야 한다.

③ **학습자 중심의 교육**: 인공지능 도구를 활용하더라도 교육의 중심은 항상
   학습자이다. 예비교사들은 인공지능 도구를 활용하여 개별 학습자의 필
   요와 특성에 맞는 교육 방법을 모색해야 한다.

④ **협업의 중요성**: 인공지능의 도입은 단순히 기술적인 문제만이 아니다. 교
   육의 다양한 이해관계자와의 협업을 통해 교육 현장에서 인공지능이 더
   욱 효과적으로 활용될 수 있도록 노력해야 한다.

⑤ **경험적 학습 활용**: 인공지능 도구를 활용하여 학습자들에게 더 많은 실제
   경험을 제공하는 것이 중요하다. 예를 들면, 가상 현실을 활용한 체험 학
   습이나 프로젝트 기반 학습을 통해 학습자들의 창의력과 문제 해결 능력

을 키울 수 있다.

⑥ **끊임없는 자기 반성**: 인공지능 도구의 활용이 항상 긍정적인 결과를 가져
오는 것은 아니다. 예비교사들은 교육 현장에서의 경험을 토대로 자신의
교육 방법을 지속적으로 반성하고 수정해 나가는 태도가 필요하다.

결론적으로, 인공지능 시대의 예비교사들은 기술적 지식뿐만 아니라 윤리
적, 교육학적 고민을 지속적으로 해야 한다. 이를 통해 교육 현장에서 더욱 효
과적인 교육을 제공할 수 있다.

학습과정안: 교육 및 학습 향상을 위한 인공지능 응용

1. 학습목표
- 인공지능의 기본 개념과 그 중요성을 이해한다.
- 인공지능이 다양한 분야에서 어떻게 활용되는지 학습한다.
- 인공지능 시대에 예비교사의 역할과 그 중요성을 파악한다.

2. 필요한 자료
- 인공지능 관련 기본 서적 또는 온라인 자료
- 인공지능을 활용한 교육 사례 동영상
- 인공지능에 대한 윤리적 고민을 다룬 논문이나 기사
- 인공지능 관련 액티비티나 시뮬레이션 도구

3. 학습 절차

1) 인공지능의 이해
먼저, 인공지능의 역사와 그 발전 과정에 대한 간략한 설명을 진행한다. 이

후에 인공지능의 기본 원리와 작동 방식에 관한 동영상을 시청하며 학습자들에게 주요 개념을 소개한다. 간단한 퀴즈나 토론의 시간을 갖어 학습자들의 이해도를 체크한다.

2) 인공지능의 교육적 활용

학습의 초기에 교육 분야에서 활용되는 인공지능 기술의 예시를 짧게 소개한다. 이후에 사례 연구 및 기사를 통해 어떻게 활용되고 있는지 구체적으로 알아본다. 학습자들이 각자 관심있는 분야나 주제를 선택해 짧은 발표나 토론을 진행하도록 한다.

3) 윤리적 고민과 토론

윤리적 이슈에 대한 기사나 논문을 미리 분배하고, 학습자들이 주요 내용을 읽고 정리한다. 그 후에 그룹별로 이슈에 대한 토론을 진행하며, 각 그룹이 도출한 결론이나 생각을 다른 그룹과 공유한다.

4) 학습자 중심의 교육 방법 모색

학습자들에게 인공지능 도구의 활용 예시와 사례를 기반으로 한 시나리오를 제공한다. 이를 바탕으로 학습자들은 그룹 활동을 통해 교육 방안을 모색하고, 각 그룹별로 아이디어를 발표한다. 그다음에 동료 평가를 통해 각 아이디어의 장단점을 토론한다.

5) 피드백 및 성찰

학습자들에게 이전에 학습한 내용과 그동안의 활동에 대한 피드백 시트를 제공한다. 학습자들은 이 시트를 기반으로 자신의 학습 경험과 느낀 점, 그리고 교육 현장에서의 인공지능 활용의 장단점에 대해 기록한다. 마지막으로 전체 토론의 시간을 갖고 학습 경험을 공유한다.

이 학습과정을 통해 예비교사들은 단순히 인공지능의 개념만 이해하는 것을 넘어, 교육 현장에서 실제로 어떻게 활용될 수 있는지, 그리고 그러한 활용에 따른 윤리적 이슈와 대응 방안 등을 종합적으로 학습할 수 있다. 또한 다양한 토론과 피드백 시간을 통해 서로의 생각을 공유하며 깊은 학습을 경험할 수 있다.

갖추어야 할 역량

예비교사가 인공지능 시대에 갖추어야 할 핵심 역량을 위의 내용을 바탕으로 세 가지로 정리하면 다음과 같다.

1. 지속적인 학습의욕과 능력

예비교사는 빠르게 발전하는 인공지능과 관련된 기술 흐름을 지속적으로 파악하고 자신의 전문 지식을 업데이트한다. 예컨대 최근의 인공지능 기술 발전은 교육 현장에서도 그 영향을 미친다. 새로운 교육 도구나 솔루션이 등장하면, 이를 학습하고 활용하는 것이 예비교사의 중요한 업무 중 하나이다. 이렇게 변화하는 교육 환경에 유연하게 대응하기 위해 지속적인 학습은 필수적이다.

2. 윤리적 인식

인공지능의 활용은 다양한 윤리적 이슈를 동반한다. 예비교사는 이러한 문제에 대한 인식을 높이며, 학습자들에게 올바른 가치관을 전달한다. 인공지능 기술이 개인 데이터를 분석하거나 활용할 때 발생할 수 있는 개인정보 보호 문제, 데이터의 편향성, 그리고 무엇보다 기술의 올바른 활용 방법에 대해 깊게 고민하고 학습자들에게 이를 전달하는 것이 중요하다.

3. 학습자 중심의 교육 추구

교육의 중심은 항상 학습자이다. 인공지능 도구의 활용은 개별 학습자의 필요와 특성을 더욱 잘 반영할 수 있는 기회를 제공한다. 어떤 학습자는 시각적인 방식으로 더 효과적으로 학습한다면, 인공지능 기반의 시각적 학습 도구나 앱을 통해 그에 맞는 교육 경험을 제공해야 한다. 각 학습자의 학습 방식을 파악하고 최적화된 교육 환경을 제공하는 것은 현대 교육의 핵심 원칙 중 하나이다.

이러한 역량을 보유한 교사들은 인공지능의 잠재력을 효과적으로 활용하여 교육 및 학습 경험을 향상시키고 학습자들에게 맞춤형 지원을 제공하며 데이터 통찰력을 기반으로 한 교육 결정을 내리는 능력을 갖출 수 있을 것이다.

권장하는 교수-학습 지원 전략

1. 인공지능의 원리 탐색 퀘스트
이 전략을 다음과 같은 순서로 행한다.

1) 가상 학습 환경 구축
교사는 학습 관리 시스템(LMS) 또는 다른 교육 플랫폼을 활용하여 가상의 학습 환경을 구축한다. 이 환경은 인공지능의 기본 원리와 알고리즘을 시각적으로 표현할 수 있도록 설계되어야 하며, 플로차트, 애니메이션, 시뮬레이션 도구 등을 포함시킬 수 있다.

2) 인공지능 알고리즘 선택
교사는 학습자들에게 소개할 기본적인 인공지능 알고리즘, 예를 들면 결정트리나 신경망을 선택하고 이에 대한 핵심 개념, 장단점 및 적용 사례에 대한 자료를 준비한다.

결정 트리의 예시: 외출 결정하기

주말 아침인 지금 당신은 집에서 휴식을 취하고 있다. 그런데 바깥에 나가서 산책하는 활동을 할까 한다. 외출을 할지 결정하기 위해 간단한 결정 트리를 만들어 보기로 한다. 첫 번째 질문: "비가 오는가?"

• 예: 비가 온다면, 다음 질문으로 넘어갑니다.
• 아니요: 비가 오지 않는다면, 바로 외출합니다.

비가 올 때의 두 번째 질문: "우산이 있는가?"
• 예: 우산이 있다면, 외출합니다.
• 아니요: 우산이 없다면, 집에서 머물기로 결정합니다.

이 예시를 통해 결정 트리가 어떻게 동작하는지 간단하게 알 수 있다. 각 분기점에서의 질문을 통해 하나의 최종 결정을 내리게 된다. 이런 방식으로 결정 트리는 복잡한 데이터 세트에서도 핵심 질문들을 통해 결정을 내리도록 돕는다.

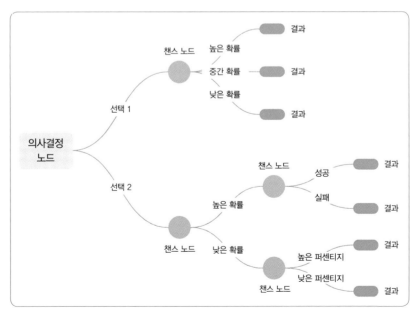

[그림 9–1] **의사결정 트리**

신경망의 예시

신경망은 인간의 뇌에 있는 신경 세포인 뉴런의 동작 원리를 모방하여 만든 알고리즘
인데, 이 알고리즘은 대량의 데이터에서 복잡한 패턴을 학습하는 데 사용된다. 데이터
가 신경망을 통과하면서 각 뉴런은 정보를 받아들이고 처리한 후 다음 뉴런에게 전달
한다. 이 과정을 통해 신경망은 데이터의 패턴을 학습하게 된다.

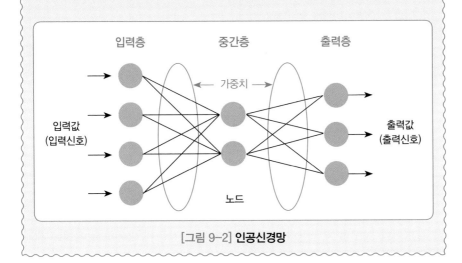

[그림 9-2] **인공신경망**

예를 들어, 고양이와 개의 사진을 구분하는 신경망을 생각해 보면, 처음에
는 고양이와 개의 특징을 잘 구분하지 못할 수 있지만, 수많은 사진을 통해 학
습하면서 점차 고양이와 개의 차이점을 알아 가게 된다. 이렇게 학습한 후에는
새로운 사진이 주어졌을 때, 그것이 고양이인지 개인지를 정확하게 예측할 수
있게 되는 것이다.

3) 미션 및 활동 제시

학습자들에게는 알고리즘의 원리를 이해하도록 도전 과제나 퀘스트를 제시
한다. 예를 들면, "신경망의 작동 원리를 이해하고, 간단한 데이터 세트를 사용
하여 분류 문제를 해결해 보세요."와 같은 미션을 제안한다.

4) 시각적 도구 활용

학습자들에게 알고리즘의 동작 원리를 시각적으로 이해할 수 있도록 도구를 제공한다. 신경망 시뮬레이터와 같은 도구를 사용하여 학습 과정과 예측 과정을 시각적으로 표현하고 설명한다.

5) 비판적 사고 및 문제 해결 연습

학습자들에게 특정 문제 상황을 제시하고, 그 문제를 해결하는 데 필요한 인공지능 알고리즘의 선택과 적용 방법에 대해 논의하게 한다. 예를 들어, "주어진 데이터를 기반으로 소비자의 구매 패턴을 예측하려면 어떤 알고리즘을 사용해야 할까요?"와 같은 문제 상황을 제시한다.

6) 피드백 및 반복 학습

교사는 학습자들의 활동 결과와 이해도를 체크하며 필요한 부분에 대한 추가 설명이나 지도를 제공한다. 또한 학습자들의 질문에 대응하며 어려운 개념을 다양한 예제나 시각적 자료를 통해 반복적으로 설명한다.

이러한 단계별 지침을 통해 교사들은 학습자들이 인공지능의 기본 원리와 알고리즘을 체계적이고 효과적으로 이해하도록 도울 수 있다. 이 전략은 인공지능의 핵심 원리와 메커니즘을 깊게 이해하게 만드는 학습 경로를 제시한다. 교사는 학습자들이 인공지능의 기초를 탐구하도록 미리 가상의 학습 환경을 설계한다. 여기서 학습자들은 다양한 알고리즘과 데이터 구조의 미로를 탐험하게 된다. 인공지능 알고리즘의 동작 원리를 시각적으로 표현하고, 이를 통해 학습자들은 복잡한 문제를 분석하고 해결하는 방법을 배운다. 이러한 방식은 학습자들에게 인공지능의 기본 개념을 깊게 이해하게 만들고, 비판적 사고와 문제 해결 능력을 개발하는 데 도움을 준다.

2. 인공지능을 활용한 창의적 글쓰기 도전

이 전략을 다음과 같은 순서로 행한다.

1) 인공지능 도구 소개

교사는 학습자들에게 다양한 인공지능 글쓰기 도구와 그 기능들을 소개한다.[1] 이 도구들은 글쓰기의 다양한 과정에서 데이터 검색부터 언어 스타일 가이드, 그리고 글쓰기 피드백까지 지원해 주는 기능을 포함한다.

2) 주제나 스타일 선택

교사는 학습자들에게 다양한 주제나 스타일로 글을 쓰는 도전을 제시한다. 예를 들면, 특정 주제에 대한 의견 글, 또는 다른 국가나 시대의 배경을 가진 픽션 등 다양한 장르의 글쓰기를 제안한다.

3) 데이터와 정보 탐색

학습자들은 주어진 주제나 스타일에 필요한 배경 정보, 연관된 내용 등을 인공지능 검색 도구[2]를 활용하여 신속하게 탐색한다. 이 과정에서 학습자들은 인공지능의 정보 검색 능력을 체험하게 된다.

---

1) 인공지능 글쓰기 도구는 글쓰기 과정을 지원하기 위해 다양한 기능을 제공한다. 여기에는 데이터 검색, 언어 스타일 가이드, 글쓰기 피드백 등이 포함된다. 몇 가지 인기 있는 인공지능 글쓰기 도구는 다음과 같다.
 –Grammarly: 문법, 맞춤법, 문체 등을 검토하고 개선 제안을 제공한다. https://www.grammarly.com/.
 –Hemingway Editor: 글의 가독성을 향상시키고 더 명확하고 간결하게 만드는 데 도움을 준다. http://www.hemingwayapp.com/.
 –Quillbot: 문장을 다시 쓰고 요약하는 데 도움을 주며, 플래그를 지정하여 글의 품질을 향상시킬 수 있다. https://quillbot.com/.
 –AI21 Labs: 자연어 처리를 기반으로 한 글쓰기 도구로, 글쓰기를 돕는 인공지능을 제공한다. https://www.ai21.com/.
 –Writesonic: 마케팅 콘텐츠, 블로그 게시물, 광고 복사 등을 생성하는 데 도움을 준다. https://writesonic.com/.
2) Google AI Search: https://www.google.com/.
 Microsoft Bing: https://www.bing.com/.

4) 글의 톤(tone)과 문체 변화 실험

학습자들은 인공지능 언어 모델의 도움을 받아 자신의 글의 톤이나 문체를 다양하게 변화시켜 본다. 이를 통해 학습자는 같은 내용을 다양한 방식으로 표현하는 방법을 경험하게 된다.

5) 인공지능 기반 글쓰기 피드백

학습자들은 작성한 글을 인공지능 기반의 글쓰기 보조 도구에 입력하여, 문법, 문장 구조, 표현의 다양성 등에 대한 피드백을 받는다. 교사는 이 피드백을 바탕으로 학습자들의 글쓰기 능력을 지속적으로 개선하는 방법을 지도한다.

6) 인공지능과 창의적 글쓰기의 성찰

이 도전의 마지막 단계에서 학습자들은 인공지능 도구의 활용 경험을 바탕으로 그 도구의 장점, 한계, 그리고 창의적 글쓰기 과정에서의 역할에 대해 토론하고 반성한다.

이 전략을 통해 교사는 학습자들이 인공지능 도구를 활용한 창의적 글쓰기의 전 과정을 체계적이고 깊이 있게 경험하도록 도와줄 수 있다.

이 전략은 글쓰기와 인공지능의 결합을 통해 학습자들의 창의력과 표현력을 한 단계 높이는 것을 목표로 한다. 교사들은 학습자들에게 인공지능 도구를 활용하여 다양한 주제나 스타일로 글을 쓰는 도전을 제시한다. 학습자들은 인공지능이 제공하는 정보, 데이터 분석, 언어 스타일 가이드 등을 활용하여 자신만의 독창적인 글을 작성한다.

예를 들어, 주어진 키워드나 주제에 대한 배경 정보나 연관된 내용을 인공지

Wolfram Alpha: https://www.wolframalpha.com/.
Yewno: https://www.yewno.com/.
Semantic Scholar: https://www.semanticscholar.org/.

능 검색 도구를 통해 신속하게 찾아볼 수 있으며, 글의 톤이나 문체를 다양하게 변화시켜 보는 실험을 인공지능 언어 모델의 도움으로 진행할 수 있다. 또한 작성한 글에 대한 피드백을 인공지능 기반의 글쓰기 보조 도구를 통해 받아 학습자들이 자신의 글쓰기 기능을 지속적으로 개선하도록 돕는다.

이 도전을 통해 학습자들은 인공지능의 다양한 기능과 활용 방법을 직접 체험하면서, 그로 인해 창의적 글쓰기 과정에서 인공지능이 어떻게 도움을 줄 수 있는지, 또 그 한계는 어떤 것인지에 대한 깊은 이해를 얻게 된다.

3. 인공지능 언어 처리 파트너(챗GPT[3] 활용)

이 전략을 다음과 같은 순서로 행한다.

1) 챗GPT 소개

교사는 학습자들에게 챗GPT의 기본적인 원리와 언어 처리 능력에 대해 설명한다.

2) 실제 대화 실험

학습자들에게 챗GPT와 간단한 대화를 시작하는 것을 권장한다. 예를 들어, "안녕하세요, 챗GPT. 오늘 날씨는 어떠한가요?"와 같은 간단한 문장으로 시작한다.

3) 텍스트 정보 추출 실습

학습자들에게 주어진 주제나 키워드에 대한 질문을 챗GPT에게 물어보도록

---

3) OpenAI에서 개발한 대화형 인공지능 언어 모델. GPT(Generative Pre-trained Transformer) 기반으로 훈련되며, 사용자와 자연스러운 대화를 나누거나 텍스트 기반의 질문에 답변하는 데 사용된다. 그 결과로, 다양한 주제에 대한 정보 제공, 작문, 문제 해결 등 다양한 작업을 수행할 수 있다. https://chat.openai.com/.

한다. 학습자들은 챗GPT의 응답을 바탕으로 그 주제에 대한 정보나 지식을 정리한다.

4) 고급 언어 처리 탐험

학습자들에게 챗GPT를 사용하여 다양한 언어 처리 작업을 수행해 보도록 권장한다. 예를 들어, 문장의 톤 변경, 문장 요약, 특정 주제에 대한 글 작성 등의 작업을 수행한다.

5) 토론 및 피드백

교사는 학습자들과 함께 챗GPT의 응답에 대한 토론을 진행한다. 어떤 응답이 유용했는지, 어떤 부분에서는 챗GPT의 한계가 느껴졌는지에 대해 토론한다.

이러한 간소화된 실행 지침을 통해 교사와 학습자들은 챗GPT를 활용하여 인공지능의 언어 처리 능력을 경험하고 탐험할 수 있다.

이와 같은 전략들을 채택하면 기술의 기초와 창의적 접근을 결합하여 학습자들에게 인공지능의 깊은 이해와 활용 능력을 발전시키는 중요한 경로를 제공한다.

실습 예제

실습 1: 챗GPT를 이용한 인공지능 이해

챗GPT를 통해 인공지능의 대화 처리 능력을 이해하고 실제로 활용해 보는 경험을 얻는다.

1) 챗GPT 기본 활용 체험

- 과제: 챗GPT와 간단한 대화를 나누어 본다.
- 도구: 오픈AI(OpenAI) 챗GPT(https://chat.openai.com/)
  ① 챗GPT 웹 인터페이스에 접속한다.
  ② 다양한 질문과 주제로 챗GPT에 메시지를 보내 대화를 나눠 본다.
  ③ 대화 결과를 기록하여 나중에 분석할 수 있게 한다.

2) 교육 콘텐츠 생성 체험

- 과제: 주제나 과목에 관련된 정보나 설명을 챗GPT에 요청하고, 얻은 내용을 교안이나 학습 자료로 만들어 본다.
- 도구: 오픈AI(OpenAI) 챗GPT, 워드프로세서
  ① 학습하고자 하는 주제나 과목을 정한다.
  ② 챗GPT에 주제나 과목 관련 정보를 요청한다.
  ③ 챗GPT의 답변을 바탕으로 교안 또는 학습 자료를 작성한다.

3) 토론 및 반성적 성찰(reflection) 시간

- 과제: 챗GPT를 활용한 경험을 바탕으로 인공지능의 장단점, 활용 가능성, 교육에서의 적용 방안 등을 토론한다.
- 도구: 참여자들의 생각과 경험
  ① 각자의 경험을 바탕으로 챗GPT와의 대화 결과, 그리고 그중 특히 인상 깊었던 부분을 공유한다.
  ② 토론 주제를 정하고, 그룹별로 논의를 진행한다.
  ③ 각 그룹별로 논의한 내용을 정리하여 전체 참여자와 공유한다.

이 실습을 통해 예비교사들은 챗GPT의 작동 원리와 활용 가능성을 체험하면서, 현대 교육 환경에서의 인공지능 활용법에 대한 깊은 인사이트를 얻을 수

있다.

실습 2: 일상생활에서 음식 추천받기

인공지능을 활용하여 개인의 기호나 상황에 맞는 음식을 추천받는 경험을 얻는다.

1) 인공지능과의 초기 대화 체험

- 과제: 개인의 음식 취향과 특별한 식사 제한 조건(예: 알러지, 채식주의 등)을 인공지능에게 알려 준다.
- 도구: 음식 추천 인공지능 앱 또는 웹 인터페이스
  ① 음식 추천 인공지능 앱에 접속한다[4].
  ② 자신의 음식 취향, 특별한 식사 제한 조건 등을 입력한다.
  ③ 인공지능의 초기 반응을 확인한다.

2) 음식 추천받기

- 과제: 현재의 기분, 상황(예: 날씨, 시간 등)에 따라 인공지능에게 음식 추천을 요청한다.
- 도구: 음식 추천 인공지능 앱
  ① 앱에 현재의 기분과 상황을 입력한다.
  ② 인공지능에게 음식 추천을 요청한다.
  ③ 인공지능이 추천한 음식을 확인하고, 그중 마음에 드는 음식을 선택한다.

4) https://www.yummly.com/, https://spoonacular.com/

3) 피드백 주기

- 과제: 인공지능이 추천한 음식을 섭취한 후, 그에 대한 만족도와 피드백을 인공지능에게 제공한다.
- 도구: 음식 추천 인공지능 앱

  ① 추천받은 음식을 섭취한다.

  ② 음식에 대한 만족도를 앱에 입력한다.

  ③ 추가적인 피드백(예: 맛, 분위기, 가격 대비 만족도 등)을 제공한다.

이 실습 예제를 통해 사용자는 인공지능이 어떻게 개인의 취향과 상황을 고려하여 음식을 추천하는지 체험하게 된다. 또한 피드백을 통해 인공지능이 보다 개선된 추천을 제공하는 과정을 이해하게 된다.

평가를 위한 과제: 인공지능 시대의 교사의 역할

1. 과제 설명
강의에서 배운 내용과 개인의 생각을 결합하여, 인공지능이 통합된 미래의 교육 환경에서 교사의 역할에 대한 에세이를 작성하세요. 인공지능 기술의 발전과 교육 분야에 미치는 영향, 그리고 예비교사로서 준비해야 할 점 등에 대한 개인적인 생각과 미래의 비전을 포함시켜 주시기 바랍니다.

2. 과제 제출물 및 분량
에세이 전체가 약 4~5페이지(A4 기준)로 다음을 포함한다.
- 제목
- 서론: 인공지능의 일상적인 활용 예시와 그 중요성에 대한 설명
- 본론
  - 인공지능의 교육 현장에서의 활용 방안
  - 예비 교사로서의 역할과 준비해야 할 점
- 결론: 인공지능과 교육의 미래에 대한 본인의 견해
- 참고문헌

3. 평가 기준

- 내용의 타당성 및 깊이(40%): 인공지능의 교육적 활용과 교사의 역할에 대한 정확한 이해와 깊은 통찰력을 반영하는가?
- 구성과 조직성(20%): 논문의 흐름이 자연스럽게 논리의 전개가 무리가 없으며, 주제에 따라 적절하게 구조화되어 있는가?
- 참고문헌 활용(20%): 다양한 출처를 활용하여 논문에 근거를 제공하는가?
- 문법 및 언어 사용(10%): 문장 구조, 단어 선택, 철자 및 문법 오류가 최소한인가?
- 창의성 및 독창성(10%): 주제에 대한 독창적인 접근 방법이나 새로운 관점을 제시하는가?

해당 과제를 통해 예비교사들은 인공지능의 발전과 교육에 대한 깊은 이해를 바탕으로, 교육 현장에서의 새로운 접근법과 전략을 모색하는 능력을 기르게 될 것입니다.

💻 강의 2: 교과에서의 인공지능 활용

읽어 보기

1. 교수-학습에 활용되는 인공지능 기법

교육 현장에서 인공지능의 활용은 기술의 발전과 학습자의 변화된 요구에 따라 불가피하다. 몇 가지 인공지능의 기법을 소개하고 각 기법의 예시, 그리고 교수-학습에 어떻게 적용되는지를 정리한다.

1) 머신러닝(Machine Learning)

머신러닝은 인공지능의 하위 분야로서 컴퓨터에게 명시적으로 프로그래밍하지 않고도 학습할 수 있는 능력을 제공하는 기법을 의미한다. 이는 데이터를 통해 패턴을 발견하고 이를 기반으로 예측이나 분류를 수행하는 과정 및 절차를 포함한다.

① 예시: 온라인 학습 플랫폼에서 학습자들이 문제를 풀 때마다 그 플랫폼은 학습자의 답변과 반응 시간, 오답 빈도 등의 데이터를 수집한다. 머신러닝 알고리즘은 이 데이터를 분석하여 각 학습자의 약점 및 강점을 파악하고, 그에 맞는 개인화된 학습 경로를 추천한다.

② 교수-학습에의 적용: 머신러닝은 학습의 개별화를 향상시킬 수 있게 해준다. 학습자들의 데이터를 기반으로 그들의 학습 스타일, 선호, 필요성을 파악하고, 이를 바탕으로 특화된 교육 경험을 제공할 수 있다. 또한 머신러닝은 교사에게 학습자들의 학습 진행 상황에 대한 깊은 통찰력을 제공하여, 교사가 보다 효과적인 지도 방안을 세울 수 있게 도와준다.

2) 딥러닝(Deep learning)

머신러닝의 하위 분야인 딥러닝은 컴퓨터가 스스로 학습하는 방법 중 하나로, 많은 양의 데이터를 사용해 복잡한 문제를 해결한다. 이 기술은 여러 단계를 거쳐 정보를 처리하며, 각 단계는 이전 단계에서 배운 내용을 바탕으로 더 깊은 학습을 진행한다.

① 예시: 사진이나 음성 데이터를 분석해서 사람의 얼굴이나 감정을 인식하는 기능은 딥러닝을 활용한 결과이다. 그리고 사람의 음성을 텍스트로 변환하는 기술도 여기에 해당된다.

② 교수-학습에의 적용: 딥러닝을 활용하면 학습 자료의 복잡한 패턴을 파악하고 이를 바탕으로 학습자들에게 맞춤형 피드백을 제공할 수 있다. 예를 들면, 학습자들의 얼굴을 인식하여 자동으로 출석을 체크하거나 학습자들의 음성이나 글을 분석하여 그들의 발음이나 문법을 자동으로 평가하는 데 활용될 수 있다.

[그림 9-3] **인공지능, 기계학습, 딥러닝의 관계**

3) 자연어 처리(Natural language Processing)

자연어 처리는 인간의 언어를 컴퓨터가 이해하고 생성할 수 있게 하는 인공
지능의 분야이다.

① **예시:** 챗봇이나 음성 인식 서비스(예: Siri, Google Assistant)는 자연어 처리
기술을 기반으로 한다. 한 언어를 다른 언어로 자동으로 번역하는 시스
템이나 텍스트의 내용을 분석하여 감정이나 의도를 파악하는 기술이 여
기에 해당된다.

② **교수-학습에의 적용:** 자연어 처리는 언어 교육 도구에서 학습자들의 글이
나 발화(發話)를 분석하여 피드백을 제공하는 데 사용될 수 있다. 그리고
자동으로 요약이나 질문 생성, 문장 완성 등의 학습 활동을 도와주는 데
도 활용될 수 있다. 또한 교재나 강의 내용을 분석하여 학습자들에게 퀴

[그림 9-4] **자연어 처리의 응용**

즈나 질문을 자동으로 생성하는 데에 활용할 수도 있다.

4) 로보틱스(Robotics)

로보틱스는 기계나 로봇을 설계, 제작, 운용하는 기술로, 이를 통해 실제 환경에서 다양한 작업을 수행하는 기계를 만들 수 있다. 로보틱스는 센서, 알고리즘, 제어 시스템 등 다양한 분야의 기술이 통합되어 형성되며, 이를 통해 로봇은 자신의 환경을 인식하고, 이를 바탕으로 자동화된 행동을 실행할 수 있다.

① 예시: 교육용 로봇으로, 학습자들이 로봇을 직접 조립하고, 프로그래밍하여 원하는 동작을 수행하게 하는 키트가 있다. 대표적인 교육용 로봇으로 레고 시리즈가 있다(예: LEGO Mindstorms, Lego EV3). 또한 대화형 로봇으로 학습자들과 대화하고 상호작용하여 교육 콘텐츠를 제공하는 로봇들도 있다(예: Pepper, NAO).

[그림 9-5] **교육용 로봇**

출처: https://shorturl.at/qDHM1.

② **교수-학습에의 적용:** 로보틱스 키트를 활용하면 학습자들은 이론적인 지식을 실제로 적용해 보며 학습할 수 있다. 프로그래밍, 엔지니어링, 수학적 개념 등 다양한 교육 내용을 경험적으로 이해하게 된다. 한편, 로봇을 설계하고 만들면서 학습자들은 창의적으로 문제를 해결하게 된다. 이를 통해 학습자들은 복잡한 문제를 분해하고, 그 문제를 해결하기 위한 다양한 방법을 탐색하게 된다.

5) 컴퓨터 비전(Vision)

컴퓨터 비전은 컴퓨터가 영상이나 사진 등의 시각적 데이터를 인식하고 처리하는 기술을 의미한다.

① **예시:** 얼굴 인식 기술이나 객체 인식 기술은 컴퓨터 비전의 예시이다.
② **교수-학습에의 적용:** 컴퓨터 비전을 활용하면 학습자들의 행동이나 제스처를 인식하여 보다 풍부한 상호작용을 제공하는 디지털 학습 환경을 구축할 수 있다. 예를 들면, 증강현실(Augmented Reality) 기반의 교육 애플리케이션에서 활용되어, 실제 환경과 디지털 콘텐츠의 결합을 통한 학습 경험을 제공한다.

[그림 9-6] **컴퓨터 비전의 응용 영역**

2. 교과별 인공지능 활용

인공지능은 교육의 다양한 영역에서 활용 가능한 도구로 자리 잡았다. 각 교과별로 특성에 맞는 인공지능의 활용을 주제 영역, 사용되는 도구, 활용의 목적 등으로 기술한다.

1) 국어 및 어학 교과

① **개인화된 학습 경험 제공**: 학습자의 학습 패턴, 약점 및 강점을 파악해 개인 맞춤형 학습 경험을 제공한다. 학습 관리 시스템(Learning Management System)이나 인공지능 기반 학습 추천 시스템을 활용한다. 이를 통해 학습자의 학습 데이터를 분석하고 학습 자료나 연습 문제를 개인별로 제공한다.

② **자동 글쓰기 평가 및 피드백**: 문법, 어휘, 문장 구조 등의 오류와 개선점을 제시한다. 자연어 처리 도구(Natural Language Processing Tool)나 챗GPT(ChatGPT)와 같은 기술을 활용한다. 학습자의 글을 분석하여 오류나 개선점을 자동으로 찾아내 제시한다.

③ **대화형 학습 지원**: 실시간 대화를 통한 언어 학습을 지원한다. 인공지능

챗봇 플랫폼, 예를 들면 라사(Rasa)[5]나 마이크로소프트 봇 프레임워크 (Microsoft Bot Framework)[6]를 사용한다. 학습자의 질문이나 대화에 인공지능 챗봇이 응답하여 학습자와 대화형 학습을 진행한다.

④ 다양한 언어 자원의 활용: 실제 언어 환경에서 사용되는 다양한 표현 학습을 지원한다. 인공지능 기반 언어 자원 추천 시스템[7]을 활용한다. 인공지능을 이용해 인터넷에 있는 여러 언어 자료를 분석하고 추천해 줌으로써 일상생활에서 쓰이는 다양한 말과 문장을 배울 수 있도록 도와준다.

⑤ 발음 및 음성 인식 학습: 학습자의 발음을 평가하고 정확한 발음을 위한 피드백을 제공한다. 음성 인식 도구(Voice Recognition Tool)[8]나 인공지능 기반 발음 평가 도구[9]를 활용한다. 학습자의 음성 데이터를 분석하여 발음 오류를 지적하고 개선 방법을 제시한다.

2) 수학

① 개인화된 문제 풀이 및 피드백 제공: 학습자의 문제 풀이 과정을 분석하여 오류를 지적하고, 즉시 피드백을 세공한다. 인공지능 기반 문제 풀이 도구, 예를 들면 울프람 알파(Wolfram Alpha)[10]나 심볼랩(Symbolab)[11]를 활용한다. 학습자가 입력한 수학 문제의 풀이 과정을 자동으로 체크하고 피드백을 제공한다.

② 동적인 시각적 모델링을 통한 개념 이해: 복잡한 수학 개념을 동적으로 시각화하여 학습자의 이해를 돕는다. 시각화 도구로는 지오제브라

---

5) https://rasa.com
6) https://dev.botframework.com
7) 사용자의 필요나 선호에 따라 적절한 언어 자원(예: 문서, 책, 논문, 단어, 구문 등)을 추천하는 시스템.
   예: 듀오링고(https://www.duolingo.com)
8) 음성 인식 도구로는 "Google Speech–to–Text"가 널리 사용된다.
9) Elsa Speak: https://www.elsaspeak.com/
   Rosetta Stone: https://www.rosettastone.com/
10) https://www.wolframalpha.com
11) https://www.symbolab.com

(GeoGebra)[12]나 데스모스(Desmos)[13]를 사용한다. 수학적 개념이나 공식을 동적으로 시각화하여 학습자에게 설명한다.

③ **데이터 분석 및 통계 학습 지원:** 실제 데이터를 분석하며 통계적 개념을 학습한다. 데이터 분석 도구로는 파이썬(Python) 기반의 판다스(Pandas)[14]나 R 언어[15]를 활용한다. 학습자들에게 실제 데이터 세트를 제공하여 통계적 개념과 데이터 분석 기법을 학습시킨다.

④ **자동 채점 및 연습 문제 추천:** 학습자의 수학 연습 문제 풀이를 자동으로 채점하며, 학습자의 약점을 파악하여 관련 연습 문제를 추천한다. 인공지능 기반 연습 문제 추천 시스템을 활용한다. 학습자의 오답 노트와 학습 패턴을 분석하여 개인화된 연습 문제를 제공한다.

⑤ **수학적 모델링 및 최적화 학습 지원:** 실제 생활에서 발생하는 문제를 수학적으로 모델링하고 최적화하는 방법을 학습한다. 최적화 도구로는 매트랩(Matlab)이나 스크립트 기반의 최적화 도구를 사용한다. 학습자들에게 문제 상황을 제시하고 이를 수학적으로 표현하고 해결하는 방법을 가르친다.

3) 과학

① **가상 실험 및 시뮬레이션:** 학습자들이 직접 실험을 수행하지 않아도 복잡한 과학 실험을 가상 환경에서 경험하게 한다. 시뮬레이션 도구로는 텐서플로(TensorFlow)[16], 펫(PhET)[17] 등을 활용한다. 학습자들은 가상 환경에서 실험 변수를 조작하며 실험 결과를 관찰하고 분석한다.

---

12) www.geogebra.org/
13) https://www.desmos.com/
14) https://pandas.pydata.org
15) 통계 계산과 그래픽을 위한 프로그래밍 언어 및 소프트웨어 환경
16) 구글에서 개발한 오픈 소스 머신 러닝 라이브러리인데, 과학 실험에 대한 데이터 분석 및 예측 모델링에 사용된다.
17) https://phet.colorado.edu

② 이미지 및 영상 분석을 통한 데이터 수집: 학습자들의 실험 데이터나 환경 관측 데이터를 이미지나 영상으로부터 자동으로 수집한다. 이미지 분석 도구로는 텐서플로(TensorFlow)[18]나 오픈CV(OpenCV)[19]를 활용한다. 학습자들은 캡처한 이미지나 동영상에서 필요한 데이터를 자동으로 추출하고 분석한다.

③ 기계 학습을 이용한 예측 및 분석: 학습자들은 주어진 데이터를 기반으로 기계 학습 모델을 훈련시키고, 미래의 현상이나 결과를 예측한다. 기계 학습 도구로는 사이킷런(Scikit-learn)[20]이나 케라스(Keras)[21]를 사용한다. 학습자들은 데이터의 패턴을 학습시켜 미래의 결과나 현상을 예측하게 된다.

④ 자연어 처리를 활용한 과학 문헌 검색 및 분석: 학습자들은 자연어 처리 기술을 활용하여 과학 연구 문헌을 효과적으로 검색하고 분석한다. 자연어 처리 도구로는 버트(BERT)[22]나 챗GPT(ChatGPT)를 활용한다. 학습자들은 복잡한 과학 용어나 내용을 입력하여 관련 연구나 문헌을 자동으로 검색하고 분석하게 된다.

⑤ 생체인식을 통한 과학 학습 지원: 학습자들의 생체 신호나 행동을 분석하여 학습 효과를 증진시킨다. 생체인식 도구로는 아이트래커(Eye Tracker)나 웨어러블 센서(Wearable Sensor)를 사용한다. 학습자들의 시선, 맥박, 심박 등의 생체 정보를 분석하여 학습 집중도나 이해도를 평가하고 피드백을 제공한다.

---

18) www.tensorflow.org/
19) https://opencv.org
20) https://scikit-learn.org/
21) https://keras.io
22) 구글 AI가 개발한 자연어처리를 위한 딥러닝 모델. BERT를 사용하려면 딥러닝 프레임워크(TensorFlow, PyTorch 등)를 설치하고, BERT의 코드를 활용하는 형태로 진행된다. 각주 30) 참조.

4) 사회

① **사회문제 데이터 분석**: 현재의 사회문제나 이슈에 관한 데이터를 분석한다. 데이터 분석 도구로는 파이썬(Python) 기반의 판다스(Pandas)[23]나 R 언어[24]를 활용한다. 학습자들은 사회의 현안에 대한 깊은 분석을 수행한다.

② **사회적 인식 및 감정 분석**: 사회의 인식이나 감정을 자동으로 분석한다. 감정 분석 도구로는 자연어 처리 도구[25]나 소셜 미디어 분석 도구[26]를 활용한다. 학습자들은 사회의 다양한 의견이나 감정을 분석하여 현 상황을 이해한다.

③ **가상 사회 환경에서의 행동 실험**: 가상의 사회 환경에서 다양한 사회적 상황을 실험하고 관찰한다. 시뮬레이션 도구로는 가상현실 기반의 사회 시뮬레이션[27]을 사용한다. 학습자들은 가상의 사회 환경에서 행동의 결과나 사회적 상호작용을 경험한다.

5) 역사

① **역사적 사건 및 인물 탐색**: 인공지능을 활용하여 역사적 사건이나 인물에 관한 정보를 검색하고 탐색한다. 검색 도구로는 인공지능 기반의 역사

23) https://pandas.pydata.org/
24) https://www.r-project.org/
25) NLTK(Natural Language Toolkit): NLTK는 텍스트 처리 라이브러리로 토큰화, 형태소 분석, 태깅, 명명체 인식 등 다양한 NLP 작업을 지원한다. http://www.nltk.org/.
Spacy: Spacy는 산업용 NLP 작업을 위한 라이브러리로 빠르고 정확한 언어 분석 기능을 제공한다. https://spacy.io/.
Hugging Face: Hugging Face는 최신 NLP 모델과 알고리즘을 제공하는 플랫폼으로 감정 분석과 같은 작업에 사용된다. https://huggingface.co/.
26) Brandwatch: Brandwatch는 소셜 미디어 분석 도구로 브랜드 모니터링, 트렌드 추적, 감정 분석 등을 제공한다. https://www.brandwatch.com/.
Talkwalker: Talkwalker는 소셜 미디어 모니터링 및 분석을 위한 도구로 브랜드와 관련된 대화와 감정을 분석할 수 있다. https://www.talkwalker.com/.
27) Second Life: 이 플랫폼은 사용자가 가상 세계에서 자신의 아바타를 만들고 다양한 사회적 상황을 경험할 수 있게 해 준다. 교육적 목적으로도 많이 사용되며, 사회적 상호작용과 행동의 결과를 탐구하는 데 유용하다. https://secondlife.com/.

데이터베이스[28]를 활용한다. 학습자들은 특정 시대나 사건에 관한 깊은 탐색을 통해 정보를 얻는다.

② 역사적 사진 및 문서의 자동 분석: 오래된 사진이나 문서에서 정보를 추출하고 분석한다. 이미지 및 텍스트 분석 도구로는 오픈CV(OpenCV)[29]나 버트(BERT)[30]를 활용한다. 학습자들은 역사적 자료에서 중요한 정보나 패턴을 자동으로 추출한다.

③ 시간의 흐름에 따른 역사적 변화 시각화: 다양한 시대의 역사적 변화를 동적으로 시각화한다. 시각화 도구로는 타임라인 생성 애플리케이션을 활용한다. 학습자들은 시간의 흐름에 따른 변화를 직접 관찰하고 이해한다.

6) 경제

① 경제 데이터 분석 및 예측: 경제 지표나 통계를 분석하여 경제 흐름이나 경향을 예측한다. 활용할 수 있는 기계 학습 도구로는 사이킷런(Scikit-learn)[31]

---

28) 인공지능을 활용한 역사적 데이터베이스로는 다음과 같은 사이트들이 있다.
  −Wikipedia's API: 위키피디아는 역사적 사건과 인물에 대한 방대한 정보를 제공하며, 그 API를 통해 데이터를 검색하고 분석할 수 있다. https://www.mediawiki.org/wiki/API:Main_page
  −ProgrammableWeb: 다양한 API를 제공하는 디렉토리로, 역사적 데이터에 접근할 수 있는 API를 찾는 데 유용하다. https://www.programmableweb.com/.
  −Data.gov: 미국 정부가 제공하는 공공 데이터 포털로 역사적 사건과 관련된 데이터셋에 접근할 수 있다. https://www.data.gov/.
  −Europeana Collections: 유럽의 역사와 문화에 대한 디지털 컬렉션을 제공하며, API를 통해 데이터에 접근할 수 있다. https://www.europeana.eu/en.
  −Digital Public Library of America (DPLA): 미국의 다양한 도서관, 아카이브, 박물관에서 제공하는 디지털 자료에 접근할 수 있는 플랫폼이다. https://dp.la/.
  이러한 사이트들은 공개된 API를 통해 역사적 데이터에 접근하고, 이를 분석하는 데 사용될 수 있는 인공지능 애플리케이션을 개발하는 데 도움을 줄 수 있다.
29) OpenCV(Open Source Computer Vision Library): OpenCV는 컴퓨터 비전과 머신 러닝 소프트웨어 라이브러리로, 이미지 및 비디오 데이터를 처리하는 데 사용된다. https://opencv.org/.
30) BERT(Bidirectional Encoder Representations from Transformers): BERT는 구글이 개발한 자연어 처리를 위한 딥러닝 모델이다. 공식 웹사이트는 없지만, BERT 모델과 관련된 자료는 구글의 GitHub 페이지나 TensorFlow, PyTorch 등의 라이브러리를 통해 접근할 수 있다.
  −TensorFlow BERT: https://www.tensorflow.org/official_models/fine_tuning_bert
  −Hugging Face의 Transformers 라이브러리(BERT 포함): https://huggingface.co/transformers/
31) Scikit-learn(https://scikit-learn.org/)은 파이썬 프로그래밍 언어로 작성된 무료 소프트웨어 머신러닝 라이브러리로, 다양한 분류, 회귀 및 클러스터링 알고리즘을 포함하고 있다.

이나 텐서플로(TensorFlow)[32]를 활용한다. 학습자들은 주어진 경제 데이터를 분석하여 경제의 미래 동향을 예측한다.

② **가상 환경에서의 경제 실험:** 가상의 경제 환경에서 시장 원리나 경제 현상을 실험하고 관찰한다. 시뮬레이션 도구로는 경제 시뮬레이션 게임이나 애플리케이션을 사용한다.[33] 학습자들은 가상의 환경에서 경제 원칙을 경험하고 학습한다.

③ **경제 뉴스 및 보고서 자동 생성:** 데이터를 기반으로 경제 뉴스나 보고서를 자동으로 생성한다.[34] 자연어 생성 도구로는 GPT-기반의 도구를 사용한다. 학습자들은 주어진 데이터로부터 중요한 정보와 경향을 추출하여 보고서를 자동으로 생성한다.

7) 미술

① **자동 그림 생성 및 수정:** 미술 작품을 자동으로 생성하거나, 기존의 작품을 수정 및 변형한다. 그림 생성 도구로는 딥드림(DeepDream)[35]이나 스타일GAN(StyleGAN)[36]을 활용한다. 학습자들은 특정 스타일이나 테마에

---

32) TensorFlow(https://www.tensorflow.org/)는 구글 브레인 팀에 의해 개발된 오픈소스 머신러닝 라이브러리로, 데이터 흐름과 다양한 수준의 추상화를 통해 머신러닝 모델을 쉽게 구축, 훈련, 배포할 수 있다.

33) 경제 시뮬레이션 게임과 관련 사이트
-SimCity: SimCity는 도시를 건설하고 관리하는 게임으로, 경제적 결정이 도시의 성장과 복지에 어떤 영향을 미치는지를 보여 준다. https://www.ea.com/games/simcity.
-Cities: Skylines: Cities: Skylines는 도시 계획 및 관리에 초점을 맞춘 게임으로 경제적 요소가 도시의 발전에 중요한 역할을 한다. https://www.paradoxplaza.com/cities-skylines/CSCS00G-MASTER.html.
-Virtonomics: Virtonomics는 복잡한 경제 시뮬레이션 게임으로 실제 경제 원칙을 기반으로 한 가상의 경제를 경험할 수 있다. https://virtonomics.com.
-Capitalism Lab: Capitalism Lab은 심층적인 비즈니스 관리와 경제 시뮬레이션을 제공하는 게임으로 다양한 경제 시나리오를 실험할 수 있다. https://www.capitalismlab.com.

34) Automated Insights: Automated Insights의 Wordsmith 플랫폼은 데이터를 분석하여 자동으로 뉴스 기사나 보고서를 작성할 수 있는 도구를 제공한다. https://automatedinsights.com.
Narrative Science: Narrative Science의 Quill 플랫폼은 복잡한 데이터를 쉽게 이해할 수 있는 서술형 보고서로 변환하는 인공지능 기반의 솔루션을 제공한다. https://narrativescience.com.

35) https://deepdreamgenerator.com

맞게 이미지를 자동으로 생성하거나 변형한다.

② 스타일 변환: 특정 미술 스타일로 이미지를 변환한다. 스타일 변환 도구로는 뉴럴 스타일 전송(Neural Style Transfer)[37]을 사용한다. 학습자들은 자신의 그림이나 사진을 세기의 대표적인 화가 스타일로 변환해 본다.

③ 인터랙티브 미술: 작품에 인터랙티브한 요소를 추가하여 보는 이의 참여를 유도한다. 인터랙티브 미술 도구로는 증강 현실 기반의 툴을 활용한다. 학습자들은 그림이나 조각에 가상의 요소를 추가하여 보는 이와 상호작용하는 미술 작품을 제작한다.

④ 미술 작품 분석: 미술 작품의 스타일, 기법, 구성 등을 자동으로 분석한다. 이미지 분석 도구로는 콘볼루션 뉴럴 네트워크(CNN) 기반의 알고리즘을 사용한다.[38] 학습자들은 대표적인 미술 작품의 특징이나 스타일을 자동으로 파악한다.

⑤ 3D 모델링 및 가상 조형: 3D 모델을 자동으로 생성하거나, 가상의 공간에서 조형 작업을 수행한다. 3D 모델링 도구로는 블렌더(Blender)[39]나 갠스(Generative Adversarial Networks: GANs)[40]를 활용한다. 학습자들은 가상의 공간에서 자유롭게 조형하거나 3D 모델을 생성하여 미술 작품을 제작한다.

---

36) https://github.com/NVlabs/stylegan3
37) https://en.wikipedia.org/wiki/Neural_style_transfer
38) 이미지 분석 도구와 관련 사이트
　　−DeepArt: DeepArt는 인공지능을 사용하여 사진을 유명한 화가의 스타일로 변환하는 서비스이다. 이는 미술 작품의 스타일을 분석하는 데 사용될 수 있다. https://deepart.io.
　　−Clarifai: Clarifai는 다양한 이미지와 비디오를 분석할 수 있는 고급 인공지능 시스템을 제공한다. 미술 작품의 스타일과 구성 요소를 인식하는 데 사용될 수 있다. https://www.clarifai.com.
　　−Deep Dream Generator: Deep Dream Generator는 이미지에 대한 복잡한 패턴과 스타일을 분석하고 생성할 수 있는 도구로 미술 작품의 스타일을 이해하는 데 도움이 될 수 있다. https://deepdreamgenerator.com.
　　이 도구들은 미술 작품의 이미지를 업로드하고, 해당 이미지의 스타일, 기법, 구성 등을 자동으로 분석하여 학습자들이 작품의 특징을 이해하는 데 도움을 준다.
39) https://www.blender.org
40) https://labelbox.com/; https://www.taskus.com

8) 음악

① **자동 음악 생성 및 조작**: 인공지능을 활용해 새로운 음악을 생성하거나 기존 음악을 조작하고 편곡한다. 음악 생성 도구로는 마젠타(Magenta)[41]나 오픈 인공지능(Open AI)의 뮤즈넷(MuseNet)[42]을 활용한다. 학습자들은 특정 스타일이나 테마에 맞게 음악을 생성하거나, 기존의 트랙을 변경한다.

② **음악 스타일 변환**: 한 음악의 스타일을 다른 스타일로 변환한다. 스타일 변환 도구로는 뉴럴 네트워크 기반의 알고리즘을 사용한다.[43] 학습자들은 자신이 선호하는 곡을 다른 음악 장르의 스타일로 변환해 본다.

③ **음악 분석 및 추천**: 음악의 특징을 분석하고, 사용자의 취향에 맞는 음악을 자동으로 추천한다. 분석 및 추천 도구로는 스포티파이(Spotify)의 추천 시스템 같은 협업 필터링 기반 알고리즘을 사용한다.[44] 학습자들은 개인의 음악 취향을 분석하여 새로운 곡을 발견하거나, 음악의 구성요소를 자동으로 분석한다.

---

41) https://magenta.tensorflow.org
42) https://creativitywith.ai/musenet/
43) 음악 스타일 변환은 인공지능을 이용하여 한 장르의 음악을 다른 장르로 변환하는 기술이다. 이러한 변환을 가능하게 하는 몇 가지 사이트는 다음과 같다.
   -AIVA: AIVA는 인공지능 작곡가로 다양한 스타일과 장르의 음악을 만들 수 있다. 사용자가 원하는 스타일로 음악을 변환하는 기능을 제공할 수 있다. https://www.aiva.ai.
   -Amper Music: Amper Music는 인공지능을 사용하여 사용자가 선택한 스타일로 음악을 생성한다. 이를 통해 기존의 음악 스타일을 다른 스타일로 변환하는 데 사용될 수 있다. https://www.ampermusic.com.
   -Melobytes: Melobytes 웹사이트에서는 사용자가 업로드한 음악을 다양한 스타일로 변환할 수 있는 옵션을 제공한다. https://melobytes.com.
44) 음악 스타일 변환은 인공지능을 이용하여 한 장르의 음악을 다른 장르로 변환하는 기술이다. 이러한 변환을 가능하게 하는 몇 가지 사이트는 다음과 같다.
   AIVA: AIVA는 인공지능 작곡가로, 다양한 스타일과 장르의 음악을 만들 수 있다. 사용자가 원하는 스타일로 음악을 변환하는 기능을 제공할 수 있다. https://www.aiva.ai.
   Amper Music: Amper Music는 인공지능을 사용하여 사용자가 선택한 스타일로 음악을 생성한다. 이를 통해 기존의 음악 스타일을 다른 스타일로 변환하는 데 사용될 수 있다. https://www.ampermusic.com.
   Melobytes: Melobytes 웹사이트에서는 사용자가 업로드한 음악을 다양한 스타일로 변환할 수 있는 옵션을 제공한다. https://melobytes.com.

④ **자동 악기 연주 및 학습 도움**: 인공지능을 활용하여 악기 연주를 자동화하
거나, 악기 학습에 도움을 준다. 도구로는 악기 학습 애플리케이션이나 인
공지능 기반의 튜터 시스템을 활용한다.[45] 학습자들은 연주 실력 향상을
위한 피드백을 받거나, 인공지능을 활용한 가상의 악기 연주를 청취한다.

⑤ **가상 음악 연주 및 작곡 환경**: 3D 환경에서의 음악 연주나 작곡을 수행한
다. 가상 환경 도구로는 VR 기반의 음악 스튜디오 애플리케이션을 사용
한다.[46] 학습자들은 가상의 공간에서 음악 연주나 작곡을 경험하면서 새
로운 창작 활동을 진행한다.

학습과정안: 전공교과에 맞는 인공지능 도구 탐색 및 활용의 기초

본 학습과정안은 예비교사들이 자신의 전공교과에 인공지능 도구를 통합하
는 방법을 스스로 탐색하고 결정하는 능력을 키우기 위한 과정이다.

1. 목표

예비교사 각자의 전공교과에 관련된 인공지능 도구의 존재와 활용 방법을
이해하는 것이 본 학습의 목표이다. 또한 예비교사들은 인공지능 도구를 직
접 탐색하며 그것이 어떤 주제나 내용에 적용될 수 있는지 결정한다. 마지막

---

45) Spotify: Spotify의 추천 시스템은 사용자가 듣는 음악의 패턴을 분석하여 개인화된 플레이리스트를 생
성하고, 사용자가 아직 발견하지 못한 새로운 음악을 추천한다. 이 서비스는 사용자의 음악 취향을 학
습하여, 음악의 다양한 구성 요소를 분석하고 사용자에게 맞는 음악을 제안하는 데 사용된다. https://
www.spotify.com.
46) Soundtrap by Spotify: Soundtrap은 온라인 음악 스튜디오로, 사용자가 브라우저에서 직접 음악을 녹
음하고, 작곡하고, 협업할 수 있게 해 준다. https://www.soundtrap.com
VRChat: VRChat은 사용자가 VR 환경에서 다양한 활동을 할 수 있는 플랫폼이며, 여기에는 음악 연
주와 작곡을 위한 공간도 포함된다. https://www.vrchat.com
Virtuoso: Virtuoso는 VR 환경에서 음악을 배우고, 연주하고, 작곡할 수 있는 애플리케이션이다. 사용
자는 가상의 악기를 사용하여 음악을 만들 수 있다. https://www.virtuoso-vr.com

으로, 선택된 인공지능 도구를 실제로 연습하고, 그 도구가 전공교과에 어떻게 통합될 수 있는지에 대한 계획을 수립하게 된다.

2. 필요한 자료

- 인공지능 도구의 기본 원리와 활용에 관한 학습자료
- 전공교과와 연관된 데이터 세트(예를 들어, 언어 모델을 학습시키려면 텍스트 데이터가, 이미지 인식 모델을 학습시키려면 이미지 데이터가 필요하다.)
- 컴퓨터(인터넷 접속 가능한 환경)

3. 학습 절차

1) 인공지능 도구의 기본 소개

인공지능의 다양한 활용 영역에 대해 소개하며, 그중에서 자연어 처리, 이미지 인식, 음성 인식 등의 핵심 인공지능 도구 개념을 소개한다. 이를 통해 예비교사들은 인공지능이 교육에서 어떻게 활용될 수 있는지의 기본적인 아이디어를 얻게 된다.

2) 각자의 전공교과에 맞는 인공지능 도구 탐색

예비교사들은 인터넷 리서치 및 자료 공유를 통해 각자의 전공교과에 적합한 인공지능 도구를 탐색한다. 이 과정에서 각 도구의 기능, 사용 방법, 필요한 자료 등을 정리하게 되며, 이를 통해 인공지능 도구의 활용 가능성을 간략히 파악하게 된다.

3) 실습

선택된 인공지능 도구 활용하기: 이 단계에서 예비교사들은 앞서 탐색한 도구를 직접 설치하거나 접속하여 실행해 본다. 전공교과와 관련된 데이터 세트를 활용하여 간단한 인공지능 모델을 학습시키고 결과를 분석하는 과정을 통해, 실제 교육 현장에서 어떻게 활용될 수 있을지에 대한 감을 잡게 된다.

4) 응용 주제 결정 및 계획 수립

학습된 도구와 그 결과를 바탕으로 예비교사들은 어떻게 이를 전공교과 내용에 통합할 수 있을지 논의한다. 여기서 구체적인 수업 주제나 연구 주제를 결정하며, 그에 따른 단계별 계획을 수립하게 된다.

이 학습과정을 통해 예비교사들은 인공지능 도구의 다양한 활용 가능성을 실제로 경험하고 이를 교육 현장에 어떻게 통합할 수 있는지에 대한 계획을 수립하는 능력을 향상시킬 수 있다.

갖추어야 할 역량

1. 인공지능 기반 교육 도구의 이해와 활용

예비교사는 인공지능이 교육에 어떻게 활용되는지에 대해 깊이 있게 이해하는 데 중점을 둔다. 예를 들면, 머신러닝은 학습의 개별화를 지원하며, 딥러닝은 복잡한 학습 자료의 패턴을 파악하는 데 도움을 준다. 그 외에도 자연어 처리는 언어와 관련된 교과에서의 학습 향상에 기여하고, 컴퓨터 비전은 시각적 자료의 인식과 분석에 효과적이다. 교사는 이러한 도구들이 학습 경험을 어떻게 바꾸는지, 학습자에게 어떤 이점을 가져다주는지 알 필요가 있다.

2. 전공별 인공지능 도구의 선택 및 익히기

예비교사는 자신의 전공에 맞는 인공지능 도구를 선택하고 그 기능을 깊이 있게 익히는 것이 중요하다. 예를 들어, 문학 교육 전공자는 텍스트 분석 도구를, 과학 교육 전공자는 데이터 분석과 예측 도구를 익힐 수 있다. 이를 통해 예비교사는 전공 교육의 질을 높이며, 학습자의 이해도를 극대화할 수 있다.

3. 학습자 데이터의 분석 및 개인화된 교육 경험 제공

교육 현장에서는 학습자의 학습 패턴, 약점, 강점 등의 데이터를 수집한다. 이 데이터를 활용하면 개인화된 학습 경험을 제공할 수 있다. 예비교사는 이러한 데이터를 효과적으로 분석하고 해석하여 학습자에게 가장 적절한 교육을 제공하는 능력을 기르는 것이 중요하다.

4. 기술의 효과적인 통합 및 적용

예비교사는 다양한 인공지능 도구와 기술(예: 자연어 처리, 로보틱스, 컴퓨터 비전 등)을 교육에 통합하고 적용하는 방법을 학습한다. 이는 학습자의 학습 경험을 향상시키며, 교육의 효과를 극대화하기 위한 역량이다.

종합적으로 볼 때, 예비교사는 인공지능 기술의 교육적 활용에 대한 깊은 이해와 학습자 데이터의 분석 및 활용 능력, 그리고 기술의 효과적인 통합 및 적용 능력을 갖추는 것이 필요하다. 또한 자신의 전공과 관련된 인공지능 도구를 선택하고 그를 효과적으로 활용하는 능력 또한 중요하다.

권장하는 교수-학습 지원 전략

1. 프로젝트 기반 학습

프로젝트 기반 학습은 학습자가 직접 주제나 문제를 탐색하면서 학습하는 방법이다. 인공지능 도구와 함께 이 방식을 활용하면, 학습자는 실제 문제 상황에서 인공지능의 활용법을 체험하게 된다.

① 학습자에게 주제나 문제를 제시하되, 그 해결을 위해 인공지능 도구를

활용할 수 있도록 안내한다.

② 도구의 기본 사용 방법을 소개하고, 학습자 스스로가 탐색하고 학습할 수 있도록 자료나 참고자료를 제공한다.

③ 학습자의 프로젝트 진행 상황을 주기적으로 확인하며 필요한 지원이나 도움을 제공한다.

2. 실제 교육 현장의 데이터 활용

학습자의 학습 패턴, 피드백, 성취도 등의 데이터를 활용하여 인공지능 도구의 효과를 극대화한다.

① 학습자의 데이터를 수집하기 위한 도구나 시스템을 도입하고, 학습자와 보호자에게 데이터 활용의 목적과 중요성을 알린다.

② 수집된 데이터를 분석하여 학습자의 약점 및 강점을 파악하고, 이를 바탕으로 개인화된 학습 경험을 제공한다.

③ 학습 데이터를 지속적으로 업데이트하고, 그에 따라 학습 방안을 조정한다.

3. 전공 연계 인공지능 도구의 선택 및 활용

예비교사의 전공과 관련된 인공지능 도구를 선택하여 교육의 질을 높이는 것이다.

① 각 전공별로 유용한 인공지능 도구의 목록을 작성하고, 그 도구의 기본적인 특징과 활용 방법을 소개하는 세션을 준비한다.

② 예비교사가 도구를 선택하고, 그 도구를 활용한 교육 방안을 설계하도록 안내한다.

③ 도구의 활용법을 깊게 이해하고 실제 교육에 적용할 수 있도록 지속적인

피드백과 멘토링을 제공한다.

이러한 전략과 실행 지침을 통해 예비교사는 인공지능 도구를 교육에 효과적으로 활용할 수 있다.

실습 예제

실습 1: 이미지 인식 도구를 활용한 과학 실험 데이터 분석

이 실습은 학습자들이 진행하는 과학 실험에서 발생하는 다양한 시각 자료(예: 식물의 성장 사진, 화학 반응 과정)를 이미지 인식 도구를 통해 분석한다. 이를 통해 학습자는 보다 정확하고 효과적인 실험 결과 해석 능력을 키울 수 있다.

① 학습자들로부터 과학 실험 관련 이미지 데이터를 수집한다.
② 선택한 이미지 인식 도구(예: TensorFlow, OpenCV)를 사용하여 이미지 내의 주요 패턴, 변화, 객체 등을 인식한다.
③ 도구가 추출한 데이터를 바탕으로 실험의 주요 결과와 변화를 학습자와 함께 해석한다.
④ 다양한 실험 결과들 간의 비교와 통합을 통해 과학적인 통찰력을 얻는다.

학습자로부터의 피드백 분석을 통해 학습 환경의 효과적인 개선을 도모할 수 있다. 자연어 처리 도구를 활용하면 대량의 텍스트 데이터에서도 주요 내용을 빠르게 파악하는 것이 가능하다. 이를 통해 학습자들의 주요 문제점이나 불만족 요인을 신속하고 정확하게 파악하게 되어 보다 효과적인 교육 개선 방안을 마련하는 데 큰 도움이 된다. 또한 이러한 분석을 통해 학습자의 개별화된 필요와 기대를 깊이 있게 이해할 수 있게 되며, 이를 바탕으로 학습자 중심의 맞춤형 교육을 제공할 수 있게 된다.

실습 2: 자연어 처리(NLP) 도구를 활용한 학습자 피드백 분석

이 실습에서는 학습자들로부터 받은 텍스트 기반의 피드백을 자연어 처리 도구를 활용해 분석한다. 이를 통해 학습자들의 학습 경험, 문제점, 그리고 개선사항에 대한 깊은 이해를 얻을 수 있다.

① 학습자들로부터 텍스트 형태의 피드백을 수집한다.
② 선택한 자연어 처리 도구(예: OpenAI의 GPT나 다른 텍스트 분석 도구)를 사용하여 주요 키워드와 감정을 추출한다.
③ 분석 결과를 바탕으로 학습자들의 주요 문제점과 불만족의 요인을 파악한다.
④ 얻은 통찰력을 바탕으로 교육 내용이나 방식의 개선안 제시한다.

과학 실험의 다양한 시각 자료 분석을 통해 학습자는 실험 결과의 보다 정확한 해석과 깊은 이해를 얻을 수 있다. 이미지 인식 도구의 활용은 복잡한 실험 결과나 다양한 시각적 데이터를 신속하고 정밀히 분석하는 데 큰 도움을 제공한다. 이를 통해 학습자는 실험의 주요 결과와 그 변화를 명확하게 파악하며, 이 과정에서 시각적인 데이터의 흥미로움을 통해 학습자의 이해도와 관심도가 크게 향상된다. 더불어 이미지 인식 기술의 활용은 전통적인 실험 방법만으로는 얻기 힘든 새로운 교육적 가치와 인사이트를 제공하게 된다.

이러한 실습 예제들은 예비교사들에게 교육 현장에서 인공지능의 다양한 활용 방법을 실질적으로 경험하게 해 준다. 이를 통해 교사들은 인공지능 기술의 잠재력과 그 한계를 보다 명확하게 파악하며, 학습자들에게 유의미한 학습 경험을 제공하는 동시에 윤리적인 기술 활용의 중요성을 깊이 있게 이해하게 된다.

평가를 위한 과제: 전공교과와 연결된 인공지능 도구 통합 프로젝트

1. 과제설명

이번 과제에서 예비 교사들은 자신의 전공교과에 적합한 인공지능 도구를 선택하고, 그 도구를 실제 교육 현장에서 어떻게 통합할 것인지에 대한 구체적인 방안을 제시하게 됩니다. 학습자들은 이전에 학습한 내용을 바탕으로 도구의 기능과 활용 방법, 그리고 교육적 장점을 고려하여 프로젝트를 진행해야 합니다.

2. 과제 제출물 및 분량

1) 인공지능 도구 분석 리포트(2~3페이지)
- 도구 소개: 선택한 인공지능 도구의 기본 기능과 원리에 대한 설명
- 교육적 활용 가능성: 해당 도구가 교육에서 어떻게 활용될 수 있는지에 대한 구체적인 사례나 예시 제시

2) 도구 통합 계획서(3~4 페이지)
- 전공교과 선택: 예비 교사의 전공교과 내에서 특정 주제나 단원 선택과 그 이유 소개
- 통합 전략: 해당 주제나 단원에 인공지능 도구를 어떻게 통합할 것인지에 대한 구체적인 방법 및 단계 제시

3) 통합의 장단점 고찰(1~2페이지)
- 장점: 도구를 교과에 통합함으로써 예상되는 학습 효과 및 이점에 대한 설명
- 도전점: 통합 과정에서 발생할 수 있는 문제점, 한계점 등에 대한 고찰

3. 평가기준
- 선택한 인공지능 도구의 적절성(25%): 도구가 교과 내용과 얼마나 잘 맞는지, 그리고 교육적 측면에서의 장점이 무엇인지를 잘 파악했는지를 평가한다.
- 도구 통합 방안의 실용성 및 창의성(35%): 통합 방안이 현실적이며 실제 교육 현장에서 실행 가능한지, 또한 기존의 교육 방법과 어떻게 차별화되는지를 평가한다.
- 통합의 장점 및 도전점에 대한 고찰의 깊이(30%): 예비교사가 도구 통합의 장점과 도전점을 얼마나 깊이 있게 고민하고 분석했는지를 평가한다.

- 전체적인 보고서의 구성 및 표현(10%): 보고서의 논리 구조, 명료성, 문장의 완성도 등을 평가한다.

이 과제를 통해 예비교사들은 지금까지 학습한 내용을 실제로 적용해 보는 기회를 가질 수 있고, 교육 현장에서 인공지능 도구를 통합하는 방법에 대한 깊은 이해와 실용적인 계획 수립 능력을 향상시킬 수 있을 것이다.

모듈4

디지털 윤리와 정보 보호

제10장
디지털 시대의 윤리

💻 **강의 1: 디지털 시민성: 온라인 윤리적 책임 탐색**

읽어 보기

디지털 시민성[1]은 온라인 공간에서 도구와 기술을 윤리적으로 사용하는 데 관한 개념이다. 교육에서 디지털 시민성을 가르치는 목적은 학습자들이 복잡한 디지털 환경을 이해하고, 비판적으로 생각하며, 윤리적인 선택을 할 수 있도록 돕기 위한 것이다. 이것은 학습자들이 온라인 커뮤니티에 긍정적으로 기여하고 자신과 타인의 디지털 웰빙을 보호하며 안전하고 예의 바른 온라인 상호작용에 참여하는 책임 있는 디지털 시민이 되도록 함을 목표로 한다.

현대의 디지털화된 세상에서 디지털 시민성은 중요한 덕목 중 하나이다. 언급된 바대로 디지털 시민성은 온라인에서 책임감 있고 윤리적으로 행동하는 능력을 의미한다.

---

1) 디지털 환경에서의 적절한 행동과 관련된 내용을 강조하는 용어로 사용한다. 영어로는 digital citizenship을 지칭하는 용어로 간주한다. 이에 비하여 디지털 시민의식(Digital Civic Awareness)은 디지털 환경과 관련된 사회, 정치적 인식을 강조 하는 용어로 해석한다.

1) 디지털 흔적과 온라인에서의 정체성

온라인 환경에서는 우리의 모든 행동이 디지털 흔적으로 남게 된다. "디지털 흔적과 온라인에서의 정체성"과 관련하여, 이를 살펴보기 위해서 디지털 자아 발견의 여정을 시작해 보기로 한다. 여기서 학습자들은 온라인 공간에 진입하면 모든 온라인 활동이 기록된다는 것을 알게 된다. 재미있게 진행되는 수업을 통해서 이런 행동이 어떻게 우리의 평판이나 대학 입학 지원, 심지어 미래의 직장 기회에 영향을 줄 수 있는지 알아볼 수 있다. 이 과정은 단순히 인터넷을 돌아다보는 것만이 아니라, 어떻게 온라인에서 나를 잘 보여 줄 수 있을지 생각하게 만든다.

2) 사이버 괴롭힘(Cyberbullying)과 온라인에서의 문제

인터넷은 정보 공유와 소통의 도구로서의 장점이 있지만, 동시에 부정적인 행동들이 벌어지는 장소기도 하다. "사이버 괴롭힘과 온라인에서의 문제"를 다룰 때, 우리는 인터넷의 어두운 면을 바라본다. 이 과정에서 학습자들은 다른 사람의 기분을 이해하며, 잘못된 온라인 행동을 알아차리고, 그런 행동에 대처하는 방법을 배운다. 토론을 통해 학습자들은 온라인에서 서로를 존중하고 이해하는 방법을 알게 될 것이다. 이를 위한 수업은 그냥 지식을 전달하는 것이 아니라, 온라인에서 좋은 환경을 만드는 법을 알려 주는 것이다.

3) 개인 정보와 데이터 이해

개인 정보는 각자가 지닌 중요한 자산 중 하나이다. 디지털 시대에는 이러한 개인 정보의 보호가 더욱 중요해진다. "개인 정보와 데이터 이해" 주제로 함께 탐험해 보도록 한다. 여기서 학습자들은 자신의 정보를 어떻게 잘 보호할 수 있는지를 배운다. 이 과정에서 개인 데이터를 어떻게 잘 보호하는지는 물론, 왜 중요한지에 대해 알게 된다. 너무 많은 정보를 공유하는 것이 위험할 수 있다는 것을 알게 되며, 어렵게 느껴지는 개인 정보 설정을 어떻게 할지 팁도 얻게 된다. 이 과정은 그저 배우기만 하는 게 아니라, 디지털 세계에서 자신감 있게 활동하는 방법을 배우는 것이기도 하다.

4) 미디어 분석 능력

디지털 정보가 폭발적으로 증가하는 속에서 중요한 정보를 찾아내고, 부정확한 정보와 거짓 정보를 구별하는 능력이 필요하다. 디지털 환경을 탐험하면서 함께 "미디어 분석 능력"을 살펴보도록 한다. 여기서 학습자들은 디지털 탐정처럼 온라인 콘텐츠를 잘 살펴보고 잘못된 정보를 찾아 정확한 사실을 알아내는 방법을 배운다. 재미있게 진행되는 대화를 통해 학습자들은 어떻게 올바른 정보만을 선택하고 나쁜 정보를 피할 수 있는지 배운다. 이 과정은 그저 재미있는 탐험만이 아니라, 디지털 세계에서 올바른 정보를 어떻게 찾아내고 사용할지에 대한 중요한 교훈을 배우게 해 준다.

5) 디지털 콘텐츠 책임있게 활용하기

온라인에서의 콘텐츠 생성과 공유는 큰 책임을 필요로 한다. 디지털 세계에서 "디지털 콘텐츠 책임있게 활용하기"에 대해 알아본다. 학습자들은 저작권, 올바른 인용 방법 등을 통해 어떻게 온라인에서 콘텐츠를 올바르게 사용하는지 배운다. 재미있는 대화를 통해, 온라인에서의 올바른 행동과 어떻게 콘텐츠를 안전하게 만들고 나누는지에 대해 알게 된다. 이 과정은 그냥 수업이 아니라, 디지털 세계에서 어떻게 올바르게 행동해야 하는지 배우는 중요한 시간이 된다.

6) 긍정적인 디지털 시민성

온라인 커뮤니티는 서로의 차이를 존중하며 건설적인 대화를 나누는 곳이어야 한다. "긍정적인 디지털 시민성"을 주제로 온라인에서 어떻게 긍정적으로 상호작용할 수 있는지 알아본다. 학습자들은 온라인에서 어떻게 다른 사람들과 잘 어울리고 서로를 존중하는지 배운다. 이를 통해 학습자들은 온라인에서의 건강한 대화를 나누고, 좋은 온라인 커뮤니티 환경을 만들어 나가는 방법을 배운다. 이 과정은 그저 배우는 것이 아니라, 온라인에서 서로를 이해하고 존중하는 긍정적인 환경을 만들기 위한 중요한 단계이다.

앞에서 언급된 중요한 아이디어를 강조하면, 예비교사들은 학습자들이 온라인 환경에서 정직하고, 공감하며, 비판적으로 생각하는 능력을 키울 수 있도록 도울 수 있다.

학습과정안: 디지털 시민성: 온라인 상에서의 윤리적 책임 탐색

1. 목표
예비교사들에게 디지털 시민성과 온라인에서의 윤리적 책임에 관해 효과적으로 가르치기 위한 능력과 전략을 제공한다. 이 방식은 디지털 윤리적 행동, 비판적 사고 및 디지털 세계에서의 책임 있는 결정력을 강조한다.

2. 필요한 자료
- 디지털 시민성 스캐빈저 헌트 자료
- 윤리적 딜레마 롤플레잉 게임을 위한 역할 연기 시나리오 카드
- 디지털 슈퍼히어로 캐릭터를 만들기 위한 미술 재료

3. 학습 절차

1) 소개 및 중요성
디지털 시민성 개념과 교육 내에서의 중요성을 알아본다. 디지털 시민성을 배우는 것은 예비교사들에게 디지털 환경에서 책임감 있고 윤리적으로 탐색

하는 필수 기술을 제공하는 중요한 역할을 한다.

2) 예비교사의 능력

① **윤리적 디지털 교육**: 예비교사는 학습자들 사이에서 윤리적인 디지털 행동을 육성하는 수업을 설계하고 실행하는 능력을 갖춘다. 이는 온라인 정체성, 사이버 괴롭힘, 개인 정보 보호, 미디어 리터러시 및 디지털 콘텐츠의 윤리적 사용과 같은 중요한 주제에 대한 흥미로운 학습 경험을 만드는 것을 포함한다.

② **디지털 리터러시와 적응력**: 예비교사들은 디지털 리터러시를 갖추어 디지털 시민성을 효과적으로 가르칠 수 있어야 한다. 이 능력은 지속적으로 발전하는 디지털 환경과 새로운 기술, 플랫폼을 업데이트하는 능력을 포함한다. 디지털 리터러시의 튼튼한 기반은 예비교사들이 학습자들을 신속하게 변화하는 환경 안에서 안전하고 책임 있게 안내하며 책임과 존중의 가치를 심어 주는 역할을 할 수 있도록 한다.

③ **건설적인 대화의 조장**: 디지털 시민성을 가르치려면 복잡한 온라인 윤리 문제를 이해하고 존중하며 대화를 원활하게 이끌어 내는 능력이 필요하다. 안전하고 포용적인 환경을 조성하여 예비교사는 학습자들이 자유롭게 생각, 의견 및 우려를 표현하도록 격려하며 디지털 영역의 윤리적 복잡성에 대한 깊은 이해를 촉진한다.

3) 디지털 시민성 가르치기 전략

① **디지털 시민성 스캐빈저 헌트(탐색 게임)**: 학습의 방식을 상호작용적인 모험으로 변화시키는 디지털 시민성 스캐빈저 헌트는 학습자들을 동적인 학습 경험에 참여시킨다. 이 방법을 통해 디지털 시민성 개념과 관련된 작업이 구체화되며 유용한 단서와 자료가 함께 제공된다. 이 활동에 적극적으로 참여함으로써 학습자들은 비판적 사고 기술을 기르는데, 이와 더

불어 디지털 영역을 협력적으로 탐험하며 책임 있는 윤리적 온라인 행동을 내면화하게 된다.

② 윤리적 딜레마 롤플레잉 게임[1]: 윤리적 딜레마를 다루는 롤플레잉 게임을 하면, 학생들은 마치 이야기 속에 들어간 것처럼 빠져들게 된다. 이 게임에서 학습자들은 게임 속의 다양한 인물들이 직면한 어려운 문제들을 풀어야 한다. 이 방식을 통해 학습자들은 게임 속에서 다양한 캐릭터가 마주하는 윤리적 문제를 해결해야 한다. 이러한 다양한 캐릭터의 역할을 수행으로써 학습자들은 여러가지 윤리적 딜레마에 대한 다면적인 관점을 이해하게 된다. 이 전략은 비판적 사고와 공감 등의 중요한 능력을 키우며 디지털 시대의 윤리적인 판단력을 기르는 데 도움이 된다.

③ 디지털 슈퍼히어로 만들기[2]: 창의성과 윤리를 강조하는 혁신적인 방법으로 디지털 슈퍼히어로를 양성한다. 이 전략에서 학습자들은 책임 있는

---

1) 윤리적 딜레마를 다루는 롤플레잉 게임은 플레이어가 복잡한 도덕적 선택을 해야 하는 상황에 놓이게 만들어, 비판적 사고와 의사결정 능력을 향상시키는 데 도움을 준다. 이러한 게임 중 하나는 "Quandary"이다.
Quandary: Quandary는 플레이어가 새로운 행성의 식민지 지도자 역할을 맡아 다양한 도덕적 및 윤리적 문제를 해결해야 하는 게임이다. 플레이어는 식민지의 주민들 사이에서 발생하는 문제들에 대한 해결책을 찾아야 하며, 이 과정에서 그들의 결정이 주민들에게 어떤 영향을 미칠지 고려해야 한다. 게임은 플레이어에게 복잡한 상황에서의 의사결정 과정을 경험하게 하고, 그들의 선택이 주변 사람들에게 미치는 영향을 이해하도록 돕는다. 이 게임은 교육적 목적으로 개발되었으며, 학교나 교육 기관에서 윤리 교육의 일환으로 사용될 수 있다. https://www.quandarygame.org/.
2) 디지털 슈퍼히어로 만들기는 창의성과 디지털 시민의식을 결합한 활동이다. 예를 들어, 학습자들이 "Netiquette Knight"라는 캐릭터를 만들 수 있다. 이 캐릭터는 온라인 에티켓을 지키는 것을 주된 능력으로 하여, 사람들이 인터넷에서 예의 바르고 존중하는 행동을 하도록 돕는 슈퍼히어로일 수 있다.
이러한 캐릭터를 만들기 위한 도구나 사이트로는 다음과 같은 것들이 있다.
–Hero Machine: Hero Machine은 사용자가 자신만의 슈퍼히어로 캐릭터를 디자인할 수 있는 온라인 툴이다. 다양한 템플릿과 액세서리를 조합하여 독특한 슈퍼히어로를 만들 수 있으며, 이를 통해 학습자들은 자신의 디지털 슈퍼히어로를 시각적으로 표현할 수 있다. http://www.heromachine.com/.
–Adobe Spark: Adobe Spark는 포스터, 그래픽, 비디오 등 다양한 디지털 콘텐츠를 만들 수 있는 툴이다. 학습자들은 Adobe Spark를 사용하여 자신의 슈퍼히어로 캐릭터에 대한 시각적 스토리를 만들고, 그 캐릭터가 온라인에서 어떻게 행동하는지를 나타내는 스토리텔링을 할 수 있다. https://spark.adobe.com/.
이러한 도구들을 사용하여 학습자들은 디지털 슈퍼히어로의 개념을 구체화하고, 그들의 캐릭터가 온라인에서 어떻게 긍정적인 영향을 미칠 수 있는지를 탐구할 수 있다. 이 활동은 디지털 시민권에 대한 이해를 높이고, 온라인에서의 책임감 있는 행동을 장려하는 데 도움이 된다.

온라인 행동의 상징적인 디지털 슈퍼히어로를 디자인하는 디지털 창작자의 역할을 맡는다. 이러한 디지털 챔피언들은 상상력 넘치는 이름뿐 아니라 윤리적인 온라인 관행을 반영하는 독특한 "능력"을 가지고 있다. 이 창의성과 윤리적인 토론의 융합을 통해 학습자들은 디지털 시민성 개념과 더 깊은 연결을 형성하면서 예술적인 재능을 표현하게 된다.

4) 책임 있는 온라인 행동 육성

교사의 역할에 대한 논의와 학습자들을 윤리적인 디지털 시민이 되도록 지도하는 것에 대한 논의를 진행한다. 비판적 사고, 공감 및 온라인에서 윤리적인 결정을 내리는 것이 중요하다는 것을 강조한다.

5) 결론 및 성찰

예비교사들은 학습자들을 어떻게 올바른 온라인 시민으로 바꾸어 놓을 수 있는지를 배우게 된다. 이것은 학습자들이 인터넷에서 책임감 있게 행동하고 올바르게 참여하도록 돕는 것을 의미한다. 또한 예비교사들은 자신들이 학습자들을 온라인에서 긍정적인 영향을 주는 시민으로 이끄는 방법에 대해 고려하도록 권장된다.

이 과정안을 통한 학습은 예비교사들에게 디지털 시민성을 효과적으로 가르치기 위한 능력과 전략을 제공한다. 윤리적 디지털 교육, 디지털 리터러시, 적응력 및 건설적인 대화 조성에 중점을 둔 이 방식은 책임 있는 디지털 행동에 관한 유익하고 효과적인 수업을 만들 수 있도록 지원한다. 이 방식은 교사들이 개방적인 대화를 촉진하고 문제가 될 수 있는 사항을 다루며 학습자들 사이에서 안전한 온라인 환경을 조성할 수 있도록 권한을 부여한다. 디지털 시민성 스캐빈저 헌트, 윤리적 딜레마 롤플레잉 게임 및 디지털 슈퍼히어로 만들기와 같은 창의적인 전략을 통해 교사들은 디지털 시민성에 관한 학습을 즐겁고 관련성 있게 만들 수 있다. 이 방식은 학습자들이 디지털 세계를 책임 있고 윤리적으로 탐험하면서 온라인 공간에 긍정적으로 기여할 수 있도록 준비하는 데 도움이 된다.

갖추어야 할 역량

1. 윤리적 디지털 교육

이 능력은 학습자들 사이에서 윤리적인 디지털 행동을 육성하는 전략을 디자인하고 실행하는 능력을 포함한다. 온라인 정체성, 사이버 괴롭힘, 개인정보 보호, 비판적 미디어 리터러시 및 디지털 콘텐츠의 윤리적 사용과 같은 주제를 다루는 매력적이고 효과적인 수업을 만들 수 있는 능력을 지녀야 한다. 이 능력을 갖춘 교사들은 학습자들이 디지털 윤리를 확실히 이해하고 책임 있는 온라인 행동을 보이는 환경을 조성할 수 있다.

2. 디지털 리터러시와 적응력

교사들이 디지털 시민성을 효과적으로 가르치기 위해서는 스스로 디지털 리터러시를 가져야 한다. 이 능력은 최신 디지털 트렌드, 도구 및 플랫폼을 따라갈 수 있도록 학습하는 능력을 포함한다. 이것은 새로운 기술과 인터넷 환경에 대응하는 능력을 가리키며, 교사들은 빠르게 변화하는 상황에서 학습자들에게 책임감, 안전, 그리고 상호 존중을 가르치고 안내할 수 있다.

3. 건설적인 대화 조성

디지털 시민성을 가르치기 위해서는 온라인 세계와 관련된 복잡한 윤리적 문제에 대해 개방적이고 서로 존중하는 토론을 위한 환경을 조화롭게 조성할 수 있는 능력이 필요하다. 이 능력은 학습자들이 자유롭게 생각, 의견 및 우려를 표현할 수 있는 안전한 공간을 만드는 기술을 의미한다. 이런 능력을 가진 교사들은 토론을 주도하고 비판적인 토론을 이끌며, 학습자들을 온라인 활동, 거짓 정보, 책임 있는 콘텐츠 작성과 같은 주제에서 다양한 관점을 탐구하도록 격려한다. 이로써 학습자들은 디지털 환경에서의 윤리적으로 복잡한 상황에 대한 더 깊은 이해를 얻을 수 있게 된다.

이 세 가지 역량은 교사들이 효과적으로 디지털 시민성을 가르치는 데 필요하며, 학습자들이 오늘날의 연결된 세계에서 책임 있는 윤리적 디지털 시민으로 참여할 수 있도록 도와준다.

권장하는 교수–학습 지원 전략

앞의 학습과정안에서 활용된 전략들이지만 여기에서는 좀 더 구체적으로 실행지침을 포함하여 제시하고자 한다.

1. 디지털 시민성 스캐빈저 헌트
디지털 시민성 스캐빈저 헌트는 학습자들이 대화식으로 디지털 시민성의 여러 측면을 탐구하게 하는 활동이다. 학습자들은 주어진 단서와 정보를 바탕으로 여러 개념과 관련된 작업을 완료하게 된다.

1) 준비사항
- 다양한 디지털 시민성 개념에 관련된 작업 목록(예: 디지털 흔적 찾기[3], 사이버 괴롭힘 예제 찾기 등)

---

3) 디지털 흔적 찾기는 인터넷상에서 개인이 남긴 정보와 활동의 흔적을 추적하는 활동이다. 예를 들어, 학습자들이 자신의 온라인 프로필이나 소셜 미디어 계정을 검토하여 공개된 개인 정보의 양을 파악하고, 그 정보가 어떻게 다른 사람들에게 인식될 수 있는지를 평가하는 것이 이에 해당한다. 이 활동은 학습자들에게 자신의 디지털 발자국이 미치는 영향에 대해 생각해 보게 하고, 온라인에서의 개인정보 보호의 중요성을 인식시키는 데 도움이 된다.

- 각 작업에 대한 단서와 필요한 자료
- 작업 완료 후 증거를 수집할 수 있는 도구나 방식(예: 사진, 스크린샷, 쓰기)

2) 실행지침

- 학습자들에게 작업 목록과 관련 단서 및 자료를 제공한다.
- 학습자들은 주어진 작업을 개별적으로 또는 팀으로 완료한다.
- 각 작업에 따라 관련 증거를 수집한다. (예: 관련 웹사이트의 스크린샷)
- 학습자들이 모든 작업을 완료한 후 결과를 공유하고 토론한다.

3) 유의사항

학습자들이 접근할 웹사이트나 자료는 안전하고 적절한지 사전 검토가 필요하다.

디지털 시민성 스캐빈저 헌트는 학습자들이 주어진 단서와 자료를 바탕으로 스스로 정보를 찾아보는 적극적인 학습 경험을 제공한다. 이는 학습자들의 비판적 사고 능력과 협력 능력을 개발하는 데 중요하며, 디지털 시민성에 대한 주제를 매력적이고 참여적인 방식으로 다루게 한다.

2. 윤리적 딜레마 롤플레잉 게임

윤리적 딜레마 롤플레잉 게임은 디지털 세계에서 자주 발생하는 윤리적 문제점에 대해 학습자들이 직접 롤플레잉을 통해 탐색하고 생각하는 활동이다.

학습자들은 자신의 이름을 검색 엔진에 입력하여 나타나는 결과를 조사하거나, 소셜 미디어에서 자신의 게시물과 공유된 사진들을 검토할 수 있다. 이 과정에서 학습자들은 자신이 온라인에 공유한 정보가 어떻게 다른 사람들에게 보여지는지, 그리고 그 정보가 잠재적으로 어떤 결과를 초래할 수 있는지를 이해하게 된다. 완료된 작업의 증거로는 자신의 디지털 흔적에 대한 분석 보고서를 작성하거나, 관련 스크린샷을 모으는 것 등이 있을 수 있다.

1) 준비사항

- 다양한 윤리적 딜레마를 다루는 롤플레잉 시나리오(예: 온라인 개인 정보 공유, 사이버 괴롭힘 상황, 뉴스 공유 문제 등)
- 각 역할에 대한 지침 및 배경 정보
- 필요한 경우, 논의나 토론을 위한 가이드라인

2) 실행지침

- 학습자들에게 롤플레잉 시나리오와 각자의 역할을 제공한다.
- 학습자들에게 각 시나리오와 관련된 배경 정보와 지침을 전달한다.
- 학습자들이 각자의 역할을 연기하면서 윤리적 딜레마에 대해 탐색한다.
- 롤플레잉 후, 학습자들과 토론을 통해 경험한 내용과 생각을 공유한다.

3) 유의사항

모든 학습자들이 편안하게 활동에 참여할 수 있도록 환경을 조성하며, 감정적인 내용이 포함될 수 있으므로 주의가 필요하다.

윤리적 딜레마 롤플레잉 게임은 학습자들이 실제 디지털 세계에서의 윤리적 문제점을 직접 경험하고, 다양한 관점을 탐색하는 실천적인 방식을 제공한다. 이를 통해 학습자들은 디지털 행동의 결과와 그에 따른 영향에 대해 깊이 있게 생각하며, 타인의 온라인 경험에 대한 공감 능력을 강화할 수 있다.

3. 나만의 디지털 슈퍼히어로 만들기

이 전략은 학습자들의 창의력을 이용하여 책임감 있는 윤리적인 온라인 행동을 보여 주는 디지털 슈퍼히어로로 캐릭터를 디자인하는 활동이다.

1) 준비사항

- 드로잉 용품 또는 디지털 드로잉 도구
- 슈퍼히어로 디자인 가이드라인(예: 이름, 외모, 특별한 능력 등)
- 만화 스트립 템플릿 또는 이야기 작성용지

2) 실행지침

- 학습자들에게 슈퍼히어로를 디자인할 목적과 중요성을 설명한다.
- 각 학습자에게 자신만의 슈퍼히어로를 디자인하도록 지시하며, 이름, 외모, 그리고 디지털 시민성과 관련된 특별한 능력을 포함하도록 한다.
- 슈퍼히어로의 모험을 보여 주는 짧은 이야기나 만화 스트립을 작성하도록 요청한다.

3) 유의사항

모든 학습자들의 창작물을 존중하며, 다양한 아이디어와 의견을 존중하는 환경을 만든다.

나만의 디지털 슈퍼히어로 만들기 전략은 학습자들의 창의력과 상상력을 최대한 활용하여 디지털 시민성의 핵심 요소를 탐색하도록 유도한다. 이는 온라인에서의 윤리적 책임에 대한 깊은 이해를 도모하며, 동시에 학습 경험을 더욱 흥미롭고 기억에 남게 만든다.

앞에서 제시된 전략들은 디지털 시민성을 가르치는 과정에 재미와 창의성을 불어넣어 학습자들이 온라인에서의 윤리적 책임에 대해 배우는 데 흥미롭고 효과적인 방법을 제공한다.

실습 예제

실습 1. 대화식 사례 연구 및 토론

이 실습은 학습자들에게 디지털 윤리와 관련된 현실적인 사례 연구나 시나리오를 제시한다. 학습자들은 이러한 시나리오를 공동으로 분석하고 윤리적 고려 사항을 식별하며 해결책을 제안하는 데 참여한다.

① 사이버 괴롭힘, 온라인 개인 정보 보호, 디지털 흔적 또는 책임 있는 콘텐츠 공유와 같은 디지털 시민성의 다양한 측면을 반영하는 사례 연구나 시나리오를 선택한다.

② 학습자들을 작은 그룹으로 나누고 각 그룹에 특정한 사례 연구를 할당한다.

③ 시나리오에 관련된 배경 정보를 제공하며, 관련된 캐릭터, 맥락 및 제시된 윤리적 딜레마를 설명한다.

④ 각 그룹은 시나리오에서 제기된 윤리적 고려 사항을 논의하고 아이디어를 도출한다.

⑤ 학습자들에게 잠재적인 결과를 탐구하도록 유도하고 캐릭터가 취할 수 있는 윤리적인 해결책 또는 조치를 제안한다.

⑥ 각 그룹은 분석한 내용과 제안한 해결책을 반의 과정에 공유하도록 초대한다.

⑦ 학습자들이 다양한 관점을 비교하고 윤리적 영향을 논의하며 디지털 시민성의 도전과 책임에 대해 함께 고민하는 수업 토론을 지원한다.

대화식 사례 연구와 디지털 윤리에 관한 토론을 통해 학습자들을 참여시키면 여러 가지 이점이 있다. 이 실습은 복잡한 상황을 분석하는 데 실제 세계의 맥락을 제공하여 비판적 사고를 유도한다. 협력적인 그룹 작업은 의사소통과 공감을 유발하며 윤리적인 결정을 내리는 데 도움이 된다. 수업 토론은 다양한 관점과 책임 있는 디지털 시민성의 깊은 이해를 더욱 촉진한다.

실습 2. 디지털 시민성 프로젝트 포트폴리오

이 프로젝트 중심의 실습에서 학습자들은 디지털 시민성의 다양한 측면을 이해했다는 것을 보여 주는 포트폴리오를 작성한다. 미니 프로젝트 시리즈를 통해 학습자들은 디지털 흔적, 개인 정보 보호 설정, 미디어 리터러시 및 윤리적인 콘텐츠 작성과 같은 주제와 관련하여 활발하게 참여한다.

① 학습자들에게 디지털 시민성 프로젝트 포트폴리오의 개념을 소개하고 미니 프로젝트를 통해 윤리적인 온라인 행동과 관련된 주제를 탐구할 것임을 설명한다.

② 학습자들이 프로젝트를 통해 주요 디지털 시민성 주제를 자세히 알아본다.

③ 프로젝트를 미니 프로젝트로 분해하여 각각의 특정 주제에 초점을 맞춘다. 예를 들어, 하나의 미니 프로젝트는 온라인에서 개인정보를 보호하는 내용에 관한 인포그래픽을 생성하는 것일 수 있다.

④ 각 미니 프로젝트에 대한 명확한 지침과 기대 사항을 제공한다. 형식(인포그래픽, 블로그 게시물, 비디오 등), 대상 독자 및 다루어야 할 주요 포인트를 포함한다.

⑤ 학습자들이 미니 프로젝트를 연구, 작성 및 수정할 수 있도록 시간을 할당한다.

⑥ 학습자들이 각 미니 프로젝트를 완료할 때마다 작업물을 디지털 포트폴리오에 편집하여 웹사이트, 블로그 또는 디지털 문서 형태로 탑재(uploading)할 수 있도록 한다.

⑦ 각 미니 프로젝트를 검토하고 내용 및 윤리적 고려 사항 등에 집중하여

피드백을 제공한다.

⑧ 모든 미니 프로젝트가 완료되면 학습자들은 디지털 시민성 원칙을 이해
하고 이러한 원칙을 효과적으로 전달하고 적용할 수 있는 능력을 보여 주
는 포괄적인 포트폴리오를 보유하게 될 것이다.

디지털 시민성 프로젝트 포트폴리오는 학습자들이 중요한 온라인 윤리를
이해하도록 돕는다. 개인 정보 보호 및 미디어 리터러시와 같은 주제에 관련한
미니 프로젝트를 만들면 학습자들은 그들의 기술을 향상시키는 데 도움을 받
을 뿐만 아니라 포괄적인 디지털 포트폴리오를 만들어 낼 수 있다. 이 접근법
은 학습자들의 디지털 시민성에서의 성장과 온라인에서의 책임 있는 기여 능
력을 강조한다.

이러한 실습들은 학습자들에게 디지털 시민성을 가르치는 데 실전적이고
매력적인 방법을 제공하며 적극적인 참여, 비판적 사고 및 온라인 영역에서의
윤리적 결정 능력 개발을 장려한다.

평가를 위한 과제: 디지털 시민성 교육 전략 기획

1. 과제 설명
예비교사 여러분은 학습자들에게 디지털 시민성의 중요성을 교육하기 위한 세 가지 전
략(디지털 시민성 스캐빈저 헌트, 윤리적 딜레마 롤플레잉 게임, 나만의 디지털 슈퍼히
어로 만들기)을 이해하셨습니다. 이제 여러분의 창의력을 발휘하여 이 세 가지 전략 중
하나를 선택하고, 자신만의 교육 활동을 기획해 주십시오.

2. 과제 제출물 및 분량
- 선택한 전략의 개요 및 목표(최소 300자, 최대 500자)
- 활동 준비 및 진행 순서 기술(최소 500자, 최대 1000자)
- 예상되는 학습 효과 및 학습자들의 참여 방법에 대한 설명(최소 300자, 최대 500자)

3. 평가 기준
- 전략의 선택 및 개요 명확성(20%): 선택한 전략의 개요가 명확하게 제시되었는가?
- 준비 및 진행 순서의 세부성(30%): 활동의 준비 및 진행 방법이 자세하게, 그리고 실질적으로 수행 가능한 방법으로 기술되었는가?
- 예상 학습 효과의 타당성(20%): 예상되는 학습 효과가 현실적이며, 그 근거가 제시되었는가?
- 학습자들의 참여 방법의 혁신성(20%): 학습자들의 참여 방법이 창의적이고 적극적인 학습을 유도하는 방향으로 기획되었는가?
- 글의 조직성 및 표현력(10%): 제출물이 명료하게 구성되었으며, 문장이 자연스럽고 명확한가?

이 과제를 통해 교사 여러분들이 직접 교육 전략을 기획하고 평가받음으로써, 실제 교육 현장에서 학습자들에게 효과적으로 디지털 시민성 교육을 진행하는 데 도움이 될 것을 기대합니다.

🖥️ 강의 2: 디지털 윤리 교육

읽어 보기

디지털 윤리를 가르치는 것은 학습자들 사이에서 책임 있는 디지털 행동을 육성하기 위한 효과적인 전략을 제공하는 것을 포함한다. 여기에 관련된 몇 가지 지식을 개념을 중심으로 정리해 보기로 한다.

1. 디지털 윤리에 관련된 개념과 지식

디지털 윤리를 가르치는 것은 학습자들이 온라인 환경에서 책임 있는 윤리적 행동을 개발하는 데 도움을 주는 것에 중점을 둔다. 디지털 윤리의 복잡성을 다루는 전략을 제공하여 윤리적 디지털 행동을 촉진하는 토론과 활동을 이끌어 내는 도구를 제공하고 활용하는 것이 중요하다.

2. 디지털 윤리 가르치기의 핵심 개념

1) 디지털 시민성 연속체

디지털 시민성의 개념을 기술적 변화와 사회 변화와 함께 계속 진화하는 과정으로 설명한다. 예를 들어, 디지털 시민성 연속체의 한 예로는 "온라인 프라이버시와 보안" 주제를 생각해 볼 수 있다. 이 주제는 디지털 환경에서 개인 정보를 보호하고 온라인으로 안전하게 활동하는 방법에 대한 것이며, 기술과 사회적 요인에 따라 계속 발전하고 진화하는 주제이다. 처음에는 간단한 비밀번호 사용에서 시작하여 더 강력한 인증 방법, 개인 정보 보호 도구, 법적 규제 등으로 확장되는 것을 볼 수 있다. 이 주제를 통해 학습자들은 디지털 시민성의 진화를 이해하고 온라인에서 안전하게 참여하는 방법을 연구할 수 있다. 다양한 온라인 공간에서 참여하면서 학습자들의 비판적 사고, 공감능력 및 윤리적인 결정력을 촉진하는 중요성을 강조한다.

2) 윤리적 딜레마와 온라인 행동

학습자들에게 디지털 환경에서 자주 발생하는 윤리적 딜레마를 이해하고, 이를 해결하는 방법을 고민하게 한다. 이 딜레마 중 하나는 사이버 괴롭힘이다. 예를 들어, 학습자들은 어떻게 다른 온라인 사용자에 대한 존중과 친절을 유지하면서 사이버 괴롭힘을 예방하거나 대응해야 하는지 고민해야 한다.

3) 권리와 책임의 균형 맞추기

자유롭게 의견을 말하는 권리와 다른 사람의 생각을 존중해야 하는 책임 사이에서 어떻게 조화를 이룰 수 있는지 배워야 한다. 디지털 중심 사회에서 이 균형을 이해하고 존중할 수 있도록 학습자들을 안내하는 방법을 제시한다.

4) 디지털 흔적과 정체성

디지털 흔적의 개념과 학습자들의 온라인 행동이 그들의 디지털 정체성에 어떻게 영향을 미치는지 논의한다. 학습자들이 그들의 가치와 윤리를 반영하는 긍정적인 디지털 프레젠스(digital presence)[4]를 조성하는 데 그들의 역할을 인식해야 한다.

3. 디지털 윤리 가르치기 전략

1) 윤리적 시나리오에 대한 소크라틱 토론

교사들이 수업에서 학습자들의 소크라틱 토론을 권장하고 이를 촉진시키도록 한다. 디지털 행동과 관련된 윤리적 시나리오를 제시하고 학습자들이 다양한 관점, 결과 및 잠재적인 해결책을 탐색하도록 격려한다. 이 전략은 비판적 사고와 윤리적 추론을 촉진한다.

2) 미디어 분석 및 사실 검증 프로젝트

학습자들이 디지털 미디어 콘텐츠를 신뢰성과 잠재적 편향성을 평가하며 비판적으로 분석하는 프로젝트를 디자인하도록 한다. 정보의 사실 확인 및 부정확한 정보 공유의 윤리적 영향에 대한 토론을 포함하는 과제를 지정한다.

3) 디지털 윤리 토론 및 롤플레이

학습자들이 디지털 윤리에 대해 여러 입장에서 이야기하고 행동해 보는 토론이나 역할놀이(Role Play)를 해 보는 것이 좋다. 이 전략은 학습자들이 다양한 관점을 검토하도록 유도하여 복잡한 윤리적 문제를 이해하는 것을 더욱 강

---

4) 디지털 프레젠스는 개인, 기업, 조직 또는 브랜드가 온라인에서 어떻게 표현되고 인식되는지를 의미한다. 이는 웹사이트, 소셜 미디어 프로필, 블로그, 온라인 리뷰, 포럼 게시물 등 다양한 디지털 플랫폼과 콘텐츠를 통해 형성된다.

화한다.

4) 온라인 커뮤니티 참여 프로젝트

학습자들이 긍정적으로 온라인 커뮤니티에 기여할 수 있는 프로젝트를 개발하고 진행하게 한다. 이 프로젝트들은 사이버 괴롭힘을 예방하는 캠페인 만들기, 온라인 예의 증진하기, 디지털 리터러시 부족 현상에 대응하기 등을 포함할 수 있다.

5) 초청 연사 및 산업 전문가 초청

사이버 보안, 법률 또는 디지털 미디어 윤리와 같은 분야에서 연사를 초청한다. 실제 전문가들의 통찰력을 학습자들과 공유함으로써 학습자들이 책임 있는 디지털 행동의 실제적 영향에 대한 이해를 더욱 깊게 할 수 있다.

이러한 핵심 개념과 지식을 습득하고 그를 성취하기 위한 전략을 시행함으로써 학습자들 사이에서 책임 있는 디지털 행동을 육성하고 디지털 시대에서 윤리적인 참여를 준비하는 데 중요한 역할을 할 수 있다.

학습과정안: 디지털 윤리 가르치기

1. 목표

예비교사에게 디지털 윤리를 가르치고 학습자들 사이에서 책임 있는 디지털 행동을 육성하기 위한 효과적인 전략을 제공하기 위한 과정안이다. 이 과정안은 학습자들의 비판적 사고, 윤리적인 결정력 및 온라인 공간에서의 책임 있는 참여를 발전시키는 데 중점을 둔다.

2. 필요한 자료

- 윤리적 딜레마 이스케이프 룸을 위한 자료
- 디지털 윤리 팟캐스트 제작을 위한 녹음 장비 및 자료
- 디지털 윤리 만화 스트립 챌린지를 위한 아트 자료 및 시나리오

이스케이프 룸(탈출 게임)은 참가자들이 주어진 시간 내에 다양한 단서와 퍼즐을 해결하여 특정 장소에서 탈출하는 게임이다. 윤리적 딜레마를 주제로 한 이스케이프 룸을 디자인하기 위해서는, 참가자들이 윤리적인 결정을 내려야 하는 상황을 경험할 수 있는 퍼즐과 시나리오를 구성해야 한다. 이스케이프 룸을 위한 자료에는 다음과 같은 것들이 포함되어야 한다.

① 시나리오 및 배경 스토리 준비: 디지털 윤리에 관련된 주제를 중심으로한 상황 설정, 예를 들면, "사이버 괴롭힘에 대한 증거를 찾아내어 피해자를 도와 탈출해야 하는 상황"과 같은 시나리오를 생각해 볼 수 있다.

② 퍼즐 및 단서 디자인: 윤리적 딜레마를 해결하기 위한 퍼즐, 예를 들어, "어떤 정보는 공유해도 되는지, 어떤 정보는 비밀로 해야 하는지 결정하는 퍼즐"과 같은 것을 포함한다. 또는 디지털 윤리와 관련된 정보나 규칙을 알아내야 하는 퍼즐로, 예를 들어, 온라인에서의 개인정보 보호에 관한 지침이나 사이버 괴롭힘에 관한 규정을 찾아내는 퍼즐 등이 있다.

③ 퍼즐을 해결하기 위해 필요한 도구나 재료: 자물쇠와 열쇠, 퍼즐을 풀어 나가는 데 필요한 힌트나 단서 등을 포함한다. 태블릿PC, 스마트폰, 노트북 등 디지털 장치를 사용하여 디지털 리소스에 접근할 수 있게 한다.

④ 안내서 및 규칙 작성: 참가자들이 게임을 시작하기 전에 알아야 하는 기본 규칙 및 안내서를 작성한다. 이 안내서에는 게임의 목적, 시간 제한, 사용 가능한 도구 및 자원, 게임 중 통신 방법 등의 정보가 포함되어야 한다.

3. 학습 절차

1) 학습의 소개와 중요성 강조

디지털 윤리를 가르치는 것은 책임 있는 온라인 행동을 육성하기 위해 중요하다. 교사는 이 개념을 소개하고 학습자들이 디지털 환경에서 정보를 인식하고 윤리적인 결정을 내릴 수 있도록 안내한다. 교사들은 윤리적인 고려 사항을 강조하고 개인 정보 보호 및 사이버 괴롭힘과 같은 온라인 도전 과제를 다루면서 학습자들을 책임 있는 디지털 시민으로 성장시키는 데 중요한 역할을 한다.

2) 디지털 윤리 가르치기의 핵심 개념

① **디지털 시민성 연속체**: 디지털 시민성의 개념을 지속적으로 진화하는 과정[5]으로 소개한다. 다양한 온라인 맥락에서의 비판적 사고, 공감 능력 및 윤리적인 결정의 중요성을 강조한다.

② **윤리적 딜레마와 온라인 행동**: 학습자들이 온라인에서 마주치는 일반적인 윤리적 딜레마, 사이버 괴롭힘 및 잘못된 정보의 보급과 같은 주요 주제를 논의한다. 학습자들이 이러한 딜레마를 책임 있게 해결하도록 돕는 역할의 중요성을 설명한다.

③ **권리와 책임의 균형**: 디지털 영역에서 개인 권리(표현의 자유와 같은)와 책임(다른 사람의 의견을 존중하는 것과 같은) 사이의 미묘한 균형을 설명한다. 학습자들이 이 균형을 이해하고 존중하는 데 어떻게 도움을 줄 수 있는지에 대한 통찰력을 제공한다.

---

5) 디지털 시민성 연속체에서 '진화하는 과정'의 예를 들자면, 처음에는 단순히 온라인에서 예의 바르게 행동하는 것으로 시작하지만, 시간이 지나면서 정보의 신뢰성을 판단하는 비판적 사고, 다른 사람의 관점을 이해하는 공감 능력, 그리고 온라인 상황에서 올바른 결정을 내리는 윤리적 판단력까지 포함하는 더 넓은 범위의 능력으로 발전하는 것을 말한다. 예를 들어, 처음에는 온라인에서 타인에게 친절하게 말하는 것을 배우지만, 점차로 가짜 뉴스를 식별하고, 온라인 토론에서 다른 사람의 의견을 존중하며, 개인 정보를 안전하게 관리하는 등 더 복잡한 디지털 시민성의 측면들을 학습하게 된다.

④ **디지털 흔적과 정체성**: 디지털 흔적의 개념과 학습자들의 온라인 행동이 그들의 디지털 정체성에 미치는 영향에 대해 논의한다. 교사들은 학습자들이 가치와 윤리를 반영하는 긍정적인 디지털 존재를 형성하는 데 발휘하는 역할을 인식한다.

3) 디지털 윤리 가르치기 전략

① **윤리적 딜레마 이스케이프 룸**: 디지털 영역 내 윤리적 딜레마 중심의 이스케이프 룸 전략을 설명한다. 책임 있는 디지털 행동 시나리오와 관련된 퍼즐과 과제를 디자인하는 과정을 설명한다. 학습자들의 협력적 노력으로 이러한 도전 과제를 해결하면서 윤리적인 결정력을 보여 주는 전략을 논의한다.

② **디지털 윤리 팟캐스트 제작**: 작은 그룹으로 학습자들이 디지털 윤리 팟캐스트를 만드는 방식을 소개한다. 즉, 연구, 토론 및 전문가 인터뷰를 포함한 팟캐스트 개발 과정을 설명한다. 이러한 팟캐스트의 혁신적이고 유익한 성격이 윤리적인 커뮤니케이션 기술을 촉진하는 것을 강조한다.

③ **디지털 윤리 만화 스트립 챌린지**: 학습자들에게 디지털 윤리 개념을 만화 스트립을 통해 전달하는 창의적인 방법을 제안한다. 윤리적 딜레마를 강조하는 시나리오를 사용하여 책임 있는 행동을 보여 주는 만화 스트립을 디자인하도록 학습자들을 유도한다. 이 접근 방식은 예술적 창의성과 윤리적 사고를 결합하여 학습을 재미있고 유익하게 만든다.

4) 책임 있는 디지털 행동 조성

교사들이 책임 있는 디지털 행동을 모범적으로 보여 주고 학습자들이 온라인 콘텐츠를 비판적으로 평가하도록 안내하는 역할에 대해 논의한다. 온라인 상호작용과 의사 결정에서 윤리적 고려의 중요성을 강조한다.

5) 결론과 성찰활동

앞에서 언급된 중요한 개념과 교사에게 디지털 윤리를 가르치기 위한 전략에 대한 간결한 요약을 제공한다. 교사들은 학습자들 사이에서 책임 있는 디지털 행동을 육성하는 데 자신들의 역할을 내려다보도록 권장한다. 학습자들이 윤리적이고 책임 있는 디지털 시민으로 성장하며 정보를 인식하고 윤리적인 결정을 내릴 수 있도록 하는 것의 긍정적인 영향을 강조한다.

갖추어야 할 역량

1. 윤리적 디지털 교육법

이 능력은 학습자들 간에 책임 있는 디지털 행동을 장려하는 학습 전략을 계획하고 실시할 수 있는 능력을 말한다. 이런 능력을 가진 교사들은 학습자들이 디지털 행동과 관련된 복잡한 윤리적 문제를 탐구하고 비판적 사고와 윤리적 판단력을 촉진하는 토론과 활동에 참여하도록 도와줄 수 있다. 학습자들이 온라인에서의 행동의 영향을 조사하고 온라인 영역에서의 책임감을 발전시키도록 돕는 방법을 이해하고 있어야 한다.

2. 미디어 리터러시와 윤리적 평가

교사들은 디지털 미디어 콘텐츠의 신뢰성, 정확성, 그리고 윤리적 고려 사항을 비판적으로 분석하는 방법을 가르치는 데 능숙해야 한다. 이러한 능력은 정보의 진실을 확인하고 편향성을 인식하며 잘못된 정보를 공유하는 것이 어떤 결과를 초래할 수 있는지 이해하는 데 도움을 준다. 이런 기술을 갖춘 교사들은 학습자들을 디지털 세계에서 신중하게 항해하고 윤리적으로 올바른 선택을 할 수 있도록 지원할 수 있다.

3. 건설적인 디지털 토론의 조성

이 능력은 학습자들이 복잡한 디지털 윤리 주제에 대해 개방적이고 예의 바른 생각과 신중한 토론을 할 수 있는 교실 환경을 조성하는 데 관련된다. 이 능력을 가진 교사들은 토론, 롤플레이 활동 및 안내된 토론을 지원하여 학습자들이 다양한 관점을 탐색하고 윤리적 영향을 고려하며 효과적인 의사소통 기술을 연습하도록 할 수 있는 교실 분위기를 조성한다. 그들은 학습자들이 건설적인 대화를 통해 의견을 확신할 수 있도록 돕는 분위기를 조성한다.

이 역량들은 교사들이 학습자들을 디지털 윤리, 책임 있는 온라인 행동 및 다양한 디지털 맥락에서의 윤리적인 결정력 개발에 도움을 주도록 이끄는 데 기여한다.

권장하는 교수-학습 지원 전략

1. 윤리적 딜레마 이스케이프 룸

이스케이프 룸의 개념을 변형하여 디지털 세계에서의 윤리적 딜레마에 중점을 둔 매력적인 활동으로 만들어 본다. 책임 있는 디지털 행동과 관련된 시나리오에 관련한 퍼즐과 과제 시리즈를 만들어 본다. 사이버 괴롭힘 처리, 온라인 정보 평가, 개인 정보 보호와 같은 주제를 다룬다. 각 퍼즐을 해결하면 다음 도전을 위한 단서나 정보를 제공한다. 이스케이프 룸을 완료하려면 학습자들은 모든 도전을 협력하여 해결하고 디지털 영역에서의 윤리적인 결정력을 보여 주어야 한다.

2. 디지털 윤리 팟캐스트 제작

학습자들에게 작은 그룹으로 자신만의 디지털 윤리 팟캐스트를 만들도록 한다. 각 그룹에게 온라인 개인 정보 보호, 디지털 정체성 또는 소셜 미디어 예절과 같은 특정한 디지털 윤리 주제를 할당한다. 학습자들은 주제에 대해 연구하고 토론을 녹음하며 전문가를 인터뷰하며 현실적인 예시를 공유할 수 있다. 팟캐스트는 창의적이고 유익한 형식으로 구성될 수 있으며, 학습자들은 윤리적 고려 사항과 책임 있는 디지털 행동에 대한 실용적인 팁을 탐색할 수 있다. 이 전략은 학습자들의 창의성을 활용하면서 연구와 윤리적 커뮤니케이션 기술을 촉진한다.

3. 디지털 윤리 만화 스트립 챌린지

학습자들에게 만화 스트립을 만들어 자신들의 디지털 윤리에 대한 이해를 표현하도록 도전해 보게 한다. 온라인에서의 잘못된 정보를 만나거나 소셜 미디어에서 예의 바른 댓글을 달거나 하는 윤리적 도전 사례를 제공한다. 학습자들은 이러한 시나리오를 책임 있게 처리하는 캐릭터들의 모습을 보여 주는 만화 스트립을 디자인해 볼 수 있다. 이 전략은 예술적 창의성과 윤리적 사고를 결합하며, 학습자들은 동료들과 만화 스트립을 공유하여 책임 있는 디지털 행동에 대한 토론을 시작할 수 있다.

이 전략들은 학습자들에게 디지털 윤리에 대한 학습을 즐겁고 상호작용적으로 만들어 주며, 윤리적 딜레마와 책임 있는 행동을 매력적이고 창의적인 방식으로 탐구할 수 있게 한다.

실습 예제

실습 1: 윤리적 사례 연구 토론

학습자들에게 디지털 행동과 관련된 실제 세계의 윤리적 사례 연구를 분석하도록 한다. 다양한 관점을 탐구하고 윤리적 영향을 고려하며 가능한 해결책에 대해 토론할 것을 장려한다.

① 사이버 괴롭힘, 온라인 개인 정보 보호, 잘못된 정보 공유 및 예의 바른 온라인 커뮤니케이션과 같은 다양한 디지털 윤리 주제를 다루는 사례 연구 세트를 선택한다.

② 학습자들을 소규모 그룹으로 나누고 각 그룹에게 분석할 사례 연구를 할당한다.

③ 사례에 관한 배경 정보를 제공하며 관련된 개인, 맥락 및 윤리적 딜레마를 설명한다.

④ 각 그룹에게 윤리적 고려 사항, 결과 및 가능한 해결책을 토론하고 아이디어를 떠올릴 것을 권장한다.

⑤ 그룹 토론 후, 학급을 모아 더 큰 토론을 진행하며 그룹이 얻은 통찰력을 공유하고 윤리적 도전에 대한 공동 탐색을 진행한다.

⑥ 학습자들에게 각 사례 연구로부터 얻은 교훈과 자신의 온라인 행동에 윤리적인 의사 결정 원칙을 적용하는 방법에 대해 성찰하도록 장려한다.

윤리적 사례 연구 토론은 학습자들에게 실제 세계의 디지털 윤리 시나리오를 모두 상세하게 분석하게 한다. 다양한 사례 연구를 분석함으로써 학습자들은 윤리적 고려 사항에 대한 다양한 이해를 얻게 된다. 학습자들이 토론하고 대화하면서 다양한 생각과 해결 방법을 찾아보게 한다. 이런 방식으로 온라인에서 어떻게 책임감 있게 행동해야 하는지에 대해 더 잘 알게 된다.

실습 2: 디지털 윤리 캠페인 프로젝트

학습자들을 이끌어 동료들에게 책임 있는 디지털 행동에 대해 교육하는 디지털 윤리 인식 캠페인을 만들도록 안내한다. 이 프로젝트는 학습자들이 디지털 영역에서 윤리적인 행동을 적극적으로 촉진하는 역할을 할 수 있게 한다.

① 책임 있는 디지털 행동의 중요성과 개인 및 커뮤니티에 미치는 영향에

대해 논의하여 프로젝트를 만들도록 한다.

② 학습자들을 소규모 팀으로 나누고 각 팀에게 사이버 괴롭힘 예방, 미디어 리터러시, 온라인 개인 정보 보호와 같은 특정한 디지털 윤리 주제를 할당한다.

③ 각 팀에게 할당된 주제에 대해 연구하고 윤리적인 행동의 중요성을 강조하는 정보, 통계 및 예시를 수집하도록 한다.

④ 팀이 창의적이고 매력적인 요소를 포함한 인식 캠페인을 디자인하도록 지도한다. 포스터, 소셜 미디어 게시물, 동영상, 인포그래픽 또는 대화식 프레젠테이션과 같은 것들이 포함될 수 있다.

⑤ 책임 있는 디지털 행동을 촉진하는 공감대 및 긍정적인 영향을 강조하는 매력적인 메시지를 만드는 것을 지도한다.

⑥ 팀이 캠페인을 만들고 모든 동료에게 발표할 수 있도록 시간을 할당한다.

⑦ 각 팀이 자신의 캠페인을 모든 동료에게 발표하도록 하고 선택한 전략, 주요 메시지 및 창의적인 요소의 근거를 설명한다.

⑧ 동료 피드백을 장려하고 캠페인이 학습자들의 디지털 윤리와 책임 있는 행동에 대한 이해에 어떻게 영향을 미쳤는지에 대해 반성한다.

디지털 윤리 캠페인 프로젝트는 학습자들에게 책임 있는 디지털 행동을 더 잘 이해할 수 있도록 도와주는 중요한 캠페인을 만들 수 있게 한다. 특정 주제에 대한 연구, 매력적인 캠페인 디자인 및 동료들에게 발표하는 것을 통해 학습자들은 디지털 세계에서 윤리적인 행동을 적극적으로 촉진할 수 있다. 이 프로젝트는 책임감과 리더십을 양성하며, 인식된 온라인 상호작용 문화를 육성한다.

이러한 실습들은 학습자들이 디지털 윤리의 복잡성을 탐구하고 이를 이해하며 온라인 환경에서의 책임 있는 윤리적 행동을 촉진하는 데 참여하도록 한다.

평가를 위한 과제: 디지털 윤리를 위한 시나리오 제작 (팀과제)

1. 과제 설명

이 과제는 학습자들이 디지털 윤리의 중요한 개념을 이해하고 실제 생활에 어떻게 적용할 수 있는지 탐구하는 것을 목표로 합니다. 학습자들은 강의에서 배운 디지털 윤리의 핵심 개념과 지식을 기반으로 한 윤리적 시나리오를 제작하게 됩니다.

2. 과제 제출물 및 분량

- 디지털 윤리에 관한 시나리오(최소 500단어)
- 시나리오에 따른 해결책 및 추천(200~300단어)
- 관련 디지털 윤리 핵심 개념과 그와 관련된 전략(200~300단어)

3. 평가 기준

- 디지털 윤리의 핵심 개념의 정확한 이해와 적용: 40%
- 시나리오의 창의성 및 현실성: 30%
- 제시된 해결책 및 추천의 타당성: 20%
- 내용의 명확성 및 조직성: 10%

이 과제를 통해 교사들이 직접 교육 전략을 기획하고 평가받음으로써 실제 교육 현장에서 학습자들에게 효과적으로 디지털 시민성 교육을 진행하는 데 도움이 될 것을 기대합니다.

제11장
사이버 보안과 개인 정보 보호

··· 강의 1: 사이버 보안

읽어 보기

디지털 시대에서 학습자들에게 사이버 보안 인식을 심어 주는 것은 책임 있는 안전한 온라인 행동의 기반을 구축하는 데 중요하다. 현재의 학습자들은 앞으로 보다 광범위한 온라인 상호작용을 할 가능성이 매우 높으며 따라서 사이버 보안에 대한 개념을 가르치는 것은 디지털 환경에서 안전하게 행동하는 데 필요한 기술을 제공하는 중요한 일이다. 학습자들을 대상으로 사이버 보안을 강조하는 이유는 다음과 같다.

1) 온라인 안전

학습자들에게 사이버 보안에 대해 가르치는 것은 그들이 디지털 환경에서 안전하게 행동할 수 있도록 도와주는 것이다. 이를 통해 학습자들은 온라인에서 나타날 수 있는 위험을 알고, 기기를 사용할 때 조심스럽게 행동할 수 있다.

2) 디지털 시민성

학습자들에게 사이버 보안에 대해 교육하는 것은 책임 있는 디지털 시민성을 향상시키기 위한 것이다. 이는 윤리적인 행동, 다른 사람의 개인 정보에 대한 존중, 온라인에서 예의 바른 행동의 중요성을 이해시키는 것을 의미한다.

3) 위험 완화

학습자들은 다양한 온라인 활동을 하게되고 그에 따라 여러 종류의 다양한 콘텐츠를 접하게 된다. 사이버 보안 인식을 심어 줌으로써 학습자들이 감시받거나 또는 자율적으로 행동하는 디지털 환경에서도 잠재적인 위험을 식별하고 피할 수 있는 기술을 제공한다.

4) 디지털 리터러시

온라인에서 안전하게 활동하기 위해 중요한 것은 강력한 비밀번호를 사용하고, 신뢰하기 힘들거나 의심이 가는 링크를 클릭하기 전에 반드시 확인하는 습관을 기르는 것이다. 또한 온라인에서 모든 정보와 콘텐츠가 항상 신뢰할 만한 것은 아니며, 항상 조심해야 한다는 생각을 갖는 것도 중요하다. 이런 습관과 생각을 가짐으로써 디지털 리터러시 기술을 계속 향상시킬 수 있는 기반이 마련된다.

5) 부모와의 협력

사이버 보안 인식을 갖도록 가르치는 데에 있어서 학습자들의 부모들과 협력할 수 있다. 함께 안전한 디지털 환경을 만들기 위한 대화를 시작하여 온라인 안전에 대한 유용한 정보를 교환하는 것이 도움이 된다.

6) 정보 기반 의사 결정

사이버 보안의 기본 개념을 이해한 학습자들은 디지털 기기와 상호작용하는 과정에서 정보에 기반하여 선택을 더 잘 할 수 있다. 학습자들은 낯설거나 의심스러운 요청을 의심하고 이상한 사건을 신고하는 것이 중요하다는 것을 이해하며 개인 정보를 보호할 수 있는 능력을 배운다.

7) 디지털 윤리 의식 향상

사이버 보안에 대해 배우는 것은 온라인에서 바른 행동하는 방법을 배우는 첫걸음이다. 즉, 디지털 윤리 의식을 향상시키는 지름길이 된다. 교사가 학습자들에게 자기 자신의 정보를 잘 지키고, 인터넷에서 바른 선택을 하는 법을 가르치면, 그들은 인터넷을 쓸 때 어떻게 책임감 있게 행동해야 하는지를 배울 수 있다. 교사가 이런 사이버 보안 교육을 중요하게 생각하면, 학습자들은 디지털 공간을 안전하게, 그리고 올바르게 사용하는 방법을 기본부터 잘 배울 수 있게 된다.

학습과정안: 사이버 보안 학습 전략

1. 목표

이 학습과정안은 교사들이 학습자들에게 사이버 보안 인식의 중요성을 가르치기 위한 효과적인 전략을 제공하기 위한 것이다. 이 학습과정은 책임 있는 온라인 행동을 심어 주는 것, 개인 정보 경계의 이해, 그리고 디지털 환경을 안전하게 탐색하는 것에 초점을 둔다.

2. 필요한 자료

- 사이버 보안 문제 해결 활동 패키지
- 개인 정보 보호 탐색 게임의 단서 및 이야기 설정
- 개인 정보 보호 관련 팟캐스트 제작 키트

'사이버 보안 문제 해결 활동 패키지'는 참가자들이 사이버 보안 문제를 해결하고 가상의 '위기 상황'에서 벗어 나기 위해 필요한 지침서, 퍼즐, 코드, 그리고 다양한 상호작용적 요소들을 포함한 세트를 의미한다.

'개인 정보 보호 탐색 게임의 단서 및 이야기 설정'은 참가자가 개인 정보 보호의 중요성을 이해하고, 온라인에서 자신의 정보를 어떻게 안전하게 관리하는지를 배우는 데 게임의 배경 이야기와 해결해야 할 단서를 말한다.

'개인 정보 보호 관련 팟캐스트 제작 키트'는 참가자들이 개인 정보 보호에 관한 주제로 팟캐스트를 기획하고 제작할 때 필요한 마이크, 녹음 소프트웨어, 편집 도구 등을 포함한 장비와 자료들을 의미한다.

3. 학습 절차

1) 소개와 중요성 설명

최근 들어 디지털 세계에서 시이버 보안 인식은 매우 중요하다. 교사들은 안전하고 책임감 있는 온라인 공간을 탐험하도록 학습자들을 안내하는 역할을 한다. 교사들은 사이버 위험(성)에 대해 알려 주고 최선의 접근 방법을 장려하며 비판적 사고를 촉진하여 학습자들이 정보를 이해하고 윤리적인 디지털 선택을 할 수 있도록 돕는다. 이러한 노력은 학습자들의 안전과 온라인 커뮤니티에 긍정적인 기여를 촉진한다.

2) 사이버 보안 인식을 제고하기 위한 주요 개념

- 온라인 안전: 이 개념은 온라인 안전을 강화하는 데 있어서 사이버 보안의 중요성을 강조한다. 다양한 잠재적인 온라인 위협을 밝히며 디지털 공간에서 조심스러운 행동의 중요성을 강조한다.
- 디지털 시민성: 이 개념은 사이버 보안과 책임 있는 디지털 시민을 함께 어울리게 결합하는 아이디어를 탐구한다. 온라인 도메인에서의 윤리적인

행동, 개인 정보에 대한 존중, 그리고 온라인 공간에서 예의 바른 행동의
중요성을 강조한다.

- 위험 완화: 토론을 통해 학습자들은 온라인에서 발생할 수 있는 위험을
인식하고, 그러한 위험을 줄이는 방법을 배울 수 있다. 이런 교육은 학교
에서 교사가 지켜보는 안전한 환경에서뿐만 아니라, 학습자들이 혼자 인
터넷을 사용할 때도 그들이 안전하게 행동할 수 있도록 돕는다.

3) 사이버 보안 인식을 제고하기 위한 전략

- 사이버 보안 탈출 게임: 여기서 학습자들은 팀을 이루어 온라인 보안에
관한 문제를 풀고, 게임에서 나오는 여러 도전 과제를 함께 해결한다. 각
문제를 풀 때마다 새로운 단서가 주어지고, 이를 통해 다음 문제로 넘어
갈 수 있다. 이런 방식으로 학습자들은 게임을 하면서 사이버 보안에 대
해 배우고, 문제를 해결하는 재미를 경험하게 된다.
- 개인 정보 보호 퀘스트: 이 활동에서 학습자들은 디지털 세계 속에서 숨
겨진 개인 정보의 위험을 찾아내고, 안전하게 정보를 다루는 방법을 배우
게 된다. 학습자들은 실제 사례를 찾아보고, 이메일 속 피싱 시도를 판별
하는 등의 활동을 통해 실생활에서 개인 정보를 보호하는 방법을 직접 체
험하며 배운다.
- 개인 정보 팟캐스트 제작: 이 전략은 학습자들이 개인 정보 주제의 팟캐
스트를 만들기 위해 소규모 팀을 구성하는 것을 포함한다. 이 과정은 연
구, 인터뷰 및 창의적인 프레젠테이션 기술을 포함하며 학습자들이 사이
버 보안에 관한 통찰력과 반영을 공유할 수 있는 플랫폼을 제공받아 적극
적인 참여와 의미 있는 토론을 할 수 있도록 촉진한다.

4) 책임 있는 디지털 행동 육성

교사들이 책임 있는 디지털 행동의 모범[1]을 제시하고 학습자들을 강력한 비

밀번호를 사용한다든지 이메일 첨부화일을 열기 전에 보낸 이의 신원을 확인하는 등 온라인 영역에서 잘 알려진 결정을 선택하도록 이끄는 역할을 탐색한다. 개인 정보를 존중하고 개인 정보를 보호하는 윤리적인 측면을 강조한다.

5) 결론과 반성

사이버 보안에 관련된 중요한 개념과 학습자들에게 사이버 보안 인식을 심어 주기 위한 중요한 전략을 간결하게 요약한다. 교사들은 학습자들이 디지털 환경에서 자신감을 가지고 동시에 윤리적으로 행동할 수 있도록 돕는 역할을 매우 중요하게 생각하며, 이를 강조하고 격려한다. 학습자들이 디지털 세계를 자신있게 다룰 수 있고 동시에 도덕적으로 행동할 수 있도록 함으로써 그들을 잘 준비시키는 것이 얼마나 중요한지를 강조한다. 이러한 역할을 수행함으로써 학습자들은 온라인 환경에서 안전하게 탐색하고 책임 있는 디지털 시민으로 성장할 수 있다.

제안된 전략들을 적용하면 학습자들을 적극적이고 상호작용적인 학습 경험에 참여시킬 수 있다. 이러한 전략을 통해 학습자들은 사이버 보안 문제를 탐색하고 창의적인 방식으로 책임 있는 디지털 행동에 대한 이해를 표현할 수 있다. 이 접근 방식은 교사들로 하여금 학습자들이 안전하고 책임 있는 온라인

---

1) 책임 있는 디지털 행동의 모범 예는 다음과 같다.
  −개인 정보 보호: 교사가 학급 웹사이트나 소셜 미디어 페이지를 관리할 때, 학습자들의 사진이나 개인 정보를 올리기 전에 학생과 부모의 동의를 얻는다. 또한 학습자들의 이름이나 연락처 같은 민감한 정보는 공개하지 않도록 주의한다.
  −온라인 상호작용: 교사가 온라인 플랫폼에서 학습자들과 소통할 때, 항상 존중과 예의를 갖추어 대화한다. 이를 통해 학습자들에게 온라인에서도 타인을 존중하는 태도를 보여 준다.
  −디지털 발자취: 교사가 자신의 온라인 활동을 통해 학습자들에게 영구적인 디지털 발자취의 중요성을 가르친다. 예를 들어, 교사가 온라인에서 전문적이고 긍정적인 이미지를 유지함으로써 학습자들에게 온라인 행동이 미래에 미칠 수 있는 영향에 대해 생각하게 한다.
  −안전한 온라인 환경 조성: 교사가 학급에서 사용하는 온라인 플랫폼이나 도구를 선택할 때, 학습자들의 안전과 개인 정보 보호를 최우선으로 고려한다. 이를 통해 학습자들이 안전한 온라인 환경에서 학습할 수 있도록 한다.

세계를 탐색하고 윤리적인 고려 사항과 책임 있는 의사 결정을 촉진할 수 있는 준비할 수 있도록 돕는다.

갖추어야 할 역량

1. 디지털 리터러시와 기술 능력

교사들은 사이버 보안의 개념을 학습자들에게 효과적으로 보여 주고 설명할 수 있는 디지털 도구, 플랫폼 및 온라인 관행에 능통해야 한다. 이 능력은 다양한 디지털 기술, 인터넷 브라우저, 소셜 미디어 플랫폼, 그리고 의사소통 도구 등 다양한 디지털 기술에 대한 확실한 이해를 포함한다. 교사들은 이러한 도구들을 자신감 있게 활용하여 안전한 브라우징, 개인 정보 보호 및 피싱 시도 인식과 같은 개념을 설명해야 한다.

2. 적응력과 지속적인 학습

교사들은 적응력을 가지고 있으며 지속적으로 변화하는 사이버 보안 위협에 대한 지식을 업데이트하는 의지를 보여야 한다. 디지털 환경은 지속적으로 변화하며 새로운 위협과 취약성이 수시로 등장한다. 적응력과 지속적인 학습 능력을 갖춘 교사들은 사이버 보안의 최신 동향에 대해 주도적으로 정보를 습득하여 학습자들에게 최신 및 효과성 있는 지침을 제공할 수 있다.

3. 효과적인 의사 소통과 윤리적 고려

교사들은 복잡한 사이버 보안의 개념을 명확하고 관련성 있는 방식으로 전달할 수 있는 강력한 의사소통 기술을 가져야 한다. 이 능력은 간단한 용어로 기술 개념을 설명하며 학습자들이 자신과 다른 사람에게 미치는 영향을 고려하도록 도와준다. 교사들은 또한 책임 있는 온라인 행동의 윤리적 측면을 강조하며 학습자들에게 그들의 행동이 자신과 타인에게 미치는 영향을 고려하도록 격려해야 한다.

이러한 능력은 종합적으로 교사들이 학습자들에게 사이버 보안의 중요성을 효과적으로 전달할 수 있도록 돕는다. 기술적 능력, 적응력 및 윤리적 의사소통 기술을 갖춘 교사들은 학습자들이 안전하고 책임 있는 디지털 세계를 탐색할 수 있도록 돕는 데 기여할 수 있다.

권장하는 교수-학습 지원 전략

1. 사이버 보안 탈출 게임

'사이버 보안 탈출 게임'은 사이버 보안의 기본 원칙과 실천을 가르치는 대화형 게임이다. 탈출 방 게임의 형식을 취하며, 참가자들은 특정 시간 내에 퍼즐이나 문제를 해결해야 한다. 이 과정에서 사이버 보안에 관련된 다양한 주제를 배운다.

- 시나리오 개발: 현실적이고 도전적인 사이버 보안 시나리오를 개발한다.
- 퍼즐 및 문제 설계: 참가자들이 해결해야 할 퍼즐이나 문제를 설계한다. 이는 사이버 보안 기술에 관련되는 것들이어야 한다.
- 자료 및 도구 제공: 문제 해결에 필요한 자료나 도구를 제공한다.
- 시간 제한 설정: 일정 시간 내에 게임을 완료해야 한다.
- 역할 할당: 팀 기반 게임인 경우, 각 참가자에게 특정 역할을 할당한다.
- 피드백 및 반성: 게임이 끝난 후, 배운 점과 개선할 수 있는 부분에 대해 토론하고 반성한다.
- 보안 교육 통합: 게임 과정에서 사이버 보안의 중요성과 기본적인 보안 실천을 배울 수 있도록 교육적 내용을 통합한다.

이 게임은 참가자들에게 사이버 보안에 대한 실질적인 이해를 제공하고, 재미있게 학습할 수 있는 기회를 제공한다. 참가자들은 실제 사이버 위협에 대응하는 방법을 배우고, 보안 의식을 향상시킬 수 있다.

2. 개인 정보 보호 퀘스트

'개인 정보 보호 퀘스트'는 학습자들이 개인 정보 보호의 중요성을 이해하고 온라인에서 자신의 정보를 안전하게 관리하는 방법을 배우는 교육 활동이다. 이 퀘스트는 학습자들이 개인 정보 보호에 대한 지식을 쌓고 실제 상황에서 적용해 볼 수 있도록 다양한 임무와 활동으로 구성된다.

① **목표 설정**: 개인 정보 보호의 기본 원칙과 실천 방법을 이해하고 적용할 수 있는 명확한 학습 목표를 설정한다.

② **임무 설계**: 개인 정보 보호와 관련된 다양한 주제를 다루는 임무를 설계한다.

③ **자료 제공**: 임무 수행에 필요한 자료, 가이드라인, 도구를 제공한다.

④ **상호작용적 요소 추가**: 토론, 협업, 문제 해결 등의 상호작용적 요소를 포함시켜 학습자들의 적극적인 참여를 유도한다.

⑤ **진행 상황 추적**: 학습자들의 진행 상황을 추적하고 필요시 지원을 제공한다.

⑥ **피드백 및 평가**: 임무 완료 후 학습자들에게 피드백을 제공하고 개인 정보 보호에 대한 이해도를 평가한다.

⑦ **실제 적용**: 학습자들이 배운 내용을 자신의 온라인 활동에 적용해 볼 수 있는 기회를 제공한다.

⑧ **반성 및 토론**: 퀘스트 완료 후 학습자들이 배운 내용에 대해 반성하고 토론하는 시간을 가진다.

이 퀘스트는 학습자들이 개인 정보 보호의 중요성을 인식하고 실생활에서 안전한 디지털 습관을 형성하는 데 도움이 되며, 온라인 환경에서 자신과 타인의 정보를 보호하는 방법에 대한 실질적인 경험을 제공한다.

3. 사이버 보안 팟캐스트 제작

학습자들로 하여금 사이버 보안 주제의 팟캐스트나 라디오 쇼를 제작하도록 한다. 소규모 그룹에게 안전한 비밀번호 설정, 피싱 공격 인식, 소프트웨어 업데이트의 중요성과 같은 주제에 대한 에피소드를 연구하고 제작하도록 안내한다. 학습자들은 전문가를 인터뷰하고 사례 연구를 분석하며 그들의 조사 결과를 매력적인 형식으로 제시할 수 있다. 이 창의적인 프로젝트는 학습자들의 연구, 의사소통 및 발표 기술을 향상시키며 학습자들이 학습에 대한 주체성을 가질 수 있도록 한다. 이는 학습자들에게 사이버 보안 문제를 비판적으로 생각하도록 하며 넓은 대중과 자신들의 통찰력을 공유하도록 격려한다.

이러한 재미있는 전략들은 사이버 보안 인식을 높여 줄 뿐만 아니라 책임 있는 디지털 행동에 필요한 필수적인 기술을 제공하면서 학습자들을 흥미롭게 학습하도록 만들어 준다.

실습 예제

실습 1: 대화식 사이버 보안 사례 연구 및 토론

이 실습에서는 학습자들이 실제 세계의 사이버 보안 사건을 분석한다. 최근의 사례를 제시하고 사건 및 결과에 대해 논의하며 그룹 토론을 안내한다. 학습자들은 취약성을 찾아내고 배우며 예방 조치를 고려한다. 이는 인식, 비판적 사고 및 온라인 안전 기술을 기르는 데 도움이 된다.

① **사례 선택**: 해킹, 랜섬웨어[2], 피싱 공격 등 다양한 사이버 보안 위협을 다루는 실제 사례를 선택한다. 선택된 사례는 학습자들의 경험 레벨과 전공에 따라 조절될 수 있다.

② **소개**: 사례 연구의 중요성과 그것이 학습자들의 사이버 보안 인식 향상에 어떻게 도움이 될 수 있는지 강조한다.

③ **발표**: 각 사례의 상세 정보, 발생 배경, 그리고 그 결과를 학습자들에게 제시한다. 강화하기 위해 시각 자료나 실제 뉴스 클립을 포함시킬 수 있다.

④ **그룹 토론**: 학습자들을 소그룹으로 나누고, 각 그룹에 특정 사례를 할당한다. 그룹은 사례에서의 취약점, 공격자의 접근 방식, 그리고 예방법에 대해 논의한다.

⑤ **결과 발표**: 각 그룹은 그들의 분석 결과와 권장 예방 조치를 전체 그룹 앞에서 발표한다.

⑥ **안내된 토론**: 전문가 또는 교사의 지도 하에, 학습자들은 더 깊은 토론을 진행한다. "이 사례에서의 주요 취약점은 무엇이었을까요?" "어떻게 예방할 수 있을까요?" 등의 질문을 중심으로 토론을 진행한다.

⑦ **결론과 반성**: 학습자들은 사례 연구를 통해 배운 교훈과 그것이 어떻게 그들의 디지털 활동에 적용될 수 있는지에 대해 반성한다.

사이버 보안 사례 연구와 토론을 통해 학습자들은 최근의 사이버 보안 위협

---

2) 랜섬웨어(Ransomware)는 컴퓨터 사용자의 파일을 암호화하고, 이를 풀기 위해 돈을 요구하는 악성 프로그램이다. 감염된 후에는 사용자가 자신의 파일을 사용할 수 없게 되며, 해커는 파일을 다시 사용할 수 있게 해 주겠다며 대개 비트코인 등의 형태로 몸값을 요구한다.
다음과 같은 대책이 있다:
−정기적인 백업: 중요한 파일을 정기적으로 외부 드라이브나 클라우드 서비스에 백업한다.
−보안 소프트웨어 사용: 신뢰할 수 있는 보안 소프트웨어를 설치하고, 항상 최신 상태로 유지한다.
−시스템 업데이트: 운영 체제와 소프트웨어의 보안 패치를 적용하여 취약점을 줄인다.
−주의 깊은 이메일 관리: 의심스러운 이메일이나 링크는 열지 않는다.
−교육: 랜섬웨어의 위험성에 대해 사용자를 교육한다.

을 실시간으로 이해하고, 이를 통해 그들의 온라인 활동을 안전하게 유지하는 방법에 대한 깊은 통찰력을 얻게 된다.

실습 2: 개인 디지털 정보 점검

이 실습은 학습자들이 자신의 디지털 개인 정보를 점검하는 과정을 안내한다. 학습자들은 자신의 온라인 활동을 검토하고, 위험성을 파악하고, 해결책을 모색한다. 소셜 미디어, 온라인 계정, 그리고 온라인에서 남은 자취를 통해 학습자들은 개인 정보의 취약점을 찾아낸다. 이를 통해 학습자들은 온라인에서 보다 안전하게 활동하며, 온라인에서의 책임 있는 행동을 하도록 독려된다.

① **프로젝트 설명**: 학습자들에게 디지털 개인 정보 점검 프로젝트의 목적과 중요성을 알려 준다. 현재의 온라인 활동 상태를 파악하고, 잠재적인 정보 노출 지점을 찾아내는 것이 중요함을 강조한다.

② **지침 제시**: 학습자들이 점검을 어떻게 수행해야 하는지 명확한 지침과 기준을 제공한다. 예를 들면, 소셜 미디어에서의 개인정보 설정, 계정의 보안 설정, 공유된 개인 정보 등을 체크하는 방법을 안내한다.

③ **정보 모으기**: 학습자들이 점검 과정에서 발견된 사항을 기록하도록 지시한다. 공개적으로 공유된 개인 정보, 취약한 비밀번호 사용 등의 정보를 모아야 한다.

④ **결과 분석 및 고찰**: 학습자들에게 점검 결과를 바탕으로 자신의 온라인 활동과 정보 공유 습관을 되돌아보도록 한다.

⑤ **결과 보고**: 학습자들에게 자신이 찾아낸 취약점과 그에 대한 해결 방안을 요약하여 보고서로 작성하도록 지시한다.

⑥ **발표 및 공유**: 학습자들이 자신의 점검 결과와 그 과정에서 느낀 점을 다른 학습자들과 공유하도록 독려한다.

⑦ **회고**: 학습자들에게 이 실습을 통해 무엇을 느꼈는지, 앞으로 어떻게 자

신의 온라인 활동을 보완할 것인지 고민하게 한다.

"개인 디지털 정보 점검" 실습은 학습자들에게 자신의 온라인 활동과 정보 공유 습관을 직접 점검하고, 개선 방안을 모색할 기회를 제공한다. 이를 통해 학습자들은 온라인에서의 자신의 활동을 보다 안전하게 유지하고, 자신의 정보를 보호하는 방법에 대해 실질적으로 경험하고 알게 된다. 이런 과정은 학습자들에게 온라인에서의 안전한 활동을 위한 실질적인 지식과 기술을 제공한다.

이러한 실용적인 접근 방식을 구체적인 단계와 함께 구현함으로써 교사들은 학습자들에게 사이버 보안 인식의 중요성을 효과적으로 가르칠 수 있다.

평가를 위한 과제: 디지털 흔적 점검 및 교육 전략 개발

1. 과제 설명

온라인 환경에서는 우리의 활동이 디지털 흔적으로 남게 됩니다. 이런 흔적은 개인 정보의 취약점이 될 수 있기 때문에, 학습자들에게 온라인 환경에서의 안전한 활동을 교육하는 것은 매우 중요합니다. 이 과제에서는 예비교사들이 자신의 디지털 흔적을 점검하고, 이를 바탕으로 학습자들에게 디지털 안전에 대해 교육하는 전략을 개발하도록 할 것입니다.

2. 과제 제출물 및 분량

- 디지털 흔적 점검 보고서(3~5페이지): 자신의 온라인 활동을 점검하고 발견된 취약점, 그리고 그 취약점을 어떻게 개선할 수 있는지에 대한 방안을 제시합니다.
- 교육 전략 개발 계획서(5~7페이지): 학습자들에게 디지털 안전에 대해 교육하는 전략을 개발합니다. 이때 점검 보고서에서 얻은 인사이트를 바탕으로 전략을 구성해야 합니다.

3. 평가 기준

- 디지털 흔적 점검의 깊이 및 정확성(40%): 예비교사 자신의 디지털 활동을 얼마나 깊게 점검했는지, 발견된 취약점은 무엇인지, 그리고 이를 개선하는 방안이 실용적인지를 평가합니다.
- 교육 전략의 창의성 및 실행 가능성(40%): 교육 전략이 얼마나 창의적이며, 실제 교육 환경에서 실행 가능한지를 평가합니다.
- 과제의 구성 및 표현력(10%): 과제의 구성이 명확하며, 아이디어나 전략을 잘 표현했는지를 평가합니다.
- 참고문헌 및 출처 표기(10%): 과제 수행에 필요한 참고문헌 및 출처를 적절히 표기하였는지를 평가합니다.

온라인 활동에서 남는 디지털 흔적은 개인 정보의 노출, 사이버 위협 등 다양한 보안 문제를 초래할 수 있습니다. 그렇기 때문에 이러한 디지털 흔적을 어떻게 관리하고, 그로 인한 위험을 최소화할 수 있는지를 알아보는 것은 사이버 보안의 중요한 부분입니다. 이 과제를 통해 교사들이 직접 교육 전략을 기획하고 평가받음으로써 실제 교육 현장에서 학습자들에게 효과적으로 디지털 시민성 교육을 진행하는 데 도움이 될 것을 기대합니다.

강의 2: 개인 정보 보호

읽어 보기

오늘날의 디지털 환경에서 학습자들에게 개인 정보 보호와 온라인 위험의 완화에 대해 가르치는 것은 디지털 웰빙을 위해 중요하다. 청소년들은 활발한 온라인 사용자로, 개인 정보를 보호하고 위험성을 판단하며 잠재적인 온라인 위험을 책임 있게 탐색할 수 있는 지식과 기술을 그들에게 제공하는 것은 중요한 일이다. 이것과 관련된 사항들을 설명하면 다음과 같다.

1) 개인 정보 보호 인식

학습자들은 연락처 정보, 비밀번호, 민감한 콘텐츠와 같은 개인 정보를 보호하는 것이 왜 중요한지를 이해해야 한다. 신뢰하는 개인과 낯선 사람들과의 정보 공유를 구별하는 법을 배우게 된다.

2) 디지털 흔적 관리

학습자들에게 인터넷에서 자신이 남기는 정보의 흔적에 대해 배우게 하면, 인터넷에서 하는 행동이 오래도록 남아 영향을 줄 수 있다는 것을 깨닫게 된다. 그리고 자신의 디지털 흔적이 온라인 평판과 미래 기회에 영향을 미칠 수 있다는 것을 배운다.

3) 비판적 평가

청소년들은 온라인 정보의 진위와 신뢰성을 비판적으로 평가하는 방법을 배워야 한다. 이를 통해 잘못된 정보, 사기, 또는 부정한 활동에 빠지는 위험을 줄일 수 있다.

4) 사이버 불링 예방

개인 정보를 보호하고 온라인에서 경계를 유지하는 것은 사이버 불링 예방에 도움이 될 수 있다. 학습자들은 다른 사람을 존중하고 해로운 행동을 보고하는 중요성을 배우게 된다.

5) 온라인 위협 인식

피싱, 해킹, 신분 도용과 같은 일반적인 온라인 위험을 이해함으로써 학습자들은 디지털 플랫폼과 상호작용할 때 조심스럽게 행동하며 사기 피해를 입을 가능성이 줄어든다.

6) 윤리적 디지털 시민

책임 있는 온라인 행동을 가르치는 것은 윤리적 디지털 시민의 원칙[3]과 일치한다. 학습자들은 다른 사람의 프라이버시를 존중하고 온라인에서 친절하게 행동하며 기술을 긍정적인 목적으로 사용하는 것을 이해한다.

7) 안전한 소셜 미디어 사용

학습자들은 소셜 미디어 플랫폼을 활발하게 사용한다. 개인 정보 공유와 안전한 소셜 미디어 실천에 따른 위험을 가르치는 것이 중요한다.

학습과정안: 개인 정보 보호 및 온라인 위험 완화

1. 목표

교사들에게 학습자들에게 개인 정보 보호와 온라인 위험 완화의 중요성을 가르치기 위한 효과적인 전략을 제공한다. 이 접근 방식은 책임 있는 온라인 행동, 디지털 흔적 이해, 온라인 콘텐츠의 비판적 평가, 그리고 안전한 온라인 위험 탐색에 초점을 맞춘다.

2. 필요한 자료
- 사이버 보안 이스케이프 룸을 위한 자료
- 디지털 탐정 수사를 위한 시나리오와 단서

---

3) '디지털 시민의 원칙'이란 인터넷과 기술을 사용할 때 책임감 있고 윤리적으로 행동하는 기준을 말한다. 이 원칙에 따르면, 학습자들은 다음과 같은 행동을 배운다.
 −다른 사람의 개인정보와 프라이버시를 존중하고 보호한다.
 −온라인상에서 예의 바르고 친절하게 행동한다.
 −기술을 긍정적이고 건설적인 방향으로 사용하여, 자신과 다른 사람에게 도움이 되도록 한다.

 이 원칙들은 온라인 공간에서 모두가 존중받고 안전하게 활동할 수 있는 환경을 조성하는 데 중요한 역할을 한다.

• 대화식 온라인 시뮬레이션 게임 플랫폼 및 자료

3. 학습 절차

1) 소개 및 중요성

개인 정보를 보호하고 온라인 위험을 최소화하는 중요성을 강조하여 교사들이 학습자들에게 디지털 웰빙을 보장하기 위한 필수 기술을 제공하는 역할을 강조한다.

2) 개인 정보 보호 및 온라인 위험 완화에 대한 주요 개념

• 개인 정보 보호 인식: 개인 정보를 보호하고 디지털 세계에서의 그 중요성을 설명한다. 또한 다른 사람이나 객체(이메일 등)와의 관계에 있어서 신뢰할 수 있는 것과 신뢰 할 수 없는 것을 구분하고 정보 공유도 같은 맥락에서 생각하고 행동하는 것이 중요하다.

• 디지털 흔적 관리: 디지털 맥락에서 가장 먼저 고려되는 것은 디지털 흔적이며 그 지속적인 결과에 대한 이해를 해야 한다. 또한 학습자들의 온라인 행동이 직접적으로 그들의 디지털 정체성을 형성하며 온라인 평판에 지속적인 영향을 미칠 수 있다는 점을 논의하는 것이 핵심이다.

• 비판적 평가: 풍부한 정보 흐름의 시대에서 온라인 콘텐츠의 신뢰성을 비판적으로 평가하는 필요성을 강조하여 오보(誤報), 사기 또는 부정한 활동에 빠지지 않아야 되는 것을 강조한다. 또한 신뢰할 수 있는 소스와 신뢰할 수 없는 소스를 구별하는 중요성을 설명하는 것이 핵심이다.

• 사이버 불링 예방: 온라인 안전을 촉진하는 것은 개인 정보를 보호하고 책임 있는 행동을 촉진하는 것과 밀접한 관련이 있다. 또한 온라인 상호작용에 존경과 책임을 기울이는 역할을 논의하고 모든 이에게 건강한 디지털 환경을 만들기 위한 역할을 이해하는 것이 중요하다.

3) 개인 정보 보호 및 온라인 위험 완화를 가르치기 위한 전략

- 사이버 보안 이스케이프 룸: 사이버 보안 주제의 이스케이프 룸 챌린지 개념은 학습자들을 매력적이고 교육적인 경험으로 몰아넣는다. 학습자들은 팀으로 조직되어 온라인 위험과 개인 정보 보호 방법에 관련된 퍼즐을 해독하며 협력한다. 각각의 성공적인 퍼즐 해결은 효과적으로 개인 정보를 보호하는 방법에 대한 중요한 단서를 제공한다.

- 디지털 탐정 수사: 학습자가 "디지털 탐정"이 되어 학습하는 방식은 더 활동적이고 참여적인 학습 방법이다. 학습자들은 조사관의 역할을 맡아 거짓된 온라인 시나리오를 분석하고 정보를 빼앗기 위해 정보를 수집한다. 이 상호작용적인 활동은 비판적 사고와 실제 응용을 결합하여 완벽한 학습 경험을 제공한다.

- 대화식 온라인 시뮬레이션 게임[4]: 인터넷의 위험과 개인 정보를 보호하는 방법을 가르치는 데, 대화형 온라인 게임을 사용하는 것은 새롭고 재미있는 방법이다. 학습자들은 가상 환경에서 현실적인 온라인 위험과 비슷한 상황을 체험하며 자신을 몰입시킨다. 이러한 방식은 학습 과정을 향상시키고 가상 환경에서 선택한 행위들과 그 결과에 대한 즉각적인 피드백을 제공하는 장점을 가지고 있다.

---

4) 이를 위하여 사용할 수 있는 온라인 게임은 아래와 같은 것들이 있다.
   - Cybersecurity Lab: PBS에서 제공하는 이 게임은 학습자들이 자신의 가상 회사를 사이버 공격으로부터 보호하면서 사이버 보안의 기본을 배울 수 있게 한다. https://www.pbs.org/wgbh/nova/labs/lab/cyber/.
   - Google's Interland: 이 게임은 인터넷의 위험을 인식하고 안전한 온라인 행동을 배울 수 있도록 만들어졌다. https://beinternetawesome.withgoogle.com/en_us/interland.
   - Cyber Chase: 사이버 공간에서 안전하게 행동하는 방법을 배울 수 있도록 디자인된 게임으로, 다양한 미션을 통해 사이버 보안 개념을 소개한다. https://pbskids.org/cyberchase/.
   - Hacker Highschool: 청소년들이 사이버 보안 기술을 배우고 실습할 수 있도록 만들어진 일련의 레슨과 게임을 포함하고 있다. https://www.hackerhighschool.org.

4) 책임 있는 디지털 행동 육성

교사는 학습자들이 인터넷에서 안전하고 책임감 있게 행동하는 방법을 배우도록 도와주는 중요한 일을 한다. 학습자들이 자신의 개인 정보를 잘 지키면서도 온라인에서 자신감 있고 안전하게 활동할 수 있도록 필요한 기술을 가르치는 것이 바로 그들의 역할이다.

5) 결론과 성찰

간결하게 중요한 내용을 요약하여 학습자들에게 개인 정보 보호와 온라인 위험 완화에 대한 핵심 개념과 전략을 전달한다. 또한 학습자들을 위하여 책임 있는 안전한 디지털 참여를 어떻게 지원하는지에 대해 생각하도록 예비교사들을 격려하며, 학습자들이 안전한 디지털 환경에서 스스로를 확신할 수 있게끔 이끌어 주는 능력을 강조한다.

"개인 정보 보호 및 온라인 위험 완화를 가르치는 전략"은 교사들이 학습자들에게 개인 정보를 보호하고 온라인 위험을 완화하는 중요성을 효과적으로 가르칠 수 있도록 돕는다. 개인 정보 보호 인식, 디지털 흔적 관리, 비판적 평가 및 사이버 불링 예방에 중점을 두면서 교사들은 학습자들이 책임감 있고 지식 있는 디지털 시민으로 성장하도록 안내한다. 사이버 보안 이스케이프 룸, 디지털 탐정 수사 및 대화식 온라인 시뮬레이션 게임과 같은 전략은 학습자들에게 매력적이고 상호작용적인 학습 경험을 제공한다. 이러한 전략을 통해 학습자들은 온라인 위험을 탐색하고 비판적 사고를 연습하며 온라인 행동에 관한 체계적인 결정을 내릴 수 있다. 이 접근 방식은 교사들이 실제 응용과 윤리적 고려 사항을 강조하면서 책임 있는 온라인 행동을 육성하는 데 도움을 준다.

갖추어야 할 역량

1. 정보판단 및 비판적 사고

교사는 온라인 정보, 프라이버시 및 위험과 관련하여 학습자들의 디지털 리터러시를 육성하고 비판적 사고 기술을 강화하는 데 중요한 역할을 한다. 이 역량은 학습자들이 온라인 소스의 신뢰성을 평가하고 잠재적 위험을 판별하며 정보를 판단하는 능력을 가르치는 것을 포함한다. 교사는 신뢰할 수 있는 정보와 신뢰할 수 없는 정보를 구별하는 능력을 향상시키고 디지털 행동의 결과에 대한 비판적 평가를 육성하는 것이 중요하다.

2. 윤리적 디지털 시민 원칙 준수

윤리적 디지털 시민 원칙을 준수(遵守)하고 학습자들을 책임 있는 온라인 행동으로 이끄는 데 대한 전문 지식은 교사들에게 중요한 역량이다. 이는 존중, 공감 및 책임의 핵심 가치를 학습자들의 온라인 상호작용에 심어 주는 것을 의미한다. 온라인 행동, 사이버 불링 및 프라이버시 침해와 관련된 윤리적 딜레마를 다루며 학습자들이 긍정적인 온라인 상호작용을 조성하는 데 기여하는 선택을 내리도록 유도한다.

3. 사이버 보안 인식과 위험 관리

사이버 보안 개념에 대한 지식을 갖춘 교사들은 온라인 위험, 위협 및 개인 정보 보호 전략에 대해 학습자들을 교육할 수 있다. 이 역량은 피싱, 악성 소프트웨어 및 신분 도용과 같은 보편적인 사이버 보안 위험에 대해 학습자들을 교육하는 것을 필요로 한다. 학습자들에게 안전한 비밀번호 관리, 사기 인식 및 사이버 공격으로부터 디바이스를 보호하는 실제 통찰력을 제공하여 그들의 디지털 보안을 견고하게 한다.

이러한 역량들은 교사들이 학습자들에게 개인 정보를 보호하고 온라인 위험을 완화하는 방법을 효과적으로 가르칠 수 있도록 한다. 이를 통해 학습자들은 안전하고 책임 있는 디지털 세상을 안전하게 탐색할 수 있는 기술과 인식을 발전시킬 수 있다.

권장하는 교수-학습 지원 전략

1. 사이버 보안 이스케이프 룸

사이버 보안 주제의 이스케이프 룸 챌린지 전략을 적용하여 학습자들은 팀으로 협력하여 온라인 위험과 프라이버시 보호와 관련된 퍼즐을 해독하고 과제를 완수한다. 이 개념은 다양한 종류의 퍼즐과 사이버 보안 원칙을 중심으로 한 여러 가지의 도전 과제로 구성된 물리적 또는 가상의 이스케이프 룸을 디자인하는 것을 포함한다. 각 퍼즐은 개인 정보 보호의 안전한 방법과 온라인 위험을 탐색하기 위한 단서나 통찰력을 제공하는 게이트웨이 역할을 한다. 최종의 목표는 이러한 몰입형 경험에서 얻은 지식을 적용하여 "디지털 어려움"을 벗어나는 것일 수 있다.

2. 디지털 탐정 수사

학습자들을 "디지털 탐정"으로 변신시키는 이 전략은 온라인 위험을 식별하고 개인 정보를 보호하는 임무를 수행한다. 이 접근 방식은 학습자들이 현실적인 상황과 디지털 도전에 대응하는 과정에서 개별적으로 또는 협업하여 진행된다. 학습자들은 단서를 수집하고 증거를 검토하며 정보에 근거한 결정을 내리는 방식으로 비판적 사고 능력을 향상시키며 온라인 안전 전략을 현실에 적용하는 기술을 개발한다.

3. 대화식 온라인 시뮬레이션 게임

대화식 온라인 시뮬레이션 게임을 활용하는 이 전략은 학습자들로 하여금 가상 세계로 빠져들어 아바타를 형성하여 다양한 온라인 위험과 프라이버시 딜레마를 탐색하도록 한다. 학습자들이 아바타를 만들고 이끌 수 있게 함으로써 이 게임은 현실적인 온라인 시나리오를 모방한다. 디지털 여정을 통해 학습자들은 개인 정보를 공유하거나 다른 아바타와 상호 작용하며 온라인 위협에 대한 결정을 내리게 된다. 즉각적인 피드백과 선택의 결과를 통해 얻는 통찰력은 이 게임의 핵심 요소가 되며 학습자들을 더 현명한 온라인 행동 및 실천을 하게끔 이끈다.

이러한 전략들은 개인 정보 보호와 온라인 위험 완화에 대한 학습을 즐겁게 만들 뿐만 아니라 학습자들 사이에서 협력, 비판적 사고 및 적극적 참여를 촉진한다.

실습 예제

실습 1: 대화식 워크숍 - "디지털 안전 생존"

이 실습은 학습자를 위한 대화식 워크숍을 소개한다. 이 워크숍은 학습자들을 다양한 온라인 위험을 시뮬레이션하면서 개인 정보를 보호하는 전략을 제공하는 실습 활동에 몰입시키기 위해 설계된다. 매력적인 문제 해결 과제들을 통해 학습자들은 현실적인 온라인 시나리오를 반영한 활동에 적극적으로 참여한다. 이를 통해 학습자들은 실용적인 기술과 통찰력을 얻으며 온라인 정체성을 보호하고 온라인 위험을 인식하고 대응하는 데 필요한 능력을 갖출 수 있다. 이 워크숍은 디지털 안전에 대한 학습자들의 인식을 향상시키는 데 도움을 주며 디지털 환경을 더 안전하게 탐색할 수 있는 도구를 제공한다.

① **워크숍 소개:** 워크숍의 목적을 설명하여 디지털 세계를 안전하게 탐색하기 위해 필요한 기술을 학습자들에게 제공하는 것으로 시작한다. 개인 정보를 보호하고 온라인 위험을 완화하는 중요성을 강조한다.

② **활동 1 피싱 챌린지:** 가짜 피싱 이메일이나 메시지를 학습자들에게 제공한다. 학습자들은 그룹으로 메시지를 분석하여 잠재적인 위험 신호(의심스러운 발신자, 긴급한 요청 등)를 식별한다. 학습자들의 관찰을 수업에서 토론하고 피싱 시도를 식별하고 피하는 전략을 공유한다.

③ **활동 2 디지털 흔적 추적:** 학습자들이 온라인 플랫폼과 상호작용하여 "디지털 흔적"을 만들도록 안내한다. 학습자들의 행동이 디지털 흔적에 기여하는 방식과 이것이 온라인 평판에 미치는 잠재적인 영향에 대해 논의한다.

④ **활동 3 개인 정보 설정 모험:** 학습자들에게 다양한 소셜 미디어 플랫폼에서 개인 정보 보호를 위해 설정을 조절하는 방법을 파악하고 의도에 맞는 설정을 하도록 한다. 학습자들은 짝을 이루어 또는 개인적으로 개인 정보의 가시성을 제한하는 프라이버시 설정을 식별하고 구성한다.

⑤ **활동 4 사이버 불링 시뮬레이션:** 시나리오나 롤플레잉을 활용하여 사이버 불링 상황을 시뮬레이션한다. 학습자들은 함께 작업하여 사이버 불링 사례에 대응하는 전략을 고민한다. 공감과 책임 있는 온라인 행동의 역할에 대해 논의한다.

⑥ **성찰과 토론:** 각 활동 후에 학습자들이 주요 내용을 성찰하는 토론을 진행한다. 학습자들이 개인 정보를 보호하고 온라인 위험을 완화하는 데 얻은 통찰력, 과제 및 전략을 공유하도록 장려한다.

⑦ **마무리 세션:** 워크숍에서 다룬 주요 개념을 요약한다. 학습자들에게 온라인 안전과 책임 있는 디지털 행동에 대한 추가 학습 자료와 팁을 제공한다.

"디지털 안전 생존" 워크숍은 실제적인 온라인 위험을 반영하는 실습 활동에 학습자들을 몰입시킨다. 피싱 분석, 디지털 흔적 관리, 개인 정보 설정 탐색 및 사이버 불링 시뮬레이션을 통해 학습자들은 디지털 정체성을 보호하기 위한 실용적인 기술을 습득한다. 이 실습은 책임 있는 온라인 행동을 촉진하며 학습자들이 디지털 환경을 안전하고 자신감 있게 탐색할 수 있도록 돕는다.

실습 2: 미디어 리터러시 프로젝트 - "디지털 정보 해독"

이 실습은 학습자를 위한 미디어 리터러시 프로젝트를 포함한다. 이 실습에서 학습자들은 온라인 콘텐츠를 분석하여 잠재적 위험을 식별하고 개인 정보 보호에 대하여 동료들을 교육하는 데 필요한 정보를 만들어 낸다. 이 프로젝트는 학습자들이 인터넷에서 정보를 잘 고르고 위험한 것들을 알아차리는 법을 배우게 해 준다. 또한 좋은 자료를 찾아서 자신이 알게 된 것들을 잘 설명할 수 있게 하고, 인터넷에 있는 것들을 비판적으로 잘 판단하며 스스로를 더 발전시킬 수 있게 도와준다. 이 프로젝트를 통해 학습사들은 미디어 리터러시 기술을 향상시키면서 자신과 동료들을 위한 더 안전한 디지털 환경을 만드는 데 기여한다.

① **프로젝트 소개**: 프로젝트를 소개하면서 학습자에게 온라인 콘텐츠와 미디어를 분석하고 개인 정보 보호 전략을 찾는 방법을 알려 준다. 또한 디지털 세계에서 비판적으로 생각하는 것이 얼마나 중요한지 강조한다.

② **연구 및 분석**: 학습자들에게 온라인 기사, 광고 또는 소셜 미디어 게시물을 선택하도록 안내한다. 학습자들은 콘텐츠를 분석하고 신뢰성을 평가하며 개인 정보나 온라인 행동과 관련된 잠재적 위험을 식별한다.

③ **위험 완화 전략**: 학습자들에게 개인 정보를 보호하고 온라인 위험을 완화하기 위한 전략을 조사하고 정리하도록 안내한다. 이러한 전략은 강력한 비밀번호 설정, 피싱 시도 식별 및 개인 정보 공유에 대하여 유의할 것 등

을 포함할 수 있다.

④ **교육 자료 작성**: 분석을 기반으로 학습자들은 정보 그래픽, 포스터 또는 짧은 비디오와 같은 교육 자료를 작성한다. 이러한 자료는 식별된 위험을 효과적으로 전달하고 온라인 안전을 위한 실용적인 조언을 제공해야 한다.

⑤ **동료와의 공유 세션**: 학습자들이 동료들에게 교육 자료를 제공하는 동료 공유 세션을 조직한다. 이 세션에서 토론을 진행하여 학습자들이 서로의 통찰력을 배울 수 있도록 한다.

⑥ **성찰 에세이**: 프로젝트 후에 학습자들은 온라인 콘텐츠 분석과 교육 자료 작성 경험에 대한 성찰 에세이를 작성한다. 온라인 위험에 대한 이해와 책임 있는 디지털 행동의 중요성에 대해 논의하도록 요청한다.

"디지털 정보 해독" 미디어 리터러시 프로젝트는 학습자들이 온라인 콘텐츠를 비판적으로 분석하고 동료들에게 개인 정보를 보호하는 방법에 대한 교육을 제공한다. 연구와 분석을 통해 학습자들은 정보의 신뢰성을 평가하고 잠재적 위험을 인식하며 실용적인 디지털 행동 전략을 개발하는 방법을 배운다. 유익한 자료를 작성함으로써 학습자들은 미디어 리터러시 기술을 향상시키며 스스로와 다른 사람들을 위한 더 안전한 디지털 환경에 기여한다. 이 실습은 비판적 사고, 정보 평가 및 책임 있는 온라인 참여를 촉진한다.

이러한 실습을 실행함으로써 교사는 학습자들에게 즐겁고 체험적인 학습 경험을 통해 개인 정보 보호와 온라인 위험 완화에 대한 교육을 효과적으로 제공할 수 있다.

평가를 위한 과제: 디지털 웰빙을 위한 개인 정보 보호 전략 개발(팀과제)

1. 과제 설명

오늘날 디지털 환경에서의 개인 정보 보호는 절대적으로 중요합니다. 본 과제에서는 교사로서 학습자들에게 안전하게 디지털 환경에서 활동하도록 지도하는 방법과 전략을 개발하는 것을 목표로 합니다.

2. 과제 제출물 및 분량

- 개인 정보 보호 인식 교육자료: 연락처 정보, 비밀번호, 민감한 콘텐츠 보호 등에 관한 교육 자료 제작(3~5페이지)
- 디지털 흔적 관리 강의 계획: 온라인 행동과 디지털 흔적의 영향에 대한 20분 강의 계획서
- 비판적 평가 활동: 온라인 정보의 진위를 검증하는 활동 기획서(2~3페이지)
- 사이버 불링 예방 방안: 학습자들을 대상으로 한 사이버 불링 예방 교육 방안(2페이지)
- 온라인 위협 인식 포스터: 피싱, 해킹, 신분 도용 등의 위협을 알리는 포스터 1개 디자인
- 윤리적 디지털 시민 교육 방법: 책임 있는 온라인 행동에 대한 교육 전략 및 활동 계획서(2~3페이지)
- 안전한 소셜 미디어 사용 가이드라인: 학습자들을 대상으로 한 안전한 소셜 미디어 사용 가이드라인 작성(1~2페이지)

3. 평가 기준

- 개인 정보 보호 인식 교육자료: 15%
- 디지털 흔적 관리 강의 계획: 15%
- 비판적 평가 활동 기획: 10%
- 사이버 불링 예방 방안: 10%
- 온라인 위협 인식 포스터: 15%
- 윤리적 디지털 시민 교육 방법: 20%
- 안전한 소셜 미디어 사용 가이드라인: 15%

이 과제를 통해 예비교사들은 학습자들의 안전한 디지털 환경 사용을 지원하고 촉진하는 방법과 전략에 대한 깊은 이해와 통찰력을 얻을 수 있습니다.

참고 사이트

balsamiq.com

designthinkingforeducators.com

docs.google.com

dschool.stanford.edu

edutopia.org

http://globalschoolnet.org/index.
   cfm, https://www.facebook.com/
   GlobalSchoolNet

http://www.hemingwayapp.com

http://www.heromachine.com

http://www.nltk.org

https://arvr.google.com

https://automatedinsights.com

https://bookcreator.com

https://chat.openai.com

https://concord.org

https://creative.line.me/ko/blog/106

https://creativitywith.ai/musenet

https://deepart.io

https://deepdreamgenerator.com

https://deepdreamgenerator.com

https://dev.botframework.com

https://docs.google.com

https://docs.python.org/ko/3/tutorial/
   index.html

https://doi.org/10.3390/app13020858

https://dp.la

https://education.minecraft.net

https://en.actionbound.com

https://en.wikipedia.org/wiki/Neural_
   style_transfer

https://envhistnow.com/2018/10/15/
   viewing-virtual-worlds

https://escaperoommaker.com

https://evernote.com

https://github.com/NVlabs/stylegan3

https://helpx.adobe.com/xd/get-started.html

https://huggingface.co

https://huggingface.co/transformers

https://keras.io

https://labelbox.com

https://lockpaperscissors.co

https://magenta.tensorflow.org

https://melobytes.com

https://melobytes.com

https://narrativescience.com

https://online-escape-room.com

https://opencv.org

https://opencv.org

https://pandas.pydata.org

https://pandas.pydata.org

https://penzu.com

https://phet.colorado.edu

https://phet.colorado.edu

https://phet.colorado.edu/; https://www.labster.com

https://piktochart.com

https://piktochart.com/

https://puzzle.org

https://quillbot.com

https://rasa.com

https://replit.com/languages/python3

https://scikit-learn.org

https://scikit-learn.org

https://scratch.mit.edu

https://scratch.mit.edu

https://secondlife.com

https://shorturl.at/bwyKW

https://shotcut.org

https://spacy.io

https://spark.adobe.com

https://spoonacular.com

https://storybird.com

https://storymap.knightlab.com

https://techsmith.com

https://tinyurl.com/4y3r3795

https://venngage.com/

https://virtonomics.com

https://virtualseoul.or.kr

https://writesonic.com

https://www.ai21.com

https://www.aiva.ai

https://www.aiva.ai

https://www.ampermusic.com

https://www.ampermusic.com

https://www.bing.com

https://www.blackmagicdesign.com

https://www.blender.org

https://www.brandwatch.com

https://www.breakoutedu.com

https://www.canva.com

https://www.canva.com/

https://www.capitalismlab.com

https://www.clarifai.com

https://www.data.gov

https://www.desmos.com

https://www.duolingo.com

https://www.ea.com/games/simcity

https://www.edmodo.com

https://www.elsaspeak.com

https://www.enchambered.com/
puzzles

https://www.europeana.eu/en

https://www.explorelearning.com

https://www.figma.com

https://www.google.com

https://www.goosechase.com

https://www.grammarly.com

https://www.inaturalist.org

https://www.mediawiki.org/wiki/
API:Main_page

https://www.paradoxplaza.com/cities-
skylines /CSCS00GMASTER.html

https://www.podbean.com

https://www.programmableweb.com

https://www.quandarygame.org

https://www.rosettastone.com

https://www.roundme.com

https://www.r-project.org

https://www.scavify.com

https://www.semanticscholar.org

https://www.soundtrap.com

https://www.speechanddebate.org/
online-tournaments

https://www.spotify.com

https://www.symbolab.com

https://www.talkwalker.com

https://www.taskus.com

https://www.tensorflow.org

https://www.tensorflow.org/official_
models/fine_tuning_bert

https://www.thinglink.com

https://www.virtuoso-vr.com

https://www.vrchat.com

https://www.wolframalpha.com

https://www.wolframalpha.com

https://www.woodsmithplans.com/
plan/revolving-tool-station

https://www.yewno.com

https://www.yummly.com

ideou.com

www.geogebra.org

www.tensorflow.org

찾아보기

저자 소개

백영균(YoungKyun Baek)

조지아주립대학교 Ph.D.
고려대학교 Ph.D.
한국교육개발원 컴퓨터교육연구센터 책임연구원
한국교원대학교 교수
현 Boise State University 교육공학과 교수

주요 논문

The Effects of Group Interaction and Structure on Achievement in Elementary
School Robotics Classrooms, 2023, *Computers in the Schools*

Autonomous Robotics Math Curriculum Development Using C Coding Language to
Increase Student Attitudes and Learner Outcomes, 2022, *International Journal of
Robotics and Automation Technology*

미래의 학습자를 위한
디지털 교육
Digital Education

2024년 2월 10일 1판 1쇄 인쇄
2024년 2월 20일 1판 1쇄 발행

지은이 • 백영균
펴낸이 • 김진환
펴낸곳 • ㈜ 학지사

04031 서울특별시 마포구 양화로 15길 20 마인드월드빌딩
대표전화 • 02-330-5114   팩스 • 02-324-2345
등록번호 • 제313-2006-000265호

홈페이지 • http://www.hakjisa.co.kr
인스타그램 • https://www.instagram.com/hakjisabook

ISBN 978-89-997-3050-4 93370

정가 23,000원

출판미디어기업 학지사

간호보건의학출판 **학지사메디컬** www.hakjisamd.co.kr
심리검사연구소 **인싸이트** www.inpsyt.co.kr
학술논문서비스 **뉴논문** www.newnonmun.com
교육연수원 **카운피아** www.counpia.com